LOCCUMER PROTOKOLLE 62/07

Herausgeber
Martin Laube
Georg Pfleiderer

Die Vernunft
der Religion

Protestantische Aspekte
einer aktuellen Kontroverse

Martin Laube und Georg Pfleiderer (Hrsg.): Die Vernunft der Religion. Protestantische Aspekte einer aktuellen Kontroverse, Rehburg-Loccum 2008.

Dokumentation einer Tagung der Evangelischen Akademie Loccum in Kooperation mit der Theologischen Fakultät der Universität Basel vom 29. bis 31. Oktober 2007. Tagungsplanung und -leitung: Prof. Dr. Martin Laube, Ev. Akademie Loccum, und Prof. Dr. Georg Pfleiderer, Universität Basel
Die Tagung wurde gefördert von der Hanns-Lilje-Stiftung.

Redaktion: Prof. Dr. Martin Laube
Sekretariat: Ils-Marie Schwarz
Endredaktion und Herstellung: Anne Sator, Wolfgang Taubenauer

Printed in Germany
Druck: GGP media on demand, Pößneck
ISSN 0177-1132
ISBN: 978-3-8172-6207-6

Die Reihe **ЖК** LOCCUMER PROTOKOLLE wird herausgegeben von der Evangelischen Akademie Loccum. Bezug über den Buchhandel oder direkt über:
Evangelische Akademie Loccum
Protokollstelle
Postfach 2158
31545 Rehburg-Loccum
Telefon: 05766/81-119, Telefax: 05766/81-900
E-Mail: Protokoll.eal@evlka.de

Inhalt

Inhalt

Anhang

Martin Laube

Vorwort

Unter dem Titel *Glauben und Wissen* forderte Jürgen Habermas in seiner vielbe-
achteten Dankesrede zur Verleihung des Friedenspreises des deutschen Buchhandels – drei Wochen nach den Anschlägen des 11. September 2001 – eine neue Besinnung auf die unabgeschlossene Dialektik des abendländischen Säkularisie-
rungsprozesses[1]. Die ‚postsäkulare Gesellschaft‘, so lautete seine Empfehlung, solle die Grenze zwischen Glauben und Wissen so bestimmen, dass sie sich nicht vor-
schnell von religiösen Ressourcen der Sinnstiftung abschneide.

In seiner Regensburger Vorlesung *Glaube und Vernunft* vom 12. September
2006 hat Papst Benedikt XVI. diesen Gesprächsfaden aufgenommen und zugleich
in charakteristischer Weise fortgesponnen[2]. Glaube und Vernunft gehören ihm zufolge elementar zusammen; es dürfe weder einen unvernünftigen Glauben noch
eine religionsverachtende Vernunft geben. Allerdings habe nun gerade die römisch-
katholische Kirche als Garant für diese Zusammengehörigkeit zu gelten, während
der Protestantismus im Laufe seiner neuzeitlichen Geschichte zunehmend dem Relativismus, Subjektivismus und Irrationalismus zum Opfer gefallen sei. Denn der Katholizismus halte an der Synthese von griechischer Vernunft und christlichem Glauben fest; damit verbürge er zugleich die Grundlagen europäischer Kultur. Der Protestantismus hingegen habe sich der Forderung nach einer ‚Enthellenisierung‘ des
Christentums verschrieben und damit den heilvollen Zusammenhang von Glaube
und Vernunft aufgekündigt. Zugespitzt formuliert: Während allein der Katholizismus
mit seinem „Mut zur Weite der Vernunft"[3] den Herausforderungen der Moderne
gewachsen sei, müsse dem Protestantismus die Verantwortung für die entgleisen-
de Säkularisierung und ihre Pathologien aufgebürdet werden.

In der aktuellen Auseinandersetzung um das Verhältnis von Glaube und Vernunft geht es also um weit mehr als lediglich die Wiederaufnahme eines klassischen
Problems der dogmatischen Prolegomena. Statt dessen handelt es sich – nach der

Säkularisierungsdebatte der 1960/70er sowie der Individualisierungsdebatte der 1980/90er Jahre – um eine weitere Selbstverständigungsdebatte der Moderne über das Verhältnis zu ihren religiösen Herkunftsbedingungen. Durch den Beitrag des Papstes erhält diese Debatte allerdings zugleich eine konfessionskulturelle Stoßrichtung. Denn Benedikt XVI. bestreitet mit seiner dezidiert altkirchlich-mittelalterlichen Synthese von Glaube und Vernunft nicht nur die protestantische Legitimität der Neuzeit, sondern zugleich die Legitimität des neuzeitlichen Protestantismus. An die Stelle der neuzeitlichen Realisierungsgeschichte protestantischer Freiheit tritt für ihn die fortdauernde Einbettung des christlichen Abendlands in die katholische Analogie von Glauben und Vernunft. Damit handelt es sich letztlich um einen Streit über die Frage, welche der beiden Konfessionen als die der modernen Welt angemessene Ausprägung des Christentums gelten kann: Lässt sich die europäische Moderne als Realisierungsgestalt protestantischer Freiheit beschreiben, oder muss am katholischen Wesen die moderne Welt genesen?

Von vereinzelten Beiträgen abgesehen, hat der Protestantismus auf die provokante Herausforderung des Papstes bisher kaum reagiert. Dabei bietet die Debatte eine hervorragende Gelegenheit, in öffentlichkeitswirksamer Weise das eigene Profil zu stärken und die kulturelle Prägekraft der protestantischen Tradition zu verteidigen. Im Mittelpunkt steht die Aufgabe, gegenüber dem katholischen Analogiemodell die unabschließbare Dialektik von Glaube und Vernunft deutlich zu machen. Der Protestantismus zielt auf eine heilvolle Relativierung der Vernunft und wehrt im Gegenzug einer unheilvollen Verabsolutierung des Religiösen. In diesem Sinne fordern religiöse Vernunftkritik und vernünftige Religionskritik einander wechselseitig; gerade ihr Widerspiel ist kennzeichnend für die protestantische Vernunft der Religion.

Diese Ausgangslage bildete den Anlass für eine in Kooperation mit der Theologischen Fakultät der Universität Basel vorbereitete Tagung, welche unter dem Titel „Die Vernunft der Religion. Protestantische Aspekte einer aktuellen Kontroverse" vom 29. bis 31. Oktober 2006 an der Evangelischen Akademie Loccum stattfand. Die Vorträge und Debatten dieser Tagung werden im vorliegenden Band dokumentiert.

Die Tagung verfolgte das Ziel, die von Jürgen Habermas und Benedikt XVI. angestoßene Debatte um das Verhältnis von Glaube und Vernunft in ihren vielfältigen theologischen, konfessionskulturellen, neuzeittheoretischen und religionspolitischen Facetten aufzugreifen und für die Aufgabe einer Selbstklärung des Protestantismus fruchtbar zu machen. Dieses mehrdimensionale Ziel ist zum großen Teil erreicht worden. Die inhaltlichen Schwerpunkte der Tagung waren (1) das Verhältnis von religiösem Glauben und philosophischer Vernunft, (2) die Differenz zwischen römisch-katholischer und protestantischer Auffassung des Verhältnisses von Glaube und Wissen sowie schließlich (3) die Thematisierung der religionspolitischen Obertöne der Verhältnisbestimmung von Religion und Vernunft. Dabei wurde auch die Frage debattiert, ob eine wesentliche Funktion der Vernunft in Fragen der Religion nicht gerade darin besteht, die Schattenseiten des Religiösen zu disziplinieren. Damit leitete die Frage nach dem Verhältnis von Religion und Vernunft über zur Debatte um Religion und Gewalt.

Im Rückblick auf die Tagung gilt mein herzlicher Dank zunächst Herrn Prof. Dr. Georg Pfleiderer. Er hat sich spontan zur Kooperation bereit erklärt und die Tagung mit großem Einsatz und Engagement vorbereitet. Die Zusammenarbeit mit ihm war nicht nur auf eine vorbildliche Weise reibungslos und effektiv; sie hat mir darüber hinaus sehr viel Freude bereitet.

Ein weiterer Dank geht an die Referentinnen und Referenten. Die Tagung war hochrangig besetzt, und in der Abfolge der Vorträge reihte sich ein Höhepunkt an den anderen. Zum Gelingen der Tagung trug überdies bei, dass die Mehrzahl der Referentinnen und Referenten die gesamte Tagung über anwesend waren und damit einen entscheidenden Beitrag leisteten, den ‚roten Faden' des Gesprächsverlaufs sichtbar werden zu lassen. In der heutigen Zeit übervoller Terminkalender und überbordender Verpflichtungen ist das alles andere als selbstverständlich. Wir sind uns dessen bewusst – und möchten uns dafür nochmals ausdrücklich bedanken.

Ein besonderer Dank geht sodann an die *Hanns-Lilje-Stiftung* und namentlich an ihren Generalsekretär, Herrn Ralf Tyra, für die unkomplizierte Hilfestellung in der Vorbereitung der Tagung und der Gewährung eines großzügigen finanziellen Zuschusses. Auch der *Bundeszentrale für politische Bildung* sei für ihre namhafte finanzielle Unterstützung herzlich gedankt.

Den Teilnehmerinnen und Teilnehmern danke ich schließlich für ihre engagierte Mitarbeit und die zahlreichen Beiträge und Impulse, welche eine intensive Debatte ermöglicht und die Tagung zum Erfolg haben werden lassen.

Loccum, im Juli 2008
Martin Laube

Anmerkungen

[1]   Vgl. Jürgen Habermas, Glauben und Wissen. Friedenspreis des deutschen Buchhandels, Frankfurt a.M. 2001.
[2]   Vgl. Benedikt XVI., Glaube und Vernunft. Die Regensburger Vorlesung. Vollständige Ausgabe, Freiburg 2006.
[3]   Benedikt XVI., Glaube und Vernunft, 31.

Georg Pfleiderer

Die Vernunft der Religion.
Protestantische Aspekte
einer aktuellen Kontroverse.

Einführung in die Tagung

I.

Auch meinerseits darf ich Sie herzlich begrüssen. Ich freue mich sehr, dass es zu dieser Kooperationsveranstaltung gekommen ist. Ihre Entstehungsgeschichte gehört für mich zu den angenehmsten Erfahrungen der letzten Monate. Die Mitwirkung der Basler Theologischen Fakultät an dieser Tagung vollzog sich nämlich konkret in einer grösseren Serie von Telefonaten und e-mails, die Martin Laube und ich miteinander gewechselt haben. Alle sonstige Arbeit, also den Löwenanteil, haben Martin Laube bzw. die Akademie Loccum übernommen. Dafür bedanke ich mich sehr; aus meiner Sicht ist das ein ganz vorbildliches Modell universitär-akademischer Zusammenarbeit, das ich jederzeit gerne zu wiederholen bereit bin…

II.

Auch die Idee zur Tagung stammt von Martin Laube. Sie liegt offensichtlich in der Luft; dennoch bedarf es eines gesteigerten intellektuellen Witterungsvermögens, um sie als solche in ihrer Grundsätzlichkeit und ihrer Aspektvielfalt wahrzunehmen. Die Frage nach der Vernunft der Religion bzw. nach dem Verhältnis von Religion und Vernunft ist gewissermaßen die positive Wendung der Frage nach dem Verhältnis von Religion und Gewalt. Und über die Aktualität dieses Themas und seine Gründe sind wir uns alle im klaren. Es ist ein Islamdiskurs, den wir da führen, nicht nur, aber vor allem. Auch ein bisschen ein Amerikadiskurs, ein Diskurs über amerikanische politische Religion. Die amerikanisch-islamische Konfrontation, also 9/11, der Afghanistan- und der Irakkrieg mit seinen Implikationen für und Ausweitungen

9

auf Europa sind der wichtigste Hintergrund und Aktualitätsgrund für das neue Interesse an der Vernunft der Religion oder eben ihrer Unvernunft. Gerade wenn und weil wir Engführungen auf die Islam- und die Gewaltfrage vermeiden wollen, ist es wichtig, zunächst diesen Hintergrund klar zu benennen. Denn dieser Ereigniszusammenhang der letzten sechs Jahre hat die Wahrnehmung von Religion in der medialen Öffentlichkeit des Westens stark verändert und neu fokussiert.

In den 1980er und 1990er Jahren war die öffentliche Wahrnehmung von zeitgenössischer, moderner Religion vor allem auf zwei Phänomen- und Deutungslinien konzentriert. Religion wurde zum einen als immer stärker individualisierte, ästhetisierte, von traditionalen Inhalten und Glaubenssystemen abgelöste, synkretistische Religion wahrgenommen. Der boomende Esoterikbuchmarkt und zahlreiche neue Jugendreligionen faszinierten die Beobachter; und die ästhetischen Deutungsmuster der Postmoderne waren Explicatum und Explicans zugleich.

Die andere Phänomen- und Wahrnehmungslinie war auch damals schon die religiös-politische. Sie stand vor allem unter der Chiffre „Fundamentalismus". Zu den Geschichten, die jedes der zahlreichen Büchlein, die mit diesem Titel in jenen Jahren erschienen, erzählte, gehörte die Strukturidentifikation von Fundamentalismus in ganz unterschiedlichen Religionen, ja Weltanschauungen. Die Mullahs im Iran und in Afghanistan, die israelischen Siedler von Gush Emunim, protestantische Tele-Evangelists in den USA, ja unter Umständen sogar Öko-Radikale, die sich zur Verhinderung von technologischen Grossprojekten in Wackersdorf oder den Wäldern bei Frankfurt an Bäume ketteten: sie alle sollten Vertreter eines fanatisierten, antimodernen Fundamentalismus sein. Fundamentalismus wurde in dieser Perspektive sozialpsychologisch als mangelnde Akzeptanzbereitschaft für die – unvermeidlichen – Frustrationspotentiale von Modernisierungsprozessen interpretiert.

Weder diese Phänomene, noch die Deutungslinien sind seither einfach verschwunden. Aber der islamische Terror im Westen hat doch dazu geführt, dass das Schwergewicht der öffentlichen Religionsdebatten in eine neue Richtung gelenkt wurde. Denn erkennbar wird jetzt eine sublime Komplementarität der beiden Deutungslinien und ein gemeinsames Manko: Weder in ihrer ästhetisch-individualisierten, noch in der pathologisch-politisierten Form wird Religion letztlich als vollwertiges, legitimes Kind der Moderne, nämlich als im Vollsinne öffentlichkeitsfähig anerkannt. Für europäische Intellektuelle war Religion, wenn überhaupt, nur ein Beobachtungsgegenstand. Genau das ist es, was sich geändert hat. Die neue Zeitansage kam, wie Sie wissen, vor allem von Jürgen Habermas in seiner Frankfurter Friedenspreisrede von 2001, und sie hieß bekanntlich ganz einfach und alteuropäisch: „Glauben und Wissen".

Die Rede signalisierte, dass ein führender Intellektueller begriffen hatte: es ist wieder an der Zeit, sich als moderner, vernünftiger Mensch mit Religion auseinander zu setzen. Der Export des islamischen Terrors in die westlichen Länder hat – so seltsam das auf den ersten Blick auch erscheinen mag – dazu geführt, dass deren intellektuelle Eliten Religion wieder als Anfrage an die Konsistenz ihrer eigenen modernen, vernünftigen Identität zu diskutieren begannen, zumindest als Anfrage an die Identitätskonstitution moderner Gesellschaften. Die sublime Entmodernisierung der Religion, welche jene Diskurse der 1980er und 1990 Jahre gekennzeichnet hatte, wurde stillschweigend zurückgenommen. Wer nach „Religion und Vernunft" fragt, hat eingesehen, dass die Moderne die Religionsfrage nicht los wird. Das durch die Pluralisierungsrhetorik verdrängte Säkularisierungsparadigma ist zurückgekehrt. Nämlich als geltungstheoretische Frage nach der inneren Konstitution der Moderne und einer ihr kompatiblen Religion.

III.

Wer Religion vor das Forum einer modernen Vernunft zitieren will, kann damit nur Erfolg haben, wenn er bei der Religion auf Resonanz stösst. Die Aussenbeziehung von Religion und Religion muss in ein Innenverhältnis übersetzbar sein. Das ist auch die Idee, die hinter der Titelformulierung unserer Tagung steckt. Da spätestens beginnen allerdings die Probleme. Sie hängen allerdings häufig gerade nicht mit der von manchen Kritikern vermeinten notorischen Irrationalität der Religion zusammen, im Gegenteil. Im September 2006 antwortete der iranische Präsident Mahmoud Ahmadinedschad in einem Time-Interview auf die Frage, was er mit George Bush in der öffentlichen Debatte, zu der er ihn eingeladen hatte, besprechen wolle: „Ich würde ihn fragen, ob Rationalismus, Spiritualismus, Humanität und Logik schlecht für die Menschen seien. Warum mehr Konflikte? Warum streben wir Feindschaft an? Warum sollen wir Massenvernichtungsmittel entwickeln? Alle können sich doch lieben...Ich habe gesagt, dass man die Welt durch Logik betreiben kann...

Probleme können nicht mit Bomben gelöst werden. Bomben sind heutzutage von geringem Nutzen. Wir brauchen Logik."[1]

Ist es eine Eigenart der Religion, dass sie an die Eindeutigkeit der Vernunft glaubt? Belege zu finden für diese These wäre nicht schwierig. Die Regensburger Rede des Papstes dürfte ein Paradebeispiel sein. Sie lässt möglicherweise auch gut erkennen, was die Gründe für solchen Dogmatismus der religiösen Vernunft sind. Was Vernunft ist, leiten Religionen ab, indem sie sich an den Hoch-Zeiten ihrer Vernunftsynthesen orientieren: Der Papst am thomistischen Mittelalter, Protestanten gerne am 19. Jahrhundert, z.b. an Schleiermacher. Und dabei übersehen sie geflissentlich, dass die andern auch ihre orientierungsanschlussfähigen Synthese-Hochzeiten hatten. Selbst selbstverständlich der Islam.

In den neohistoristischen Zeiten, in denen wir leben, ist es schwierig, allgemeine Verbindlichkeit für den von einem selbst favorisierten Vernunftbegriff einzufordern. Erzeugbar ist Eindeutigkeit wohl allenfalls rhetorisch, also vorzugsweise durch Überrumpelungstaktik. Gäbe es den Papst und seine Regensburger Rede nicht, wäre wohl kaum jemand auf die Idee gekommen, über feinsinnig-biedere Kulturprotestanten à la Adolf von Harnack und fanatisierte Muslime in einem Atemzug als zwei spiegelbildliche Seiten der einen vernunftaversen Medaille zu diskutieren.

Man muss die These sicher nicht skeptizistisch oder nietzscheanisch zuschärfen zur Behauptung einer prinzipiellen Polemogenität von Vernunftreklamationen durch Religion oder ihre amtlichen Vertreter. Dass führende Religionsvertreter oder religiöse Politiker sich auf Vernunft berufen, ist zunächst einmal durchaus ein Gewinn; denn damit verlagern sie de facto die religiös-politischen Diskurse in das Feld der Wissenschaft, näherhin der Theologie. Die Vernunft der Religion ist ja nichts anderes als Theologie. Zumindest ist Theologie die der Religion eigene Weise, ihre Vernünftigkeit sichtbar zu machen, ja herzustellen. Vernunft bleibt der Religion äusserlich, bleibt Postulat oder Behauptung, solange sie nicht in Theologie überführbar ist. Allerdings gilt auch die Umkehrung: Theologische Vernunftreklamationen für die Religion bleiben so lange Postulat oder Behauptung, wie sie nicht an aussertheologische Vernunfttheorien der Religion anschlussfähig sind. Theologische Metaphysik ist heutzutage religionsphilosophisch ausweispflichtig. Und die Religionsphilosophie, auf die man sich dabei beruft, darf nicht nur diejenige von Vertretern der eigenen religiösen Konfession sein. Die Vernunft der Religion ist im Streit der religionsbezogenen Wissenschaften und Fakultäten zu erweisen. Und theologische Vernunftreklamationen sind umso glaubwürdiger, je mehr sie solche ihrer Natur nach interdisziplinären Debatten in sich selbst Raum zu geben vermögen.

IV.

Am Anfang darauf gerichteter theologisch-philosophischer Vertiefungsreflexionen, wie wir sie uns für diese drei Tage vorgenommen haben, sollte noch ein kurzer Blick auf die enorme Bandbreite der Debatten stehen, die derzeit unter der Chiffre „Glaube und Vernunft" oder „Vernunft der Religion" in breiteren medialen Bildungsöffentlichkeiten geführt werden.

Ohne Anspruch auf Vollständigkeit, auch ohne Anspruch auf definitive Plausibilität der Diskurstypen und ihrer Grenzen kann man vielleicht etwa folgende Diskurse oder auch Diskursivierungstechniken unterscheiden:

1. Der neue kulturphilosophische Diskurs um Religion und Vernunft. Seine Protagonisten sind vor allem Jürgen Habermas und Joseph Ratzinger. Es ist, wie sich an diesem Beispiel zeigt, hinsichtlich seiner theoretischen Signatur vor allem ein christentumstheoretischer Diskurs, der hier geführt wird. Die religions- und kulturpolitischen Intentionen sind gleichwohl unübersehbar. Vor allem dieser Diskurs, der durch die Regensburger Rede zu einem Papstdiskurs, zu einem vom Papst initiierten Diskurs geworden ist, ist der Auslöser unserer Tagung. Wir werden gewiss noch gehaltvolle Deutungsvorschläge dazu bekommen.

2. Dieser Papst- bzw. Ratzinger-Habermas-Diskurs ist seinerseits ein Ausschnitt bzw. eine bestimmte Vertiefung des Diskurses um Religion und Gewalt. Uwe Justus Wenzel von von der NZZ hat diesen Diskurs auf die vernunftaffine Frage gebracht: „Was ist gute Religion?" Gute Religion ist, wie das Gros der Antworten aus der NZZ-Serie zeigt, vor allem gewaltfreie Religion oder positiv: freiheitsförderliche Religion.

3. Die neueren Diskurse um Religion und Vernunft haben Verbindungslinien zu den in den letzten Jahren ebenfalls verschärft geführten Diskursen um Religion und Neurowissenschaften bzw. Religion und Genetik. Auch diese Diskurse werden häufig mit erkennbaren und oft auch erklärten weltanschaulichen und kulturpolitischen Absichten verfolgt. Vor allem in England, aber auch in den USA verbinden sie sich mit einem neuen programmatischen Atheismus. Die neue intel-

lektuelle Salonfähigkeit der Religion ruft militante Religionsgegner auf den Plan, die das verstaubte Banner des Atheismus wieder salonfähig zu machen versuchen. Dazu zählen in den USA etwa Sam Harris, in England Richard Dawkins u.a.

4. Auch in den europäischen Kulturwissenschaften werden neue Atheismusdiskurse bzw. Diskurse radikaler Religionskritik geführt.[2] Eine nietzscheanische Variante hat jüngst Peter Sloterdijk mit seinem Buch „Zorn und Zeit"[3] veröffentlicht. Vernunft ist hier das Epiphänomen der Verdrängung des psychophysischen Untergrunds der Religion, der im Zorn gesehen wird.

5. Kirchlich-theologische Modernisierungsdiskurse: Davon gibt es gegenwärtig höchst unterschiedliche. Es ist vielleicht nicht besonders sinnvoll, sie in einem Atemzug zu nennen. Als disparate Beispiele seien nur zwei genannt: (a) Nachholende Aufklärung dogmatischer Bestände: Vgl. Klaus Peter Jörns: Notwendige Abschiede. Oder in USA: John Shelby Spong: Warum der alte Glaube neu geboren werden muss. Ein Bischof bezieht Position.[4] (b) Dann – ganz anderer Art – die ekklesiologisch-theologischen Debatten, die das EKD Papier „Kirche der Freiheit" ausgelöst hat. Hier geht es um die Reichweite und Anerkennung ökonomischer Handlungsrationalität für kirchliches Handeln.

6. Die genannten Religion-und-Vernunft-Debatten sind allesamt solche, die von grösseren medialen Öffentlichkeiten wahrgenommen wurden. Daneben sind die innerwissenschaftlichen, insbesondere protestantisch-theologischen Diskurse zum Thema weitergelaufen. Es wurden große Schleiermacher-, Troeltsch- und Tillichkongresse veranstaltet, die alle nichts anderes sind als Religion-und-Vernunft- bzw. als Religion- und Modernedebatten. Leider schaffen diese Debatten praktisch nie den Anschluss an jene öffentlichen Diskurse. Woran das liegt und wie wir das ändern können, könnten Fragen, zumindest Hintergrundsfragen sein, denen wir uns bei dieser Tagung stellen, die wir zumindest nicht ganz aus dem Blick verlieren sollten.

V.

Zum Abschluss dieser einleitenden Überlegungen nur noch ein kurzer Blick in die neue Zeit, nämlich in ein neues Projekt der gleichnamigen Hamburger Wochenzeitung. Deren Chefredaktion trägt sich nämlich mit dem Gedanken, eine neue regelmässige Rubrik einzuführen. Sie soll Neuigkeiten aus der Welt der Religion thematisieren. Damit will endlich auch die Zeit ihre hanseatische Patrizierabstinenz gegenüber Weltanschaulichem ad acta legen. Um deutlich zu machen, dass es nicht einfach nur um Beobachtung religiöser Phänomene, sondern zugleich um inhaltliche Auseinandersetzungen geht, wollen die Redakteure, das war jedenfalls der Stand der Überlegungen vom September, die neue Rubrik „Glaube und Zweifel" nennen. „Glaube und Zweifel" – was sagen wir denn dazu? Ist das eine gute Idee? Klingt das nicht ein bisschen sehr existenzialistisch? Glauben oder zweifeln? Ist das die basale Formel, in die sich alle Spielarten der Frage nach dem Vernunftverhältnis der Religion letztlich übersetzen? Gewiss, gerade der evangelische Rechtfertigungsglaube wird hinter die digitale Uralternative nicht zurück wollen und dürfen, auch wenn er sie, wie Tillich, dialektisch formulieren wird. Aber das Gros der inhaltlichen Vernunftkompatibilitätsprobleme des Glaubens lässt sich nicht auf diese Alternativformel bringen: Hier die Glaubensgewissheit, dort die Zweifel der skeptischen Vernunft. Wo die Semantik der Frage nach dem Verhältnis von Religion und Vernunft sich einseitig auf existenzielle Wahrheitsfragen konzentriert, könnte sie die Vielstimmigkeit der Problemlagen, um die es tatsächlich geht, unzulässig reduzieren. Überdies ruft dieses Konzept die Vorstellung von zwei Lagern auf den Plan, hier die skeptischen intellektuellen Religionsdeuter mit ihrem neuen Interesse an der Religion, dort die glaubensstarken religiösen Praktikanten und ihre amtlichen theologischen Lehrautoritäten. Jürgen Habermas und der Papst. Protestanten sollten über solche digitalen Besetzungen, hinauskommen, nach beiden Seiten. Unserer Tagung möchte ich das jedenfalls wünschen.

Anmerkungen

[1] Ahmadinedschad, Mahmoud: „We do not need attacks". In: Time, 25.9. 2006, 24f, zit. N. Zizek, Slavoy: Auf dem Weg zu einer materialistischen Theologie, 97-119, hier: 99.
[2] Vgl. das Heft „Atheismus" der Neue[n] Rundschau. 118. Jg. Heft 2, 2007.
[3] Politisch-psychologischer Versuch, Frankfurt am Main 2006.
[4] Düsseldorf 2006.

Jan Rohls   *L M U*

Christentum und Vernunft

Wenn ich im Folgenden vom Christentum spreche, so meine ich immer schon den sich selbst reflexiv erfassenden christlichen Glauben oder die sich selbst reflexiv erfassende christliche Religion. Und wenn ich von der Vernunft spreche, so habe ich nur jene Form von Vernunft im Sinn, die sich innerhalb der antiken griechischen Philosophie ausgebildet und die die weitere Philosophiegeschichte des Abendlandes bestimmt hat. Zudem gehe ich davon aus, dass sich das Verständnis dessen, was Christentum ist, ebenso einem geschichtlichen Wandel unterliegt wie das Verständnis dessen, was Vernunft ist. Und schließlich setzte ich voraus, dass die Frage nach dem Verhältnis von Christentum und Vernunft zu verschiedenen Zeiten und bei verschiedenen Autoren ganz unterschiedliche Antworten erfahren hat. Es gibt mit anderen Worten keine einfache Antwort auf die Frage, wie sich das Christentum zur Vernunft verhält, ebenso wie es keine einfache Antwort auf die Frage gibt, wie sich die Vernunft zum Christentum verhält. Ich werde daher auch nicht den aussichtslosen Versuch unternehmen, eine solche Antwort etwa aus dem abzuleiten, was man das Wesen des Christentums nennen könnte. Statt dessen werde ich Ihnen in geschichtlicher Abfolge einige repräsentative Antworten, die die Frage in der Christentumsgeschichte gefunden hat, vorstellen.

1.   Antike und Mittelalter

Niemand wird ernsthaft behaupten wollen, dass die Frage nach dem Verhältnis von Christentum und Vernunft zu den Kernthemen des Neuen Testaments gehöre. Gleichwohl finden sich im Neuen Testament durchaus Hinweise auf eine positive Einstellung gegenüber der Vernunft. So wäre es etwa völlig verfehlt, wenn man aus der Aussage des Paulus im 1.Korintherbrief, dass Gott durch das Wort vom Kreuz die Weisheit der Welt zur Torheit gemacht habe, auf eine grundsätzliche Vernunftfeindlichkeit des Apostels schließen wollte. Vielmehr bezieht er sich hier kritisch auf die Pneumatiker in der korinthischen Gemeinde, für die der gekreuzigte Christus deshalb keine Rolle spielt, weil sie Christus mit der nur ihnen zugänglichen Weisheit identifizieren. Man wird daher auch die paulinische Aussage, dass der gekreuzigte Christus den Griechen eine Torheit sei, nicht auf die griechischen Philosophen beziehen dürfen, um so Paulus zum Ahnherren all jener zu stilisieren, die eine Unvereinbarkeit von christlichem Glauben und griechischer Philosophie, damit aber von Offenbarung und Vernunft, behaupten. Vielmehr bedient sich gerade Paulus, wenn auch nur in bescheidenem Ausmaß, durchaus bestimmter Philosopheme. Wenn er etwa im Römerbrief erklärt, dass den Heiden im Unterschied zu den Juden, die über die mosaische Tora verfügen, das Gesetz ins Herz geschrieben sei und sich im Gewissen zu Wort melde, so greift er damit auf die stoische Vorstellung vom Naturgesetz zurück, dessen Kenntnis bei allen Menschen als Vernunftwesen vorausgesetzt wird. Stoisches Gedankengut liegt auch der Annahme zugrunde, dass Gott zwar unsichtbar sei, sein unsichtbares Wesen sowie seine ewige Kraft und Gottheit aber mit Hilfe der Vernunft ans seinen Werken erkannt werden könnten. Paulus ist mit alledem nicht besonders originell, sondern derartige Elemente zeitgenössischer griechischer Popularphilosophie begegnen auch in der Missionspredigt der hellenistischen Synagoge. Doch vielleicht ist es, was das Verhältnis von frühem Christentum und Vernunft betrifft, nicht unwichtig darauf hinzuweisen, dass Paulus sich gemeinhin des Stils der verbreiteten kynisch-stoischen Diatribe mit ihren Fragen und Gegenfragen bedient, ein Stil, in dem der sokratische Dialog fortlebt und der die Hörer als Dialogpartner ernst nimmt.

All das macht es verständlich, wenn Lukas in der Apostelgeschichte, obgleich es die historische Gestalt kaum trifft, Paulus auf dem Athener Areopag als einen frühen christlichen Apologeten auftreten lässt, der den unbekannten Gott der Heiden mit dem jüdisch-christlichen Schöpfergott identifiziert und im Sinne des stoischen Pantheismus die Immanenz des Menschen in Gott verkündigt. Mit dem Stichwort „Apologetik" ist bereits jener Versuch frühchristlicher Autoren benannt, das Christentum in einer mehrheitlich paganen Umwelt dadurch zu verteidigen, dass man es als die wahre Philosophie und damit als Höhepunkt der Entwicklung der Vernunft in der Menschheit ausgibt. Zwar stehen nicht alle Apologeten der paganen Philosophie positiv gegenüber. Aber mit dem Apologeten Justin beginnt doch eine Tradition antiken christlichen Denkens, die eine besondere Affinität zwischen

Christentum und speziell platonischer Philosophie annimmt. Um diese Affinität zu erklären, greift Justin auf den Logosbegriff zurück, der eine prominente Rolle im Prolog des Johannesevangeliums spielt. Dort heißt es, dass der Logos, der ewig bei Gott gewesen, in Christus Fleisch geworden sei. Durch das Wirken dieses göttlichen Logos nicht nur bei den alttestamentlichen Propheten, sondern auch bei den griechischen Philosophen kommt es Justin zufolge, dass sich hier Bruchstücke der wahren Lehre Christi finden. Ungeachtet der Tatsache natürlich, dass uns die Fülle der Vernunft und Wahrheit erst durch den menschgewordenen Logos Christus zugänglich wird. Eine derartig positive Haltung gegenüber der griechischer Philosophie war nun zwar für das junge Christentum neu, hatte aber ihr Vorbild im hellenistischen Judentums, vor allem bei Philo von Alexandrien. Hierher übernahm Justin auch ein neben der Logosspekulation zweites, bis in die Frühe Neuzeit wirksames Konstrukt, das die Übereinstimmungen zwischen Christentum und platonischer Philosophie erklären sollte. Gemeint ist die Auffassung, dass Platon seine Lehren von Mose übernommen habe. An der Philosophie, zumal der platonischen, war dem Apologeten Justin aber bei seiner Verteidigung des Christentums gegenüber Angriffen aus der paganen Umwelt deshalb gelegen, weil er hier bestimmte christliche Lehren, etwa dass es nur einen einzigen Gott gibt und dass die Welt von Gott geschaffen ist, als durch die Vernunft erwiesen meinte finden zu können. Das Christentum erschien ihm daher als die durch Vernunft beglaubigte wahre Philosophie.

Adolf von Harnack hat mit Recht von einer Hellenisierung des Christentums gesprochen, die allerdings die Hellenisierung des Judentums zu ihrer Voraussetzung hat. Dabei lassen sich zwei Aspekte der Hellenisierung unterscheiden, der formale und der inhaltliche Aspekt. Dass das Christentum jetzt, wesentlich, wenn auch nicht nur gestützt auf den Mittelplatonismus, als wahre Philosophie auftritt, macht den formalen Aspekt der Hellenisierung aus. Philosophie bedeutet aber nach antikem Verständnis höchste Wissenschaft, so dass das Christentum auch als Wissenschaft und Erkenntnis begriffen werden kann. Origenes, der eigentlichen Begründer der christlichen Theologie als einer Wissenschaft, begnügt sich daher nicht mehr mit dem inzwischen inhaltlich fixierten kirchlichen Glaubensbekenntnis, sondern will mit Hilfe der Vernunft diesen kirchlichen Glauben begründen und systematisch darlegen. Neben diesen formalen Aspekt tritt der inhaltliche. Die Mitte des altkirchlichen Glaubens, die Lehre von dem einen Wesen Gottes in der Hypostasen samt der daran hängenden Erlösungslehre, hätte sich niemals so ausgebildet, wenn es nicht die platonische Prinzipienlehre gegeben hätte, die man einerseits als Vorbild hatte und von der man sich andererseits in den Dogmen von Nicäa und Konstantinopel schließlich abgrenzte. Inhaltlich wie formal meinte die christliche Theologie der alten Kirche durchaus den Vernunftkriterien genügen zu können, an denen man andere metaphysische Systeme des Mittel- und Neuplatonismus maß. Selbst die Tatsache, dass der Christ sich der Autorität der katholischen Kirche unterwerfen und deren Glauben annehmen muss, ändert nichts an der Tatsache, dass man von der Möglichkeit ausgeht, dass sich der Inhalt des kirchlichen Glaubens mit Hilfe der Vernunft einsichtig machen lässt. Zumindest für die Entwicklung im Westen wird Augustin die Richtung zunächst vorgeben mit seiner These, dass man zwar zuerst glauben müsse, aber nur, um dann das Geglaubte zu verstehen, zu begreifen oder zu erkennen. Auch wenn die Vermittlung der Erkenntnis durch Autorität, der man sich gläubig zu unterwerfen hat, am Anfang steht, kommt dem vernünftigen Begreifen doch ein sachlicher Vorrang zu. Zwar setzt Lernen immer Autoritäten voraus, doch das Ziel des Lernens ist es, irgendwann einmal die Kinderschuhe der Autorität abzulegen und zu einer rein auf Vernunft gegründeten Erkenntnis der Wirklichkeit und ihres göttlichen Ursprungs zu gelangen.

Dieses enorme Zutrauen in die Leistungskraft der Vernunft im Hinblick auf die Glaubensgehalte lässt sich nur verstehen, wenn man bedenkt, dass ganz im Gefolge der platonisch-aristotelischen Geistmetaphysik das oberste Prinzip der Wirklichkeit, also Gott, selbst als Geist, Logos, Wahrheit und Vernunft gefasst wurde. Auch unsere Vernunfterkenntnis verdankt sich so letztlich göttlicher Illumination, was einen Widerspruch zwischen Vernunft und Glauben ausschließt. Blickt man auf seine Entwicklung in der Antike zurück, so wird man selbst angesichts der Angriffe paganer Intellektueller wie Kelsos und Porphyrius dem Christentum nicht den Vorwurf machen können, vernunftfeindlich gewesen zu sein. Das enge Bündnis mit der Philosophie erlaubte es dem antiken Christentum sogar, sich als wahre Philosophie und damit als Erfüllung des Vernunftstrebens zu präsentieren. Und nachdem die heidnische Philosophie als ernsthafte Konkurrentin einmal von der Bühne verschwunden und die paganen Autoren der Antike weitgehend in Vergessenheit geraten waren, besaß die frühmittelalterliche Theologie gleichsam das Monopol auf Wahrheitserkenntnis. Daraus erwuchs ein Überlegenheitsgefühl der auf als geoffenbart angesehene Texte und autoritative Tradition sich gründenden Theologie, die sich einer auf Selbständigkeit pochenden Vernunft, wie sie durch die damalige Logik oder Dialektik repräsentiert wurde, zunächst widersetzte. Aber schon bald wurde der Streit darüber, ob die Vernunft in Glaubensfragen eine Rolle spiele, zugunsten der Dialektik entschieden. Damit war einem theologischen Rationalismus das Tor geöffnet, der allerdings unterschiedlich radikal ausfallen konnte. Anselm von Canterbury, am Anfang der mittelalterlichen Scholastik stehend, besaß ein solches Zutrauen in die Vernunft, dass er der Auffassung war, alle Artikel des kirchlich autorisierten Glaubens ließen sich mit Hilfe der Vernunft begründen. Doch die Geschichte der Scholastik lässt sich auch als Geschichte einer sukzessiven Zurücknahme dieses theologischen Rationalismus lesen. Diese Zurücknahme hängt nicht zuletzt mit dem Wandel der Rationalitätsstandards im Kontext der Aristotelesrezeption im Hochmittelalter zusammen. Durch Vermittlung vor allem der Araber wird die westliche Christenheit mit einem philosophischen System eines paganen Autors konfrontiert, von dem man bislang nur einige logische Traktate gekannt hatte. Dieses System wurde für lange Zeit zum Paradigma dessen, was die natürliche Vernunft im Hinblick auf die gesamte Wirklichkeit einschließlich Gottes als ihrer obersten Ursache erkennen kann. Gemessen daran erschienen nun die meisten Glaubensartikel nicht länger als mit Hilfe der natürlichen Vernunft begründbar. So meinte Thomas von Aquin zwar, dass sich die Existenz Gottes rational beweisen lasse, dass aber alle sonstigen Glaubensartikel ihre Autorität allein der Offenbarung verdankten. Die Vernunft reicht letztlich nur in den Vorhof, nicht hingegen in das Innere des Glaubens. Das hatte selbstverständlich Konsequenzen für das Selbstverständnis von Theologie und Philosophie, die jetzt als selbständige Disziplinen an den neuen Universitäten auftraten. Die Philosophie verstand sich als Vernunftwissenschaft, die Theologie als Offenbarungswissenschaft, die allerdings über die Gottesbeweise an die Philosophie angeschlossen war.

2. Reformation und Frühe Neuzeit

Bekanntlich stand Luther zwar nicht der Vernunft als solcher, wohl aber dem Vernunftgebrauch bei der Entscheidung theologischer Sachfragen ablehnend gegenüber. Damit erwies sich Luther jedoch nur als Erbe des spätmittelalterlichen

Nominalismus, durch dessen Schule er gegangen war. Eine Synthese von Vernunft und Glaube, wie sie von einigen Vertretern der spekulativen Mystik und des Florentiner Platonismus, von Nikolaus Cusanus und von Renaissancehumanisten propagiert wurde, lag ihm völlig fern. Gleichwohl steht es für Luther nicht anders als für Melanchthon und Calvin fest, dass das natürliche Licht der Vernunft zumindest zur Erkenntnis Gottes als des obersten Prinzips der Welt ausreicht. Daher konnte die protestantische Theologie schon bald die Gottesbeweise aufgreifen und eine eigene natürliche Theologie entwickeln. Alle Erkenntnis unseres Heils beruht hingegen auf göttlicher Offenbarung, wie sie sich in der Bibel findet. Dieser biblische Offenbarungspositivismus, der schließlich in der protestantischen Orthodoxie dazu führt, dass die Bibel als ein bis in den Buchstaben hinein von Gott inspiriertes Buch angesehen wird. Für den konfessionellen Gegensatz zum römischen Katholizismus ist entscheidend, dass die Schrift von Lutheranern wie Reformierten als die einzige Offenbarung Gottes angesehen wurde, während das Trienter Konzil daneben auch die in der Kirche bewahrte und vom Lehramt verwaltete mündliche Tradition als Offenbarung anerkennt. Wenn aber nur die Bibel als geoffenbartes Gotteswort als unhintergehbare Autorität akzeptiert wird, dann verliert das kirchliche Dogma an Bedeutung. Von den Reformatoren werden nur solche Dogmen beibehalten, die in ihren Augen bereits in der Schrift enthalten sind. Die Dogmenkritik verschärfte sich jedoch, als radikale protestantische Gruppen wie die Sozinianer bei ihrer Beurteilung der traditionellen christlichen Dogmen die Vernunft als Kriterium ins Spiel brachten. Die Vernunft wurde dabei definiert durch das Prinzip vom ausgeschlossenen Widerspruch, so dass ein Dogma als unvernünftig verworfen wurde, wenn es einen eklatanten Widerspruch enthielt. Auf diese Weise meinte man die Vernunftwidrigkeit sämtlicher Dogmen aufzeigen zu können. Die Bedeutung des Sozinianismus liegt sicher darin, dass hier erstmals die Vernunft sich gegen das etablierte, auf Dogmen sich gründende Christentum wandte. Die Berufung auf die Vernunft bedeutete dabei allerdings nicht, dass die Sozinianer meinten, die eigentlichen Gehalte des christlichen Glaubens aus der Vernunft ableiten zu können. Der formalen Vernunft schreiben sie vielmehr nur eine kritische und keine konstruktive Kraft zu. Die Inhalte des Glaubens werden nämlich in ihren Augen sämtlich durch die Offenbarung erkannt, wie sie durch die Bibel zugänglich ist.

Der unter Berufung auf die natürliche, gesunde Vernunft geführte Angriff der Sozinianer gegen die überkommenen Dogmen musste auf den entschiedenen Widerstand nicht nur der Katholiken, sondern auch der Lutheraner und Reformierten stoßen, zumal auch sie sich auf die Vernunft beriefen. Tatsächlich war die Verbindung der Theologie mit der Vernunft bei allen drei großen christlichen Konfessionen seit dem Ende des 16. Jahrhunderts schon allein dadurch gegeben, dass die Theologie zurückgriff auf die aristotelische Philosophie und im Rahmen der Metaphysik eine natürliche Theologie entwickelte. Zwar gab es gerade im Luthertum Stimmen, die die Erbsünde so stark machten, dass sie eine völlige Verfinsterung der Vernunft als Folge annahmen. Aber diese Stimmen konnten sich am Ende nicht durchsetzen. Wenn man einen großen Theologen der altprotestantischen Orthodoxie, den Lutheraner Johann Gerhard, als Beispiel nimmt, so stellt man fest, dass er wie der nachtridentinische Katholizismus auch eine Gotteserkenntnis kennt, die auf einer allgemeinen, von der natürlicher Vernunft erfassbaren Offenbarung beruht. Gerhard unterscheidet dabei noch zwischen einer im Gewissen verorteten angeborenen Kenntnis des göttlichen Gesetzes und einer aus der Betrachtung der natürlichen Schöpfung erworbenen Erkenntnis des göttlichen Welturhebers. Der übernatürlichen Offenbarungstheologie wurde so eine natürliche Theologie vorangestellt. Doch die Vernunft drang nicht nur über sie in die Theologie ein. Zwar räumt Gerhard ein, dass die Vernunft niemals als normative Instanz an die geoffenbarten Wahrheiten herantritt. Aber der Theologe ist auf Vernunft angewiesen, einerseits um die in der Offenbarung enthaltenen Begriffe von natürlichen Gegenständen in ihrer Bedeutung zu verstehen, und andererseits um falsche Lehren mit der Schrift zu widerlegen.

Alles in allem macht die nachreformatorische protestantische Theologie nach ihrem eigenen Selbstverständnis also nur sehr eingeschränkt Gebrauch von der Vernunft. Darin unterscheidet sie sich aber gerade nicht von der nachtridentinischen römischen Theologie. Den Protestanten geht es zudem darum, den dogmenkritischen Vernunftgebrauch der Sozinianer als illegitim zurückzuweisen. Im übrigen ist es seit den Tagen der Abendmahlskontroverse zwischen Luther und Zwingli ein Standardvorwurf der Lutheraner gegen die Reformierten, dass diese der Vernunft zuviel zutrauten. Nun ergab sich allerdings, kaum hatte man die sozinianische Vernunftkritik abgewehrt, sowohl für die protestantische als auch für die römische Theologie ein neuer Konflikt zwischen Glaube und Vernunft. Nicht nur auf protestantischer Seite betrachtete man die Bibel als göttlich inspiriertes Buch, das die Wahrheit sagt. Das führte zu Konflikten, als sich durch die kopernikanische Revolution das Weltbild änderte und der Wortlaut der Bibel, die ein geozentrisches Weltbild voraussetzt, in Widerspruch geriet zur wissenschaftlichen Vernunft der Frühen Neuzeit, die ihren philosophischen Repräsentanten in Descartes fand. Gegen den lang andauernden Widerstand der lutherischen und reformierten Orthodoxie fand man allerdings schließlich zu einer hermeneutischen Lösung. Man unterschied zwischen der eigentlichen Absicht der Bibel, den Menschen zum Heil zu führen, und dem von ihr vorausgesetzten Weltbild, das den zeitgenössischen Vorstellungen angepasst gewesen und daher für uns heute nicht länger verbindlich sei. Erst durch diese hermeneutische Differenzierung, wie sie von reformierten Cartesianern vorgenommen wurde, wurde es möglich, trotz des Festhaltens an der Autorität der Bibel das heliozentrische Weltbild und damit die wissenschaftliche Vernunft der Frühen Neuzeit zu akzeptieren. Man kann sich im übrigen den Widerstand gerade der protestantischen Theologie gegen die sich aus dem Bann der aristotelischen Physik lösenden frühneuzeitlichen Naturwissenschaft gar nicht stark genug vorstellen. Als Spinoza dann noch die vorurteilsfreie Erforschung der Natur zum Vorbild seiner Bibelkritik machte, war das allgemeine Entsetzten groß. Denn was Spinoza verlangte, eine rein historische und zugleich kritische Interpretation der Bibel, widersprach der Überzeugung von der göttlichen Inspiriertheit der Schrift.

Die Haltung des kirchlichen Christentums zur frühneuzeitlichen Vernunft in ihren unterschiedlichen Ausprägungen als dogmenkritische, naturwissenschaftliche und bibelkritische Vernunft ist somit aufs Ganze gesehen äußerst distanziert. Erst durch einen langsamen Transformationsprozess, der das ganze 18. Jahrhundert über dauert, eignet sich die konfessionelle Theologie die Neuerungen, die auf das Konto der Vernunft gehen, in unterschiedlichem Maße an. Die Anstöße dazu kamen allerdings nicht von Innen, sondern von Außen. Die Aussöhnung des Christentums mit dem neuen naturwissenschaftlichen Weltbild vollzog sich über den Gedanken, dass ein nach mechanischen Gesetzen eingerichtetes heliozentrisches Universum, wie es von Kepler, Galilei und Newton konzipiert wurde, weit eher Ausdruck der Vollkommenheit des Schöpfers sei als eine Welt, in die Gott beständig wunderhaft eingreift. Das neue Weltbild führte zunächst dazu, dass innerhalb der Philosophie

Alternativen zur herrschenden aristotelischen Schulphilosophie entwickelt wurden. Die metaphysischen Vernunftsysteme eines Descartes, Spinoza, Leibniz oder Wolff sind das Resultat dieser Verarbeitung der kopernikanischen Revolution. Schon in dieser neuen Philosophie selbst wurde zwischen Vernunft und Offenbarung unterschieden, wobei man Kriterien entwickelte, anhand deren sich entscheiden lassen sollte, ob etwas nicht offenbart ist. Ein solches negatives Ausscheidungskriterium war der Satz vom ausgeschlossenen Widerspruch. Um als geoffenbart zu gelten, durfte eine geoffenbarte Aussage sich zumindest nicht selbst widersprechen. Als allgemeinen Regel galt: die Offenbarung ist zwar übervernünftig, aber nicht widervernünftig. Langfristig hatte der Umschwung innerhalb der Philosophie zur Folge, dass auch die Theologie, die sich bislang konfessionsübergreifend an ihr orientiert hatte, von der aristotelischen Schulphilosophie Abschied nahm.

Auch die Rezeption der vernunftgeleiteten Dogmen- und Bibelkritik durch die konfessionelle Theologie wurde von Außen angestoßen. Die Dogmenkritik erreichte in der zweiten Hälfte des 17. Jahrhunderts ein neues Stadium, insofern man jetzt aufzuzeigen versuchte, dass die altkirchlichen Dogmen gar nicht zum ursprünglichen Christentum gehörten, sondern sich dem Fremdeinfluss der platonischen Philosophie verdankten. Der durch Harnack berühmt gewordene Gedanke einer Hellenisierung des Christentums hat hier seinen Ursprung. Da die altkirchlichen Dogmen aber bereits zuvor von den Sozinianern als unvernünftig kritisiert worden waren, bemühte man sich jetzt, ein ursprüngliches vernünftiges Christentum zu rekonstruieren, das ohne diese Dogmen auskam und auskommt. Als paradigmatisch mag dabei der Versuch John Lockes gelten, der unter dem vernünftigen Christentum den von allen trennenden konfessionellen Dogmen befreiten einfachen Glauben verstand, dass Jesus der Messias ist, der uns das moralische Gesetz der Gottes- und Nächstenliebe offenbart und uns die Erlangung der Glückseligkeit ermöglicht. Von Locke ausgehend, aber schon bald über ihn hinausschießend, entwickelte sich dann in England der Deismus, der das eigentliche Christentum mit einer Vernunftreligion identifizierte, die ursprünglich allen Menschen eigen gewesen und erst im Laufe der Geschichte vor allem durch eine herrschaftssüchtige Priesterkaste korrumpiert worden sei. Die Religionsgeschichte stellt so gesehen eine Verfallsgeschichte dar, und dasselbe gilt für die Christentumsgeschichte, insofern sich auch das Christentum immer mehr von seinen einfachen vernünftigen Anfängen wegentwickelt habe und mit Geheimnissen praktischer und theoretischer Art angereichert worden sei. Was Deisten wie Toland und Tindal als das genuine Christentum ausgaben, das war ein Christentum, das wesentlich in einer universalistischen, auf Vernunftprinzipien aufbauenden Moral bestand. Wer sich aber erst einmal auf der Suche nach einem ursprünglichen vernünftigen Christentum befand, das noch nicht infiziert war von ihm fremden Dogmen, der konnte und musste auch ein positives Verhältnis zur historischen Bibelkritik entwickeln. Denn er sah sich in der Lage, frühe Stufen des Christentums von späteren Entwicklungen zu unterscheiden und grundsätzlich das Christentum als etwas Eigenes gegenüber dem Judentum zu begreifen. Das Alte und das Neue Testament, Jesus und Paulus bildeten nicht länger eine Einheit, die durch das Inspirationsdogma zusammengehalten wurde, sondern sie markierten verschiedene Stufen der Religionsentwicklung.

3. Die Neuzeit

Es lässt sich nicht ernsthaft bestreiten, dass es im wesentlichen eine Leistung des frühneuzeitlichen Protestantismus war, Christentum und Vernunft in der Moderne zu versöhnen. Es war die protestantische Theologie, die den Anfang damit machte, das neue Weltbild ebenso zu akzeptieren wie die Bibel- und Dogmenkritik. Doch nicht nur dies, sondern auch die Anregungen zum neuen Weltbild sowie zur Bibel- und Dogmenkritik kamen mehrheitlich aus dem protestantischen Umfeld, so sehr sich die herrschende lutherische wie reformierte Orthodoxie auch gegen sie wehrte. Doch im achtzehnten Jahrhundert wandelte sich die Situation insofern grundlegend, als sich nunmehr ein theoretischer Atheismus, zumeist gestützt auf einen philosophischen Materialismus, als vernünftige Alternative zum Christentum samt seinen idealistischen und spiritualistischen Elementen anbot. Seit dieser Zeit wird das Christentum den Vorwurf nicht mehr los, dass es sich vor dem Forum der Vernunft nicht rechtfertigen könne. Doch nicht allein von Seiten des Atheismus wurde die Vernünftigkeit des Christentums bestritten. Vielmehr geriet das von den Deisten propagierte Konzept eines Christentums, das in seiner ursprünglichen Gestalt mit der natürlichen Vernunftreligion identisch ist, aber im Laufe seiner Geschichte durch eine herrschsüchtige Priesterkaste verfälscht wurde, auch ins Visier solcher Kritiker, die bestritten, dass es überhaupt so etwas gebe wie eine natürliche Vernunftreligion. Das klassische Beispiel für eine solche Kritik ist Hume. Denn einerseits bestreitet er die Schlüssigkeit sämtlicher Gottesbeweise und beraubt damit die rationale Theologie, die ja als Bestandteil der klassischen Metaphysik galt, ihrer Grundlage. Und andererseits lehnte er die Vorstellung einer ursprünglichen natürlichen Vernunftreligion ab, da die Religion grundsätzlich nichts Rationales, sondern etwas zutiefst Irrationales sei, nämlich ein als Gefühl zu bestimmender Glaube, der seine psychische Wurzeln in Furcht und Hoffnung habe.

Angesichts dieser verschärften Situation bieten sich für das Christentum mehrere Möglichkeiten an. Man kann erstens Humes Einwände zu entkräften und die traditionelle Annahme zu verteidigen versuchen, dass sich die Existenz Gottes beweisen und das Christentum sich als durchaus vernünftig erweisen lasse. Das ist der Weg, den traditionelle englische Apologeten wie Paley einschlagen und der in der angloamerikanischen Religionsphilosophie bis heute begangen wird. Man kann aber auch zweitens Humes Kritik der Gottesbeweise und damit des gesamten Unternehmens einer philosophischen Theologie ebenso übernehmen wie seine These vom irrationalen Ursprung der Religion in einem als Gefühl definierten Glauben. Das ist der Weg, der in Deutschland zunächst von Vertretern des Sturm und Drang wie Hamann, Jacobi und Herder, dann aber in enger Anlehnung an Jacobi von Schleiermacher beschritten wird. Für den reifen Schleiermacher ist Religion oder Frömmigkeit ihrem Wesen nach Gefühl, und zwar ein Gefühl der schlechthinnigen Abhängigkeit. Das Christentum als eine bestimmte Religion ist dementsprechend eine bestimmte Ausprägung dieses bei allen Menschen vorhandenen Gefühls. Schleiermacher bestreitet somit, dass es einen Zugang zu Gott, zur Religion im allgemeinen und zum Christentum im besonderen über die Vernunfterkenntnis gibt. In dieser Hinsicht führt er eine Linie fort, die es im frühneuzeitlichen Protestantismus und Katholizismus gleichermaßen gegeben hat, nämlich den auf einer Vernunftskepsis beruhenden Fideismus. Schleiermacher formuliert dieses fideistische Programm bereits als Alternative zu einem dritten Versuch, Humes Kritik zu begegnen. Dieser Versuch verbindet sich mit dem Namen Kants. Er zeichnet sich dadurch aus, dass er zwar Humes Widerlegung der Gottesbeweise übernimmt und mit der These verbindet, dass der theoretischen Vernunft eine Erkenntnis Gottes unmöglich sei. Aber wenngleich es der theoretischen Vernunft unmöglich ist, die Existenz Gottes zu beweisen, so muss doch die praktische Vernunft sie postulieren oder glauben. Kants berühmte These, er habe das Wissen aufheben müssen, um Platz für den Glauben zu schaffen, bedeutet keineswegs eine Flucht in einen als Gefühl gefassten Glauben. Sondern sie besagt nur, dass Gott kein Gegenstand des auf die raumzeitliche Welt beschränkten Wissens, sondern eine Sache des praktisch-moralischen Vernunftglaubens ist. Sofern ich mich als moralisches Vernunftwesen verstehe, muss ich die Existenz Gottes voraussetzen. Für Kant ist also anders für Jacobi und Schleiermacher die Existenz Gottes durchaus eine Sache der Vernunft, obgleich nicht der theoretischen, sondern der praktischen Vernunft. Und für Kant ist die Religion, speziell das Christentum, auch keine Sache des Gefühls, sondern in der christlichen Religion lässt sich seiner Meinung nach ein praktisch vernünftiger, also moralischer Kern entdecken, den es interpretierend freizulegen gilt. Nur innerhalb der Grenzen der praktischen Vernunft kann das Christentum Anspruch auf allgemeine Verbindlichkeit erheben, alles andere ist für Kant Aberglaube.

Von Seiten der Theologie hat man Kant unterschiedlich rezipiert. Man konnte Kant gegen den Strich lesen, wie die Supranaturalisten, die meinten, die These, dass Gott vom vernünftigen Wissen nicht erreicht werde, sei eine Chance für die übervernünftige biblische Offenbarung. Oder man konnte im Anschluss an Kant, das Christentum als moralische Vernunftreligion interpretieren, wie es die Rationalisten taten. Für die protestantische Theologie auf lange Sicht interessanter war hingegen die Rezeption Kants durch dessen idealistische Überbieter, also durch Schelling und vor allem durch Hegel. Diese beiden ehemaligen Theologen gingen zwar von Kants kritischer Prüfung der Vernunft aus, gelangten aber zu einem völlig anderen Ergebnis als Kant. Zum einen fassten sie die Vernunft als etwas Einheitliches, ließen also die Aufspaltung in theoretische und praktische Vernunft hinter sich. Und zum andern gaben sie Beschränkung der theoretischen Vernunft, also des Erkennens oder Wissens auf die raumzeitliche Welt preis. Gott, das Absolute, kann von der menschlichen Vernunft erkannt werden, weil Gott selbst absolute Vernunft ist. Weil aber Gott das Absolute ist, ist die absolute Vernunft in allem gegenwärtig, nicht nur in der Natur, sondern auch in der Kultur, im Staat und in der Geschichte ebenso wie in der Kunst und Religion. Hegels Religionsphilosophie macht es sich daher zur Aufgabe, die Vernunft in der Religion – genauer gesagt: in den verschiedenen Religionen – zu entdecken. Hegel meint darüber hinaus, dass das Christentum deshalb die vollendete Religion sei, weil sich in ihm das Wesen der Religion voll realisiere. Ja, mehr noch: auf der Ebene der Vorstellung, das heißt narrativ und metaphorisch bringt die christliche Religion bereits das zum Ausdruck, was die Philosophie – gemeint ist natürlich Hegels eigene Metaphysik des Absoluten – begrifflich expliziert.

Die protestantische Theologie hat auf dieses zweischneidige Lob des Christentums aus dem Munde der idealistischen Philosophie gespalten reagiert. Die einen, vor allem die Theologen, die aus der Erweckung kamen, erblickten in ihm nur den Ausdruck einer Selbstüberschätzung der philosophischen Vernunft, eine Sicht, die sie nicht nur mit den Anhängern Schleiermachers, sondern auch mit solchen Autoren wie Kierkegaard teilten. Die anderen hingegen, etwa Schleiermachers Berliner Fakultätskollege Marheineke, sahen in Hegels Philosophie die gelungene Versöhnung von Glauben und Wissen, Christentum und Vernunft. Doch selbst im Lager des Hegelianismus herrschte keine Einigkeit darüber, wie sich Hegel das Verhältnis von Christentum und Vernunft gedacht hatte. War es tatsächlich seine Meinung gewesen, wie Marheineke zu suggerieren versuchte, dass die christlichen Dogmen ohne Abstriche allesamt Ausdruck der Vernunft seien? Oder war Hegel nicht doch weit eher ein Erbe der Aufklärung und des Kantianismus, insofern seine Aufhebung der religiösen Vorstellung in den philosophischen Begriff vom traditionellen Dogma nicht erhebliche Abstriche verlangte? Das war die Auffassung nicht nur so kritischer Geister wie David Friedrich Strauß, sondern auch von moderateren Hegelianern wie Ferdinand Christian Baur, dem Vater der modernen neutestamentlichen Theologie und Dogmengeschichte. Über eines allerdings waren sich die theologischen Hegelianer trotz aller Differenzen einig, dass nämlich Vernunft im Christentum stecke. Radikal bestritten wurde dies nur von Autoren, die wie Feuerbach und Marx zwar in die Schule Hegels gegangen waren, sich aber von dessen Philosophie abgewandt hatten und auf diesem Wege zu einer radikalen Religionskritik gelangt waren. Eines steht jedenfalls fest: wenn es jemals eine Epoche innerhalb des neuzeitlichen Christentums gegeben hat, in der man vor allem an dem Aufweis interessiert war, dass Vernunft im Christentum ist, dann war dies die Epoche der nachkantischen idealistischen Philosophie und der durch sie beeinflussten Theologie. Und diese Epoche war deshalb so sehr an diesem Aufweis interessiert, weil sie sich mit der Kritik der radikalen Aufklärung an der Religion im allgemeinen und am Christentum im besonderen konfrontiert sah und angesichts dieser Kritik anders als Jacobi und Schleiermacher nicht die Flucht ins Gefühl antreten wollte.

4. Die Moderne

Man kann die weitere Geschichte des Problems, wie sich das westliche Christentum und Vernunft zueinander verhalten, nur auf dem Hintergrund dieser durch die Aufklärung geschaffenen Situation verstehen. Das gilt für den Protestantismus und den Katholizismus gleichermaßen. Wie im Protestantismus bildete sich auch im Katholizismus angesichts der kantischen Vernunftkritik ein Fideismus aus, dessen Hauptrepräsentant der Straßburger Theologe Bautain war. Aufgrund der von Kant aufgezeigten Grenzen der menschlichen Vernunft sind wir – so Bautains These –, was Gott betrifft, gänzlich auf die übervernünftige Offenbarung als einzige Quelle der religiösen Erkenntnis angewiesen. Diese fideistische Position wurde vom römischen Lehramt jedoch verurteilt. 1840 musste Bautain den Satz unterschreiben, dass die Vernunft trotz ihrer Schwächung durch die Erbsünde noch genügend Kraft zur Erkenntnis Gottes besitze. Wie der Fideismus wurde auch die Gegenposition, der Rationalismus, lehramtlich verurteilt. Als der Bonner Theologe Georg Hermes im Anschluss an Kant die These vertrat, dass der Glaube einer vernünftigen Begründung bedürfe und die Offenbarung am natürlichen Vernunftglauben zu messen sei, traf der päpstliche Bannstrahl ihn ebenso wie wenig später Philosophen wie Anton Günther und Jakob Frohschammer, denen vorgeworfen wurde, dass sie die menschliche Vernunft zum Maßstab der Offenbarung machten. Seine abschließende lehramtliche Klärung fand das Verhältnis von Glaube und Vernunft in der dogmatischen Konstitution „De fide" auf dem ersten Vatikanischen Konzil 1870. Danach lehrt die römisch-katholische Kirche, dass Gott als Grund und Ziel aller Dinge mit dem natürlichen Licht der Vernunft aus der Schöpfung sicher erkannt werden kann. Daneben steht die übernatürliche Offenbarung Gottes, die deshalb nötig ist, weil Gott den Menschen zu einem übernatürlichen Ziel hingeordnet hat, das die Vernunft überragt und nur vom Glauben erfasst werden kann. Das ist im übrigen die Position, die auch noch hinter den Verlautbarungen des gegenwärtigen Papstes zum Verhältnis von Christentum und Vernunft steht.

Diese lehramtliche Bestimmung des Verhältnisses von Christentum und Vernunft sind bereits Ausdruck der neuscholastischen Rückkehr des Katholizismus zu Thomas von Aquin, die auf protestantischer Seite ihre Entsprechung hatte in der Rückkehr der konfessionellen Theologie zur altprotestantischen Orthodoxie. Denn auch im Neuluthertum arbeitete man um die Mitte des Jahrhunderts mit der alten Unterscheidung einer doppelten Gotteserkenntnis, rudimentär durch die natürliche Vernunft, vollkommen und heilsam hingegen durch die Offenbarung. Allerdings geriet die Annahme einer Gotteserkenntnis durch die Vernunft im letzten Drittel des Jahrhunderts unter Beschuss von Seiten Albrecht Ritschls und seiner Schüler, die darin eine unzulässige Verbindung von Theologie und Metaphysik erblickten. Für die Ritschlschule wurde die Offenbarung in Christus, deren Urkunde das Neue Testament ist, zum alleinigen Erkenntnisgrund Gottes. Jede natürliche Theologie, die sich auf eine allgemeine Offenbarung Gottes und eine Gotteserkenntnis durch die natürliche Vernunft stützt, wurde damit ausgeschlossen. Da die Ritschlschüler den Ursprung der natürlichen Theologie in dem Bündnis erblickten, das die frühchristlichen Apologeten mit der griechischen Metaphysik eingegangen waren, musste dieses Bündnis aufgelöst werden. Von daher ergab sich zwangsläufig, dass der Dogmengeschichte in der Ritschlschule die Aufgabe zufiel, die mit den Apologeten einsetzende Hellenisierung und Intellektualisierung des Christentums als Degenerationserscheinung zu denunzieren. Das Bündnis des Christentums mit der griechischen Vernunft war für Adolf von Harnack ein Abfall vom einfachen moralischen Evangelium, das Jesus verkündigt hatte. Aber weder für Ritschl noch für seine Schüler bedeutete dies eine Aufkündigung des Bündnisses von Christentum und Vernunft überhaupt. Sie knüpften vielmehr wie Julius Kaftan an Kants Begrenzung der theoretischen Vernunft auf empirische Wissenschaft und die Verbindung von praktischer Vernunft und christlicher Religion an und meinten das damit begründen zu können, dass der protestantische Glaube im Gegensatz zum katholischen nicht intellektualistisch, sondern praktisch sei. Daher das Bündnis des protestantischen Christentums nicht mit der theoretischen Vernunft der Metaphysik, sondern mit der praktischen Vernunft der Ethik.

Von Ritschl und seiner Schule aus boten sich grundsätzlich zwei Möglichkeiten der Weiterentwicklung. Entweder man konnte den Weg von Kant zu Hegel erneut beschreiten und schließlich für eine modifizierte Wiederaufnahme einer idealistischen Geistmetaphysik plädieren, wie das Troeltsch tat. In diesem Fall machte man sich noch einmal stark für die Synthese von Christentum und Vernunft, wie das der platonischen Hauptströmung der kontinentaleuropäischen Religionsphilosophie in Troeltschs Augen ohnehin seit jeher entsprach. Oder man konnte Ritschls Ablehnung der natürlichen Theologie zum Sprungbrett nehmen, um auch noch die Beziehung des Christentums zur praktischen Vernunft zu kappen, wie dies bei Karl Barth geschah. Die Beziehung der Theologie nicht nur zur theoretischen, sondern auch zur praktischen Vernunft wird preisgegeben zugunsten der Selbstoffenbarung Gottes in Jesus Christus als des exklusiven Ausgangspunktes der Theologie. Die Ironie des Barthschen Ansatzes besteht darin, dass er sich für seine schroffe Abkehr von allen Spielarten der natürlichen Theologie ausgerechnet auf jenen Autor beruft, der gemeinhin als der Hauptrepräsentant eines theologischen Rationalismus gilt, nämlich auf Anselm von Canterbury. Anselms theologisches Programm lautete „fides quaerens intellectum" – „der Glaube auf der Suche nach Erkenntnis" – und hatte zum Ziel, die Inhalte des christlichen Glaubens sola ratione, mit der Vernunft allein, zu begründen. Barth liest Anselm jedoch ganz anders. Er ist für ihn kein theologischer Rationalist, sondern ein Offenbarungstheologe, der von der nur im Glauben zugänglichen Offenbarung Gottes ausgeht und sie in einem Akt des Gehorsams erkenntnismäßig nachbuchstabiert. Diese Deutung Anselms sagt allerdings mehr über Barths eigenen Ansatz aus als über die theologische Methode des Vaters der Scholastik. Denn Barth ist das krasse Gegenteil eines theologischen Rationalisten. Zwischen Glaube und Vernunft besteht für ihn keinerlei Zusammenhang in dem Sinne, dass von der Vernunft ein wie immer gearteter Zugang zum Glauben möglich wäre.

Man muss Barths Position im Hinblick auf das Verhältnis von Glaube und Vernunft als das nehmen, was sie ist: als eine Wiederbelebung jenes Fideismus, der die gesamte Christentumsgeschichte begleitet. Barth selbst versuchte seiner Ablehnung der natürlichen Theologie mit der ersten These der Barmer „Theologischen Erklärung" sogar bekenntnismäßigen Rang zu verleihen. Hier hat man also tatsächlich ein Bekenntnis vor sich, das die natürliche Theologie und damit jeden Zugang zu Gott mit Hilfe der Vernunft ebenso ablehnt wie das erste Vaticanum die Möglichkeit einer natürlichen Theologie zum Dogma erhebt. Doch wie der Fideismus überhaupt so bleibt auch die Barthsche Spielart des Fideismus im Protestantismus des zwanzigsten Jahrhunderts eine Minderheitenposition. Denn was, das Thema Glaube und Vernunft betreffend, mehrheitlich von protestantischen Theologen vertreten wird, läuft weit eher auf jenes Modell einer Ergänzung der Vernunft durch die Offenbarung hinaus, wie sie vom ersten Vaticanum propagiert wird. Zwar nicht in

Gestalt einer natürlichen Gotteserkenntnis, wohl aber in Form der zum Wesen des Menschen gehörenden Frage nach Gott wird hier die Vernunft vorausgesetzt und die Offenbarung auf sie bezogen. Um es an einem prominenten Beispiel, nämlich Paul Tillich, zu verdeutlichen: Tillich hat seine eigene Theologie als eine apologetische Theologie konzipiert, die anders als Barth das Erbe der natürlichen Theologie in sich aufnimmt. Den Ausgangspunkt bildet dabei die Frage der menschlichen Existenz, auf die die Antwort der göttlichen Offenbarung bezogen wird. Bereits das vorphilosophische Denken, dann aber auch die Philosophie, werden Tillich zufolge zu Fragen getrieben, die die Philosophie selbst nicht beantworten kann, die jedoch in der christlichen Offenbarung eine Antwort finden. Die Offenbarung ist daher die Antwort auf das existentielle Problem der Vernunft, das die Vernunft von sich aus nicht zu lösen vermag, dessen Lösung sie aber gleichwohl verlangt.

Es ließe sich mühelos zeigen, dass dieses Korrelationsmodell von Vernunft und Offenbarung in unterschiedlicher Ausformung den meisten protestantischen Theologien des vergangenen Jahrhunderts zugrunde liegt, sieht man einmal vom Erbe des Barthschen Fideismus ab. Das heißt aber zugleich, das zwischen der Position, die der gegenwärtige Papst in seiner Regensburger Rede vertritt, und der protestantischen Mehrheitsposition kein so großer Graben besteht, wie man zunächst vermuten könnte. Es ist vielmehr die verzerrte Wahrnehmung des Protestantismus in Bezug auf das Verhältnis von Christentum und Vernunft, die an der päpstlichen Rede irritiert. Dass es fideistische Tendenzen gab und auch nach wie vor gibt, ist kein Spezifikum des Protestantismus. Wo sie sich in der Reformation geltend machen, sind sie vielmehr Erbe des spätmittelalterlichen Nominalismus und Occamismus. Die entscheidende Differenz zwischen Katholizismus und Protestantismus dürfte vielmehr darin bestehen, dass das katholische Lehramt den Fideismus ausdrücklich verurteilt und das Korrelationsmodell dogmatisiert hat. Wie aber der vom Papst erweckte Eindruck, als sei der Protestantismus im Grunde fideistisch, falsch ist, so auch die von ihm zumindest suggerierte Vorstellung, dass der römische Katholizismus der Hüter einer universalen Vernunft sei. Wenn nämlich irgendwann in der Theologiegeschichte der Anspruch konsequent der Anspruch erhoben wurde, die Vernunft im Christentum aufzudecken, und zwar unter der ausdrücklichen Anerkennung auch der kritischen Funktion der Vernunft, dann geschah dies im nachkantischen idealistisch geprägten Protestantismus. Gerade diese Versuche aber, Christentum und Vernunft derart ins Verhältnis zu setzen, dass man die christliche Offenbarung dem Maßstab einer universalen Vernunft unterwirft, sind nicht nur in der protestantischen Theologie des zwanzigsten Jahrhunderts in Verruf geraten, sondern wurden in ihrer katholischen Ausprägung vom römischen Lehramt ausdrücklich als rationalistisch verworfen. Will man also das Verhältnis des gegenwärtigen westlichen Christentums zur Vernunft näher bestimmen, so haben wir es im wesentlichen mit zwei Alternativen zu tun, dem Fideismus und dem Korrelationsmodell.

Markus Buntfuß

Christentum und Vernunft

Zur neueren Diskussion über die Rationalität von Glauben und Theologie

> Eine Religion, die der Vernunft unbedenklich den Krieg ankündigt,
> wird es auf die Dauer gegen sie nicht aushalten.
>
> Immanuel Kant

„Gott ist an allem schuld." So hat der SPIEGEL in gewohnt provokativer Weise seine letzte Mai-Nummer betitelt[1]. Der Untertitel gibt näheren Aufschluss. Es geht um den „Kreuzzug der neuen Atheisten". Denn in den USA, Großbritannien, Frankreich, Italien und den Niederlanden erobern derzeit Bücher atheistischer Intellektueller die Bestsellerlisten. In Großbritannien und den USA hat sich außerdem eine kämpferische Atheistenbewegung zusammengeschlossen, die sich The Brights nennen, die Aufgeweckten. Mit ungewohnt aggressiven Parolen bestreiten diese neuen Glaubenskritiker nicht nur die Existenz Gottes, sondern buchen sämtliche Übel der Welt auf das Konto der Religionen. Der Autor des SPIEGEL-Beitrags resümiert deshalb pointiert: „Es ist, als würde nun auch die Aufklärung ihre Fundamentalisten hervorbringen".[2] Sprachlich und sachlich ist damit der entscheidende Zusammenhang hergestellt. Denn der neue Atheismus ist die Kehrseite des neuen Fundamentalismus und einer durchaus ambivalenten Wiederkehr der Religionen auf die Bühne des Weltgeschehens.

Gegenüber dem ausgehenden 20. Jahrhundert hat sich die religionskulturelle Lage damit grundlegend verändert. In den 80er und 90er Jahren konnten die Religionsdeuter die Renaissance einer freien und individuellen Religiosität feststellen, die sich von der positivistischen und ideologiekritischen Religionsfeindlichkeit der späten 60er und 70er Jahre befreit hatte. Dagegen sehen sich heutige Zeitdiagnostiker veranlasst, vor einer globalen Radikalisierung im Umfeld der großen Weltreligionen zu warnen. War der Diskurs in den 80er und 90er Jahren von einem ungetrübten Religionsboom gekennzeichnet, so erstrahlt das erste Jahrzehnt des dritten Jahrtausends im Zeichen religiöser Fundamentalismen unter den Augen der Weltöffentlichkeit. Innerhalb kürzester Zeit haben sich Fronten verschoben. Wer heute das Loblied auf die Religion singt, bekommt leicht Beifall von der falschen Seite.

Kein Wunder also, dass das Plädoyer für die neue Religiosität einer immer öfter erhobenen Forderung nach strikter Disziplinierung der alten Religionen im öffentlichen und politischen Leben gewichen ist – so etwa unlängst Altbundeskanzler Helmut Schmidt in seiner Rede *Zum Ethos des Politikers* an der Universität Tübingen. Was nach dem Ende der Deutungshoheit von Kritischer Theorie und religiöser Ideologiekritik lange Zeit als verpönt galt, wird heute wieder als dringlich empfunden – nämlich Aufklärung! Auf Seiten von kirchlichen Religionsvertretern und wissenschaftlichen Religionsforschern wächst deshalb das Bedürfnis, die eigene Glaubensüberlieferung als gewaltlos und fundamentalismusresistent, als tolerant und demokratietauglich darzustellen.

Vor diesem religionspolitischen Hintergrund ist auch die aktuelle Debatte[3] über Glaube und Vernunft, die Benedikt XVI. mit seiner Vorlesung an der Universität Regensburg[4] angefacht hat, als ein Symptom der Zeit zu verstehen. Wären die entsprechenden Äußerungen des Papstes noch vor zehn Jahren als Ausdruck eines kirchlich-dogmatisch sanktionierten Religionsverständnisses kritisiert oder belächelt worden, so stoßen sie heute auf erhöhte Aufmerksamkeit, weil sie von einer Aktualität zehren, die sich den grassierenden Fehlformen des Religiösen verdankt. Angesichts der religiösen Pathologien der Gegenwart wurde die Rede des Papstes als positive Selbstdarstellung des christlichen Glaubens gehalten und gehört.

Dabei war die Botschaft des Papstes so eindringlich wie einfach: der recht verstandene christliche Glaube zeichnet sich durch Vernünftigkeit aus und unterscheidet sich darin sowohl von anderen Religionen als auch von Sektierern in den eigenen Reihen, wozu er auch diejenige Konfession zählt, der vermutlich die meisten Anwesenden angehören. Schon aus diesem Grund lohnt es sich, seine Vorlesung noch einmal genau zu lesen. Das soll im ersten Teil meines Vortrags geschehen. Es folgen zweitens die Replik des Ratsvorsitzenden der EKD, Bischof Wolfgang Huber,

sowie drittens die Überlegungen des Philosophen Jürgen Habermas zu den State-
ments der beiden Vorgenannten. In einem vierten Teil schließlich skizziere ich drei
Leitgesichtspunkte für einen möglichen Beitrag der wissenschaftlichen Theologie
zur allseits geforderten Vernunftförmigkeit des Glaubens.

1. Benedikt XVI. und die hellenistische Harmonisierung von Glaube und Vernunft

Die Überlegungen des Papsts nehmen ihren Ausgangspunkt bei demjenigen Vorgang, der für die Entwicklung des Christentums von seinen Anfängen im palästini-
schen Judentum bis zur privilegierten Reichsreligion der Spätantike von entschei-
dender Bedeutung gewesen ist: nämlich die seit Adolf von Harnacks Darstellung
der Dogmengeschichte so genannte ‚Hellenisierung des Christentums'. Benedikt
XVI. gehört zu den entschiedenen Befürwortern dieser Synthese und erachtet es für
keinen Zufall, sondern für eine göttliche Fügung, dass das frühe Christentum die
biblische *Religions*kultur mit der griechischen *Reflexions*kultur zu einem einheitlichen
Selbst-, Welt- und Gottesverständnis verbunden hat.

Indem etwa – so wäre im Sinne des Papstes zu erläutern – die Apologeten des
2. und 3. Jhs. den biblischen mit dem griechischen Logosbegriff identifizierten, ent-
warfen sie eine christliche Philosophie, in der das alttestamentliche Schöpferwort,
das neutestamentlichen Offenbarungswort und die im Kosmos waltende Weltvernunft zu einer integralen Größe verschmolzen wurden. Aus dieser Verbindung ent-
stand die Idee einer einheitlichen Vernunftwahrheit, die sich im Christentum gleichsam inkarniert hat. Diesem Verständnis von Vernunft korrespondiert ein Verständnis von Glauben, das ihn zur theoretischen Selbstauslegung und zur praktischen Be-
währung im Horizont der universalen Vernunft verpflichtet.

Diesen gedanklichen Zusammenhang wollte der Papst mit dem in den Medien
teilweise bewusst missverstandenen Zitat des byzantinischen Kaisers Manuel II. Pa-
laeologos ins Gedächtnis rufen, wenn er selbst präzisiert: „Der entscheidende Satz
in dieser Argumentation gegen Bekehrung durch Gewalt lautet: Nicht vernunftgemäß handeln, ist dem Wesen Gottes zuwider."[5] Denn in diesem frühen Bekenntnis
des christlichen Glaubens zu seiner theoretischen wie praktischen Vernünftigkeit erkennt Benedikt XVI. die äußere Konsequenz einer inneren Konsonanz zwischen he-

bräischer und griechischer Aufklärung, wie sie sich zeitgleich in der alttestamentlichen Weisheitsliteratur und in den Schriften Platons widerspiegelt. Das Zitat des
byzantinischen Kaisers dokumentiere in exemplarischer Weise die für ein angemessenes Christentumsverständnis fruchtbare „Begegnung zwischen Glaube und
Vernunft, von rechter Aufklärung und Religion."[6]

Damit ist ein zweites Stichwort gefallen, das der Papst bereits für die frühe Genese des Christentums beansprucht: nämlich Aufklärung. Neben der Vernünftigkeit
wird auch ein Prozess der Aufklärung für die Formierung des Christentums reklamiert. Einer pointierten Formulierung Kardinal Ratzingers aus früheren Tagen zufolge ist im Christentum sogar „Aufklärung Religion geworden und nicht mehr ihr
Gegenspieler",[7] weil „der Gott der Aufklärung selbst in die Religion eingetreten"[8]
ist. Mit Aufklärung meint Ratzinger dabei den Schritt von den Mythen der Götter
zum Logos des einen Gottes, der auch der Grund des Seins ist.

An dieser Stelle wird die argumentative Strategie des Theologen Ratzinger deutlich. In geschickter Weise werden diejenigen Leitbegriffe der europäischen Geistesgeschichte, die sich durchaus nicht nur als theologiekompatibel, sondern auch als
widerständig erwiesen haben, wie Vernunft und Aufklärung, mit einer Umar-
mungsstrategie für das Wesen des Christentums reklamiert und damit ihrer kritischen Distanz beraubt. Dem wahren Christentum der Vernunft entspricht eine rechte Form der Aufklärung. Auf die Verwendung des Wörtleins recht hat man hierbei
besonders zu achten, weil sie eine Unterscheidung zwischen rechtmäßiger und un-
rechtmäßiger Aufklärung impliziert, die für Papst Benedikts Sicht der weiteren Geschichte des Christentums maßgeblich ist. Diese folgt nämlich der Logik einer par-
tiellen Verfallsgeschichte. Und zwar immer dann, wenn Aufklärung mit der Forderung nach *Ent*hellenisierung des Christentums einhergeht.

So geschehen in der Reformation des 16. Jhs., in der Liberalen Theologie des
19. Jhs. und im Umfeld der kontextuellen Theologien und der Befreiungstheologie
des 20. Jhs. Diese drei Enthellenisierungswellen in der neuzeitlichen Theologiegeschichte fungieren gleichsam als Negativfolie für Papst Benedikts eigenes Christentumsverständnis. Denn sie laufen seiner Auffassung zufolge auf eine fatale Trennung von Glaube und Vernunft sowie eine nicht minder verhängnisvolle Verengung
der Vernunft hinaus und sind damit letztlich – das ist die Pointe – auch für die gegenwärtigen Pathologien des Religiösen mit verantwortlich.

Indem die Reformatoren die philosophische Theologie der Scholastik durch eine philologische Theologie der Hl. Schrift ersetzt haben, hätten sie der Vernunft den Abschied gegeben und den zersetzenden Kräften von Subjektivismus und Relativismus Tür und Tor geöffnet. Und indem die liberalen Theologen die dogmatische Christologie durch eine historische Rekonstruktion des Lebens und der Botschaft Jesu ersetzt haben, seien sie einer Verengung erlegen, die für die moderne Vernunft überhaupt charakteristisch sei, wenn sie sich auf das mathematisch Demonstrierbare und das empirisch Verifizierbare beschränke.

Doch mit dieser Sicht auf die moderne Christentums- und Vernunftgeschichte macht sich der Papst seinerseits einer empfindlichen Verkürzung schuldig und unterschlägt sowohl den Reichtum als auch die Leistungskraft neuzeitlicher Vernunftkonzepte, die sich nicht zuletzt im Kontext jener drei Enthellenisierungswellen als ausgesprochen fruchtbar erwiesen haben. Ich nenne nur stichpunktartig: 1. die philologische Gelehrsamkeit des Humanismus, die im Kontext der Aufklärung zur modernen Bibelwissenschaft geführt hat, 2. die Entstehung des historischen Bewusstseins, das die religionsgeschichtliche Erforschung des Christentums und ein geschichtliches Selbstverständnis des Glaubens ermöglicht hat, sowie 3. den jüngsten *cultural turn*, der die Erschließungskraft sozial- und kulturwissenschaftlicher Perspektiven für die Selbstbeschreibung des Christentums unter Beweis gestellt hat.

Freilich, um die Geschichte der modernen Differenzierung der Vernunft und die sich daraus ergebenden Aufschlüsse für die Selbstreflexion des Christentums konstruktiv aufnehmen zu können, muss man über die geschichtliche Synthese aus Mittelplatonismus und Christentum hinausgehen und den Dialog mit modernen Vernunftkonzepten suchen. Andernfalls droht man einem performativen Widerspruch zu erliegen, weil man unter Berufung auf die Vernunft den Anschluss an das gegenwärtige Wirklichkeitsverständnis suggeriert, diesen aber durch die Fixierung auf ein vorneuzeitliches Vernunftkonzept gleichzeitig sabotiert. Aus diesem Grund hat der EKD-Ratsvorsitzende Bischof Wolfgang Huber die päpstliche Beschränkung sowohl der Vernunftgeschichte als auch der Christentumsgeschichte zum Anlass für eine öffentliche Erwiderung in der FAZ[9] genommen. Ich interpretiere sie, indem ich mich auf das konstruktive Verhältnis zwischen Protestantismus und neuzeitlicher Vernunft konzentriere.

2. Wolfgang Huber und die neuzeitliche Differenzierung von Glaube und Vernunft

„Soll der Knoten der Geschichte so auseinander gehen: das Christenthum mit der Barbarei, und die Wissenschaft mit dem Unglauben?"[10] Mit diesem Schleiermacher-Zitat stellt sich der Sprecher der EKD überraschenderweise in die Tradition eines vernunftbetonten Protestantismus, der geeignet ist, das Protestantismusbild des Papstes und sein Verständnis der Neuzeit zu korrigieren. Denn weder Luthers verbale Ausfälle gegen die Hure Vernunft noch – so könnte man ergänzen – die Verballhornung von Aristoteles in der reformatorischen Flugblattliteratur als Narritoteles oder Arschtoteles weisen den angemessenen Weg zur Verhältnisbestimmung von Glaube und Vernunft im Protestantismus. Ihn an bestimmten Ausdrucksgestalten seiner konfessionspolemischen Ursprungssituation zu messen, läuft vielmehr auf den gleichen hermeneutischen Fehler hinaus, wie das Wesen des Christentums auf seine hellenistische Entstehungssituation zu beschränken. Das maßgebliche Kriterium für die Verhältnisbestimmung von Glaube und Vernunft seitens der Reformatoren stellt vielmehr die kriteriologische Umstellung vom kirchlichen Lehramt auf die mit den methodischen Mitteln der neuen Philologien ausgelegte Bibel als der alleinigen Autorität für den christlichen Glauben und die kirchliche Lehre dar. Denn damit „bahnte die Reformation der Ausbildung der Theologie zu einer kritischen Wissenschaft im modernen Sinn [...] den Weg".[11]

Aber nicht nur die Gründerzeit des Protestantismus, sondern vor allem seine weitere Geschichte demonstriert eine konfessionsspezifische Wahlverwandtschaft zwischen protestantischer Religionskultur und moderner Vernunftkultur. Huber verweist dazu auf die theologische Literatur des 17. Jahrhunderts und auf die Theologie der Aufklärungszeit. Und in der Tat, dass man in der Aufklärung von einem vernünftigen Christentum sprechen konnte, ging in Deutschland vor allem auf protestantische Autoren zurück.[12] Und – so wäre zu ergänzen – dass die drei Wortführer des Deutschen Idealismus – Fichte, Schelling und Hegel – von Hause aus protestantische Theologen waren, ist auch kein Zufall, zumal die philosophische Rekonstruktion christlicher Glaubensgehalte durch die genannten Denker in der protestantischen Theologie der Folgezeit vielfach rezipiert worden ist und dort bis heute auf höchstem Niveau reflektiert wird.[13]

In diesem Sinne urteilt Huber völlig zu Recht: „Die Verbindung von Glauben und Vernunft gehört zu den bestimmenden Merkmalen des Protestantismus."[14] Wer hier von Vernunftvergessenheit redet, der blendet einen zentralen Aspekt der Vernunft- und Christentumsgeschichte völlig aus. Kennzeichnend für den vernunftbetonten Protestantismus ist dabei, dass er nicht an einem zeitlosen Vernunftideal festgehalten, sondern mit der Entwicklung neuzeitlicher Vernunftkonzepte Schritt gehalten hat und somit wissenschaftlich anschlussfähig geblieben ist.

Die protestantische Entsprechung zur antiken Hellenisierung des Christentums besteht also nicht in der Fixierung auf eine historische Gestalt von vernünftigem Christentum, sondern in der jeweils aktuellen Bereitschaft, den Glauben im Horizont des jeweiligen Wirklichkeitsverständnisses und seiner Vernunftstandards auszulegen. Das hatte beispielsweise zur Folge, dass sich der moderne Protestantismus an den methodischen Standards der wissenschaftlichen Quellenforschung und der historischen Religionsforschung ebenso orientiert hat, wie an den Vernunftstandards einer kritisch-aufgeklärten Religionstheorie und einer dem modernen Freiheitsverständnis entsprechenden Ethik. Denn auch mit der kopernikanischen Wende der kantischen Vernunftkritik haben es sich führende Theologen des Protestantismus nicht so leicht gemacht wie der Papst. Vermag dieser doch das berühmte Zitat aus der Vorrede zur Kritik der reinen Vernunft, wonach der Autor das Wissen aufheben musste, um zum Glauben Platz zu bekommen, nur als Symptom eines resignierten Glaubens und einer verkürzten Vernunft zu interpretieren. Huber erinnert zu Recht daran, dass Kant damit weder eine Verabschiedung des Gottesgedankens aus dem Bereich des Vernunftgebrauchs noch eine Abschiebung des Glaubens in die Irrationalität intendiert hat. Auch, wenn man Kants Lösung einer dem praktischen Vernunftgebrauch entsprechenden Ethikotheologie nicht uneingeschränkt folgen mag, hat er eine Perspektive eröffnet, die es verbietet, ihn zum Vernunftverächter in Glaubenssachen zu machen.

Aber zurück vom Philosophen des Protestantismus zum Protestantismus selbst, bzw. einem seiner medienwirksamsten Sprecher. Im Fortgang seiner Überlegungen differenziert der EKD-Ratsvorsitzende die von Papst Benedikt geforderte Bezugnahme des Glaubens auf die Vernunft, indem er zwischen einem individuellen, einem wissenschaftlichen und einem öffentlichen Vernunftgebrauch des Glaubens unterscheidet und damit auf folgende Sachverhalte aufmerksam macht:

a. In Vorwegnahme und Entsprechung zur modernen Individualisierung ist der Protestantismus eine Religion des individuell angeeigneten und persönlich verantworteten Glaubens. Indem Luther die fides apprehensiva in den Mittelpunkt seines Glaubensverständnisses gestellt und die Unmittelbarkeit des Verhältnisses zwischen den Gläubigen und Gott betont hat, wird er zum Mitinitiator der modernen Individualisierung des Glaubens und der Vernunft. Insofern sei es der Reformation zu verdanken, so Huber, dass „neuzeitliche protestantische Denker wie Kant oder Schleiermacher ein emphatisches Verhältnis zum Individuum entwickelten."[15] Diese Auffassung von individuell angeeignetem und persönlich verantwortetem Glauben hat den Protestantismus außerdem zu einer Bildungsreligion werden lassen, weil individuelle Bildung die äußere Voraussetzung der inneren Aneignung des Glaubens ist.

b. Die Entwicklung der reformatorischen Schriftlehre zur modernen Bibelwissenschaft und die für das protestantische Glaubensverständnis charakteristischen Bildungsstandards haben den Protestantismus zu einer in besonderer Weise wissenschaftlich reflektierten Religion werden lassen. Zugespitzt formuliert hat sich der protestantische Glaube hinsichtlich der fides historica an die wissenschaftliche Auslegung der Bibel gebunden. Aus diesem Grund kann Huber formulieren: „Neben die individuelle Vernunft tritt in Gestalt der Theologie die wissenschaftliche Vernunft. Wissenschaftliche Theologie ist für die Selbstvergewisserung des Glaubens und damit für die Kirche unentbehrlich".[16] Dass die wissenschaftliche Selbsterforschung des Christentums im Protestantismus einen hohen Stellenwert genießt und dass die Qualifizierung zum Pfarrberuf auf dem Weg des wissenschaftlichen Studiums erworben wird, macht ebenfalls die spezifische Vernunftförmigkeit des christlichen Glaubens protestantischer Prägung aus.

c. Der Protestantismus ist die Religion eines öffentlich kommunizierten Glaubens. Dabei stellt die öffentliche Vernunft für das Christentum kein bloß äußerliches Forum dar, vor dem es sich zu rechtfertigen hätte. Öffentlichkeit ist vielmehr ein neuzeitliches Phänomen, das mit dem neuzeitlichen Christentum wesentlich verbunden ist. Insofern das neuzeitliche Christentum auch eine spezifisch öffentliche Wirksamkeit in Staatsverfassung und Rechtsprechung, in Meinungsbildung und Massenmedien, sowie in Kunst und Literatur entfaltet hat, was insbesondere im Kontext des so genannten Kulturprotestantismus theoretisch reflektiert und praktisch kultiviert worden ist, spielt der öffentliche Vernunftgebrauch auch für das Selbstverständnis des Christentums eine zentrale Rolle.

Außer der Verteidigung des Protestantismus gegen den Vorwurf seiner Vernunftvergessenheit hat Wolfgang Huber aber auch eine Erklärung für die gegenwärtig zu beobachtenden Pathologien des Religiösen anzubieten: nämlich die in seinen Augen unangemessenen Tendenzen zur Ästhetisierung und Politisierung der Religion. „Im einen Fall wird die Religion zu einer privaten Sinnsuche in der Welt des Schönen und Erhabenen, im anderen wird sie zum Medium des Bürgerkriegs. Die eine Gestalt des Religiösen spinnt sich in einer hochindividualisierten Welt ein; die andere sucht die Masse und meidet jegliche Differenzierung. Beide Gestalten religiöser Sinnsuche haben eines gemeinsam: Sie scheuen den Kontakt zur vernünftigen Seite des Glaubens".[17] Bei dieser pauschalisierenden Diagnose der religionskulturellen Gegenwart lässt es Bischof Huber jedoch ebenso wie Papst Benedikt an der nötigen Differenziertheit mangeln. Denn zum einen ist die neuzeitliche Ästhetisierung nicht nur der Religion, sondern auch der Vernunft keineswegs ein irrationaler Vorgang, sondern entspricht der Modernisierung von Religion und Vernunft in einer spezifischen Weise, auf die ich im letzten Teil meines Vortrags noch zu sprechen komme. Und zum anderen ist Huber die politische Gestalt der Religion sicher noch nicht so fremd geworden, dass er darin nicht auch deren Bedeutung für das gesellschaftliche Zusammenleben zu erkennen vermag. Aus diesem Grund hat sich auch ein philosophischer Experte in Sachen politischer Vernunft zu Wort gemeldet und die Debatte um einen Beitrag bereichert, dessen Pointe zunächst überrascht. Während nämlich die beiden führenden Vertreter der großen Konfessionskirchen in Deutschland unverhohlen um die Gunst der Vernunft buhlen, warnt Jürgen Habermas in der NZZ[18] vor zuviel Vernunftstolz und ruft die unverzichtbare Korrekturfunktion religiöser Überlieferungen an der säkularen Vernunft in Erinnerung.

3. Jürgen Habermas und die gegenwärtige Dialektik von Glauben und Vernunft

Unter dem Titel Ein Bewusstsein von dem, was fehlt. *Über Glauben und Wissen und den Defaitismus der modernen Vernunft* schreibt der einflussreichste deutschsprachige Philosoph der Gegenwart und jahrzehntelange Wortführer vernünftiger Religionskritik den Weltreligionen ihre Pflicht zu religiöser Vernunftkritik ins Stammbuch. Die These seiner verhältnismäßig kurzen Auseinandersetzung mit der von ihm an anderen Stellen u. a. mit Kardinal Ratzinger ausführlich traktierten Problemstellung lautet: „Die selbstkritische Auseinandersetzung der säkularen Vernunft mit Glaubensüberzeugungen vermöchte das Bewusstsein für das Unabgegoltene religiöser Überlieferungen zu schärfen und die Vernunft gegen einen ihr innewohnenden Defaitismus zu stärken."[19] Was ist damit gemeint?

Anders als Papst Benedikt und Bischof Huber geht Jürgen Habermas weder von einer zeitlosen Harmonie zwischen Glaube und Vernunft noch von ihrer geschichtlich errungenen ‚Zusammenbestehbarkeit' (Troeltsch) aus, sondern diagnostiziert eine „eigentümliche Dialektik zwischen dem philosophisch aufgeklärten Selbstverständnis der Moderne und dem theologischen Selbstverständnis der großen Weltreligionen, die als das sperrigste Element aus der Vergangenheit in diese Moderne hineinragen."[20] Die damit behauptete Ungleichzeitigkeit von Glauben und Vernunft in der Moderne wird aber nicht als Argument für die Überholtheit der Religion eingesetzt, sondern zum Anlass für eine Besinnung auf deren bleibende Bedeutung genommen.

Denn die Unabgegoltenheit religiöser Überlieferungen speist sich nach Habermas zum einen aus der gemeinsamen Entstehungsgeschichte von metaphysischem Wissen und religiösem Glauben in der so genannten Achsenzeit, womit die von Karl Jaspers beschriebene Weltbildrevolution um die Mitte des ersten vorchristlichen Jahrtausends gemeint ist. Insofern sie gemeinsam an der Wiege der neuzeitlichen Vernunftgeschichte stehen, „gehören beide Modi, Glauben und Wissen, mit ihren in Jerusalem und Athen basierten Überlieferungen zur Entstehungsgeschichte der säkularen Vernunft. [...] Diese moderne Vernunft wird sich selbst nur verstehen lernen, wenn sie ihre Stellung zum zeitgenössischen, reflexiv gewordenen religiösen Bewusstsein klärt, indem sie den gemeinsamen Ursprung der beiden komplementären Gestalten des Geistes aus jenem Schub der Achsenzeit begreift."[21]

Aus dieser genealogischen Komplementarität von Glauben und Wissen resultiert aber auch die aktuelle Bedeutung religiöser Überlieferungen. Zwar ist die säkulare Vernunft das Maß aller Dinge, was die theoretische Welterklärung anbelangt.

Hinter die kosmologische und epistemologische Wende, die mit den Namen Kopernikus und Kant verbunden ist, gibt es kein Zurück. Anders verhält es sich mit dem praktischen Vernunftgebrauch. Dieser bleibt auf Werthaltungen und Normvorstellungen angewiesen, die in den Überlieferungen der großen Weltreligionen gespeichert sind und deren auch eine säkulare Begründung ethischer Orientierungen für das Zusammenleben in postsäkularen Gesellschaften nicht entbehren kann. Deshalb, so Habermas, „verfehlt die praktische Vernunft ihre eigene Bestimmung, wenn sie nicht mehr die Kraft hat, in profanen Gemütern ein Bewusstsein für die weltweit verletzte Solidarität, ein Bewusstsein von dem, was fehlt, von dem, was zum Himmel schreit, zu wecken und wach zu halten."[22]

Trotz der ideologiekritischen Metaphorik schwelgt Habermas hier nicht nur in intellektuellen Jugenderinnerungen, sondern formuliert eine moralphilosophische Variante des verfassungsrechtlichen Böckenförde-Axioms, wonach der freiheitliche, säkularisierte Staat von Voraussetzungen lebt, die er selbst nicht garantieren kann. Für Habermas kommt die damit bezeichnete Schwachstelle der sich selbst begründenden praktischen Vernunft darin zum Ausdruck, dass die Begründung solidarischen Handelns dieses nicht erzwingen kann, sondern auf Motive angewiesen bleibt, die sich aus vortheoretischen Quellen speist, insbesondere aus religiösen Einstellungen. Gehe diese Einsicht verloren, so drohe die moderne Vernunft in Defaitismus umzuschlagen, womit ursprünglich der Vorwurf des Nährens von Mutlosigkeit und Zweifel am militärischen Sieg in den eigenen Reihen bezeichnet wurde. Habermas meint damit die zersetzenden Kräfte einer instrumentellen Vernunft und einer entgleisenden Modernisierung, die das universal und egalitär verstandene Humanum als Ziel und Zweck des öffentlichen Vernunftgebrauchs aus den Augen verliert.

Die Voraussetzung dafür, dass der in den Religionen gespeicherte Schatz an humanen Handlungsantrieben auch Früchte im gesellschaftlichen Zusammenleben tragen kann, sieht Habermas zum einen in dem durch die Aufklärung erzwungenen Reflexivwerden der Religionen und zum anderen in der ,rettenden Übersetzung' ihrer esoterisch-religiösen Semantik in eine allgemein nachvollziehbare und öffentlich zugängliche Sprache. An diesem Punkt seien die Religionen heute gefordert, ihre vernünftigen Gehalte für gläubige wie nichtgläubige Menschen gleichermaßen zu übersetzen. Umgekehrt müsse auch die Öffentlichkeit lernen, den möglichen

Beitrag der Religionen für ein tolerantes Miteinander in postsäkularen Gesellschaften anzuerkennen und konstruktiv aufzunehmen.

Glaube und Vernunft stehen für Habermas also in einem spannungsvollen Wechselverhältnis und verwickeln sich gegenseitig in Lernprozesse, die beiden eine Korrektur des eigenen Selbstverständnisses abverlangt sowie eine Korrekturfunktion am jeweils anderen zuerkennt. Dem bleibenden Recht zu vernünftiger Religionskritik im Interesse am weltanschaulich neutralen Staat korrespondiert die in neuer Weise gewachsene Notwendigkeit zu religiöser Vernunftkritik im Interesse an einer gerechten und humanen Gesellschaft. Damit hat Habermas einen anspruchsvollen Vorschlag unterbreitet, der nicht nur ein ungestörtes Nebeneinander, sondern auch ein konstruktives Miteinander von Glauben und Vernunft in der postsäkularen Gesellschaft eröffnet. An zwei Punkten halte ich seine Überlegungen jedoch für klärungs- bzw. korrekturbedürftig.

Zum einen scheint mir Habermas die Interdependenz zwischen Handlungsmotiven und Handlungsgründen zu unterschätzen. Sein Modell geht davon aus, dass sich religiöse Handlungsantriebe auch dann noch gesellschaftlich positiv auswirken, wenn deren religiöse Begründung einschließlich des damit verbunden Selbst-, Welt- und Gottesverständnisses durch säkulare Begründungsmuster ersetzt werden. Doch dabei bleibt die Einbettung von Handlungsmotiven in den komplexen Zusammenhang von Einstellungen, Überzeugungen und Werthaltungen außer acht. Wer religiös motiviert handelt, der handelt vor dem Hintergrund eines ganzen religiösen Bezugssystems, aus dem sich religiöse Verhaltensmotive nicht einfach isolieren und in säkulare Bezugssysteme transplantieren lassen.

Der zweite Punkt hängt damit zusammen und betrifft die Theorie der ‚rettenden Übersetzung'. Auch hier scheint mir Habermas den konstitutiven Zusammenhang zwischen religiöser Sprachgestalt und vernünftigem Bedeutungsgehalt zu gering einzuschätzen. Denn es geht dabei nicht nur um eine kontingente Beziehung zwischen Form und Inhalt, sondern um das Verhältnis ganz unterschiedlicher Semantiken und ihrer Kohärenz. Nicht alles lässt sich in jeder Semantik aussagen. Wer den Satz ‚Ich liebe Dich' in der Semantik der Ökonomie formuliert, kann nicht damit rechnen, verstanden zu werden. Ebenso ist die Aussage, dass alle Menschen Gottes Kinder und deshalb vor Gott und voreinander gleich gestellt sind, nicht einfach in eine Semantik zu übersetzen, in der es keine Entsprechung zu der konstitutiven

Gott-Mensch-Relation gibt. Doch das kann hier nicht weiter verfolgt werden, sondern muss dem weiteren Gespräch zwischen den Glaubensüberlieferungen der Weltreligionen und der säkularen Vernunft vorbehalten bleiben.

Ich formuliere ein Zwischenergebnis: Im Unterschied zum derzeitigen Papst beurteilen Huber und Habermas die Vernunftförmigkeit des christlichen Glaubens bzw. der Religionen vor allem an ihrem Verhältnis zur *modernen Vernunft*. Beide machen dabei auch auf die Ambivalenzen der modernen Vernunft und die Korrekturfunktion des Glaubens an einer sich selbst verabsolutierenden Vernunft aufmerksam. Was aber bedeutet diese differenziert-dialektische Verhältnisbestimmung von Glaube und Vernunft für die wissenschaftliche Theologie? In einem letzten Teil skizziere ich drei Dimensionen des Verhältnisses von Glauben und Vernunft in der Moderne, die für die gegenwärtige theologische Arbeit an staatlichen und kirchlichen Hochschulen leitend sind.

4. Die neuzeitliche Signatur von Glaube und Vernunft als Thema der Theologie

Das differenziert-dialektische Verhältnis von Glaube und Vernunft und die damit verbundenen wechselseitigen Lernprozesse spiegeln sich auf der Ebene der wissenschaftlichen Reflexion in der Anschlussfähigkeit der Theologie an die modernen Geistes-, Human- und Kulturwissenschaften, sowie in der Offenheit dieser Disziplinen für religions- und christentumstheoretische Fragestellungen. Dabei stelle ich die weit reichende Frage, ob die Idee der Vernunft nicht auch deren Einheit erfordert, zurück und beziehe mich auf den Umstand der modernen Ausdifferenzierung der Vernunft in unterschiedliche Vernunftstandards und Rationalitätsdimensionen.[23] Die damit eröffneten Anknüpfungspunkte für die Theologie fokussiere ich auf drei Aspekte: nämlich 1) die historische, 2) die anthropologische und 3) die sprachliche Signatur von Glaube und Vernunft in der Neuzeit. Damit verorte ich die Christentumsgeschichte und den Vernunftdiskurs der Neuzeit nicht nur im Anschluss an Kant und die Epistemologie, sondern auch im Anschluss an die von Autoren wie Karl Philipp Moritz, Johann Georg Hamann und Johann Gottfried Herder maßgeblich entwickelten Disziplinen Anthropologie und Ästhetik, sowie Geschichtstheorie und Sprachtheorie.

4.1 Die historische Signatur von Glaube und Vernunft in der Neuzeit

Seit der Entstehung des historischen Bewusstseins und dem Vorgang der konsequenten Historisierung der biblischen Schriften im Zuge der Aufklärung versteht sich auch der christliche Glaube in angemessener Weise als geschichtliches Phänomen. In dem Maße, wie dabei der Abstand zwischen der Ursprungssituation eines Textes und der Gegenwart seines Auslegers hervortritt, formiert sich im Gegenzug die Hermeneutik als umfassende Lehre des Verstehens literarischer Quellen und geschichtlicher Phänomene. Die Doppelfigur von *Historisierung* einerseits als Akt der distanzierenden Fremdsetzung und von *Vergegenwärtigung* andererseits als Akt der den Abstand der Zeiten überbrückenden Aneignung hat sich damit als methodische Grundoperation der dem historischen Bewusstsein Rechnung tragenden Selbstreflexion des Glaubens etabliert.

Im 19. Jahrhundert erfährt die Theologie eine Erweiterung der historischen Perspektive über das Verhältnis des Glaubens zu seinen Gründungsurkunden und seiner Ursprungsgeschichte hinaus auf den Bereich des gesamten Christentums in Geschichte und Gegenwart. Dem entspricht bei Ernst Troeltsch die Ausweitung der historischen Methode auf alle Fächer der Theologie: „Die historische Methode, einmal auf die biblische Wissenschaft und auf die Kirchengeschichte angewandt, ist ein Sauerteig, der Alles verwandelt und der schliesslich die ganze bisherige Form der theologischen Methoden zersprengt."[24]

Dem historischen Charakter ihrer Themen und Gegenstände kann sich somit auch die systematische Theologie nicht mehr entziehen. Die Folge ist eine umfassende Historisierung der Selbstreflexion des Glaubens, die auch den individuellen Standpunkt des jeweiligen Theologen mit einschließt. Dieser Vorgang einer uneingeschränkten Historisierung mündet in das moderne Historismusproblem, demzufolge kein Übergang von der Genese zur Geltung geschichtlicher Phänomene mehr möglich erscheint und das die damit befassten historischen Kulturwissenschaften bis heute in Atem hält.

Auch die systematische Theologie kann diese Entwicklung nicht einfach um zeitloser Vernunftwahrheiten oder unvermittelter Offenbarungswahrheiten willen überspringen. Sie hat deshalb die assertorische Lehrform der klassischen Dogmatik durch eine selbstreflexive Denkform zu ersetzen, die zwischen historischer Selbstverortung und argumentativer Rechtfertigung oszilliert. Die Überzeugungskraft dieses Unternehmens setzt ein differenziertes Problembewusstsein hinsichtlich des Verhältnisses zwischen religiöser Glaubensüberlieferung und gegenwärtigem Wirklichkeitsbewusstsein voraus. Der normative Anspruch einer Plausibilisierung des christlichen Glaubens hinsichtlich seiner gegenwärtigen Erschließungskraft muss dabei keineswegs abgewiesen werden, ist aber an die Voraussetzung einer Vermittlung mit einer leistungsfähigen 'Theorie des gegenwärtigen Zeitalters' (Freyer) geknüpft. Ernst Troeltsch, der scharfsinnige Analytiker des Historismusproblems, hat diese Aufgabe in die Formel gekleidet: 'Geschichte durch Geschichte überwinden'. Damit hat er die Fragestellung der historisch-hermeneutischen Signatur von Glaube und Vernunft in der Neuzeit ebenso prägnant bezeichnet, wie den Weg gewiesen, auf dem überzeugende Antworten zu suchen bleiben.

4.2 Die anthropologische Signatur von Glaube und Vernunft in der Neuzeit

Indem die Neuzeit den menschlichen Weltzugang mit Vernunft und allen Sinnen als Schlüssel zur Deutung der Wirklichkeit erkennt, vollzieht sich eine Umstellung der theoretischen Aufmerksamkeit, die sich in Herders programmatischem Diktum niederschlägt: „Philosophie wird auf Anthropologie zurückgezogen."[25] Damit hat Herder keine Selbstbeschränkung des Denkens auf eine philosophische Teildisziplin intendiert, sondern einen grundlegenden Perspektivenwechsel gegenüber der überkommenen Metaphysik eingeleitet, den er anderthalb Jahrzehnte vor Kants Kritik der reinen Vernunft mit der Zäsur vergleicht „wie aus dem Ptolemäischen, das Kopernikanische System ward."[26]

Von dieser zweiten 'kopernikanischen Wende' sind auch Religion und Theologie nicht unberührt geblieben. Unter dem Einfluss der neuen Anthropologie und ihrem Leitbild des 'ganzen Menschen'[27] vollzieht sich im 18. Jahrhundert eine 'Humanisierung des Christentums' (Aner)[28], in deren Konsequenz die Religion als eine 'Angelegenheit des Menschen' (Spalding) beschrieben wird. Im Umkehrschluss verortet Herder die höchste Form der Humanität in der Religion und formuliert eine religionstheoretische Fassung des antiken homo-mensura-Prinzips, wonach es die emphatisch verstandene Menschlichkeit ist, die den göttlichen Charakter der biblischen Schriften und der christlichen Religion verbürgt. Denn – so Herder –, „was den Menschen rühren und menschlich machen soll, muss menschlich gedacht und empfunden sein".[29] Schleiermacher zieht daraus die Konsequenz, dass dogmatische Aussagen die Gestalt von Sätzen über die christlichen Gemütszustände haben müssen und unternimmt eine umfassende Übersetzung der überlieferten Glaubensgehalte in Bestimmungen des christlich frommen Selbstbewusstseins. Im Kontext dieser Humanisierung des Christentums entwickelt sich eine religionsanthropologische Semantik, die sich der Evidenz des Ethischen und des Ästhetischen verdankt. Angestoßen durch die anthropologische Wende im Jahrhundert der Aufklärung vollzieht sich im neuzeitlichen Christentum eine ethisch-ästhetische Umformung, die noch immer nicht zum Abschluss gekommen ist.

Was den ethischen Aspekt betrifft, ist diese Entwicklung bereits den Vertretern des liberalen Neuprotestantismus geläufig und spätestens seit den 50er Jahren des 20. Jahrhunderts auch zum Gegenstand der theologischen Standortbestimmung geworden. Für den ästhetischen Aspekt gilt das nicht in gleicher Weise. Aufgrund ausdauernder Vorurteile blieb die ästhetische Dimension des neuzeitlichen Christentums im Protestantismus lange Zeit unbemerkt oder wurde sogar zum Gegenstand polemischer Abgrenzungen, wie das Verdikt Wolfgang Hubers gezeigt hat. Die Gründe für dieses Missverständnis sind vielschichtig und können hier nicht im Einzelnen dargelegt werden. Tatsache ist jedenfalls, dass es im Protestantismus seit den 80er Jahren des vorigen Jahrhunderts eine gesteigerte Aufmerksamkeit für das Ästhetische gibt, die inzwischen alle theologischen Disziplinen ergriffen hat. Sowohl in der biblischen und historischen als auch in der systematischen und praktischen Theologie findet mittlerweile eine intensive Erforschung der ästhetischen Dimensionen sowohl der literarischen Urkunden als auch der geschichtlichen Zeugnisse des Christentums sowie der gelebten Religion der Gegenwart statt. Dabei stellt die systematisch-theologische Reflexion des Zusammenhangs zwischen der Ästhetisierung der Vernunft in der Moderne und der ästhetischen Umformung des neuzeitlichen Christentums ein lohnendes Forschungsfeld dar.

4.3 Die sprachliche Signatur von Glaube und Vernunft in der Neuzeit

Mit der Einsicht in die historische und anthropologische Verfasstheit sowohl der Vernunft als auch des Glaubens ist schließlich auch die wachsende Einsicht in deren sprachliche Verfasstheit verbunden. Zwar kommt bereits Kant im Zuge seiner Vernunftkritik zu der Schlussfolgerung, dass „alle unsere Erkenntnis von Gott bloß symbolisch"[30] ist. Doch die konstitutive Funktion der Sprache wird nicht von Kant, sondern von Hamann und Herder gesehen und metakritisch zum Zuge gebracht. Seit Hamanns in der Form zwar rhapsodischer, aber in der Sache zutreffender Kritik an der Sprachvergessenheit des kantischen Vernunft-Purismus sowie dem Aufweis einer genealogischen Abhängigkeit von Vernunft und Sprache durch Herder darf der konstitutive Zusammenhang zwischen mentalen Leistungen und sprachlichen Voraussetzungen innerhalb einer geschichtlich und kulturell bedingten Sprachgemeinschaft als anerkannt gelten.

Darüber hinaus hat der so genannte *linguistic turn* seit der zweiten Hälfte des 20. Jahrhunderts auch die eminent konstruktive Funktion der Sprache beim Sinnhaften Aufbau der Welt bewusst gemacht. Dabei spielt nicht nur die generelle Einsicht in die konstruktive Leistungskraft der Sprache eine entscheidende Rolle, sondern insbesondere auch die Frage, welche Sprachformen dabei in welcher Weise beteiligt sind. Diese Frage stellt sich in der Theologie vor allem im Zusammenhang der Möglichkeiten einer Darstellung des Undarstellbaren, also der sprachlichen Konzeptualisierung des Heiligen, Göttlichen, Unendlichen oder Absoluten. Dabei steht dem Ideal eines klar definierten Begriffsgebrauchs, der in einer präzisen Terminologie terminiert, das Ideal einer empfindungsreichen und ausdrucksstarken Bildsprache gegenüber, deren Leistungskraft nicht auf Abstraktion, sondern auf Intuition beruht. Bislang scheiden sich an diesem Punkt zumeist die Geister in Begriffsfreunde und Bildfreunde. Doch bevor man sich hier vor eine Alternative gestellt und zur Entscheidung gezwungen sieht, gilt es zunächst die spezifische Leistungskraft unterschiedlicher Sprachformen unbefangen zu untersuchen.

Dazu gehört neben der imposanten Geschichte des Begriffs bzw. der Begriffe, deren historisch-hermeneutische Aufarbeitung in Gestalt des soeben vollendeten Historischen Wörterbuchs der Philosophie eine vorläufige Erfüllung gefunden hat, auch die reiche Wirkungsgeschichte an Tropen und Metaphern, an Bildern und Gleichnissen, deren historische Sichtung und theoretische Bewertung immer noch am Anfang steht. Angeblich plant der Schwabe-Verlag ein entsprechendes Großprojekt zur Metapher.[31] Für die wissenschaftlich-theologische Reflexion auf die Sprachformen des Glaubens sowie der Theologie bleibt jedenfalls auch hier viel zu tun.

Ich formuliere eine Quintessenz: Indem sich die wissenschaftliche Theologie der historischen, der anthropologischen und der sprachlichen Signatur des neuzeitlichen Christentums und der modernen Vernunft zuwendet, erfüllt sie ihre gegenwärtige Aufgabe und wird dem Anspruch an die Vernunftförmigkeit des Glaubens und seiner wissenschaftlichen Selbstreflexion in wesentlichen Dimensionen gerecht. Über die wissenschaftliche Erforschung des Christentums hinaus legt sie damit auch die Grundlage für eine gegenwärtig vertretbare und argumentativ begründbare Gestalt des christlichen Glaubens als eines adäquaten Selbst-, Welt- und Gottesverständnisses jenseits von Fundamentalismus und Atheismus.

Anmerkungen

[1] DER SPIEGEL Nr. 22 / 26.05.2007.

[2] Ebd. S. 58.

[3] Knut Wenzel (Hg.): Die Religionen und die Vernunft. Die Debatte um die Regensburger Vorlesung des Papstes, Freiburg i. Br. 2007.

[4] Benedikt XVI.: Glaube, Vernunft und Universität. Erinnerungen und Reflexionen, in: Benedikt XVI. Glaube und Vernunft. Die Regensburger Vorlesung, Freiburg i. Br. 2006.

[5] Glaube, Vernunft und Universität, a.a.O., S. 16f.

[6] Ebd., S. 20.

[7] Josef Ratzinger: Der angezweifelte Wahrheitsanspruch. Die Krise des Christentums am Beginn des dritten Jahrtausends, in: P. Flores d'Arcais u. ders., Gibt es Gott? Wahrheit, Glaube, Atheismus, 2. Aufl. Berlin 2006, S. 9.

[8] Ebd. S. 11.

[9] Wolfgang Huber: Glaube und Vernunft. Ein Plädoyer für ihre Verbindung in evangelischer Perspektive, in: FAZ vom 30. Oktober 2006. Wiederabgedruckt in: Wenzel, Die Religionen und die Vernunft (wie Anm. 3), S. 57-70.

[10] Hubers Fassung des Zitats lautet: „Soll denn der Knoten der Geschichte so aufgehen, die Wissenschaft mit dem Unglauben und die Religion mit der Barbarei?" Die von mir zitierte Originalfassung nach: F.D.E. Schleiermacher: Theologisch-dogmatische Abhandlungen und Gelegenheitsschriften (Kritische Gesamtausgabe Abt. I, Bd. 10), hg. v. Hans Friedrich Traulsen, Berlin u.a. 1990, S. 347.

[11] Huber, Glaube und Vernunft (wie Anm. 9), S. 58.

[12] Vgl. Kurt Nowak: Vernünftiges Christentum (Forum Theologische Literaturzeitung; 2), Leipzig 1999.

13 Vgl. etwa zuletzt Ulrich Barth: Gott als Projekt der Vernunft, Tübingen 2005.

14 Huber, Glaube und Vernunft (wie Anm. 9), S. 57

15 Ebd., S.

16 Ebd., S. 68.

17 Ebd., S. 59.

18 Jürgen Habermas: Ein Bewusstsein von dem, was fehlt. Über Glauben und Wissen und den Defätismus der modernen Vernunft, in: NZZ vom 10. Februar 2007. Wiederabgedruckt in: Wenzel, Die Religionen und die Vernunft (wie Anm. 3), S. 47-56.

19 Ebd., S. 47.

20 Ebd., S. 48.

21 Ebd., S. 50.

22 Ebd., S. 52.

23 Zur Frage nach dem Verhältnis zwischen der einen Vernunft und den vielen Rationalitäten vgl. Herbert Schnädelbach: Vernunft, Stuttgart 2007.

24 Ernst Troeltsch: Ueber historische und dogmatische Methode der Theologie (1900), in: Ernst Troeltsch Lesebuch, hg. v. Friedemann Voigt, Tübingen 2003, S. 3.

25 Johann Gottfried Herder: Wie die Philosophie zum Besten des Volks allgemeiner und nützlicher werden kann (1765), Werke Bd. 1, Frankfurt a. M. 1985, S. 103.

26 Ebd. S. 134.

27 Vgl. Hans-Jürgen Schings (Hg.): Der ganze Mensch. Anthropologie und Literatur im 18. Jahrhundert (DFG-Symposion 1992), Stuttgart / Weimar 1994.

28 Karl Aner: Die Theologie der Lessingzeit, Halle 1929, Nachdruck Hildesheim 1964, S. 172. Von einer „Humanisirung des Christenthums" durch Herder spricht schon Ferdinand Christian Baur: Geschichte der christlichen Kirche, Bd. 5: Kirchengeschichte des neunzehnten Jahrhunderts, hg. v. Eduard Zeller, Tübingen 1862, S. 44.

29 Johann Gottfried Herder: Ideen zur Philosophie der Geschichte der Menschheit (1784-1791), Werke Bd. 6, Frankfurt a. M. 1989, S. 163.

30 Immanuel Kant: Kritik der Urteilskraft, Werke in sechs Bänden, hg. v. Wilhelm Weischedel, Bd. V, Darmstadt 1957, S. 461.

31 Vgl. außerdem Ralf Konersmann (Hg.): Wörterbuch der philosophischen Metaphern, Darmstadt 2007.

Herbert Schnädelbach

Religion
und kritische Vernunft

s. ders.
Religion in der
modernen Welt
S. 35 ff

Es war wohl nicht die Absicht von Papst Benedikt XVI., mit seiner Regensburger Vorlesung ausgerechnet unter Protestanten eine so lebhafte Diskussion über Vernunft und Religion auszulösen, hatte er ihnen darin doch implizit, aber deswegen nicht weniger deutlich ein gestörtes Verhältnis zu diesem Thema bescheinigt. Die theologischen Stellungnahmen dazu sind in diesem Kreis bekannt, und auch Philosophen haben sich hier zu Wort gemeldet: allen voran Kurt Flasch mit einer ebenso scharfen wie historisch gelehrten Replik: „Der Papst hat gesprochen. Der Papst mag unfehlbar sein, Professor Ratzinger ist es nicht."[1] Dem habe ich nichts hinzuzufügen, und so möchte ich auch nicht direkt eingreifen in eine Debatte, in der nach meinem Eindruck schon fast alles gesagt ist. Entgegen meinem Ruf als militantem Religionskritiker möchte ich einen Schritt zurücktreten und mich meinem Métier gemäß mit den begrifflichen Mitteln beschäftigen, mit denen da gefochten wird. Mir ist aufgefallen, dass fast alle Diskutanten, den Papst eingeschlossen, sich mit einem ungeklärten, intuitiven Vorverständnis dessen zufrieden geben, was die leitenden Ausdrücke ‚Religion', ‚Glaube', ‚Vernunft' und ‚Wahrheit' bedeuten; Klärungsangebote finden sich nur in Ansätzen. Nun möchte ich nicht als Diskurspolizist missverstanden werden, der Klarheit um jeden Preis durchsetzen möchte; Unklarheit hat aber auch ihren Preis. Häufig sind ja Begriffe mit unscharfen Rändern besonders geeignet, zumindest das Gefühl der Einigkeit zu erzeugen, weil dann niemand ganz genau weiß, worauf genau er sich da mit anderen geeinigt hat; dann aber bleiben auch die wahren Streitpunkte unentdeckt. Beides bringt uns in der Sache nicht weiter. Darum möchte ich versuchen, in begrenzter Redezeit etwas Klärendes zu den zentralen Begriffen ‚Religion', ‚Vernunft' und ‚Wahrheit' beizutragen, um dann ganz am Schluss doch noch auf das mir gestellte Thema ‚Religion und kritische Vernunft' zu sprechen zu kommen.

I.

Man kann in sehr verschiedener Weise nach der Vernunft der Religion fragen – zunächst in objektiver oder subjektiver Hinsicht. Religion *obiective spectata* – das ist für die Soziologen ein Teilsystem von sozialen Systemen überhaupt, über dessen Rationalitätsbedingungen sich trefflich streiten lässt, und das schon die klassischen Religionskritiker wie Ludwig Feuerbach, Karl Marx oder Sigmund Freud im Auge hatten, wenn sie vom Wesen und der Funktion des Religiösen handelten. Die historisch Interessierten hingegen meinen mit ,Religion' stets einen bestimmten kulturellen Großgegenstand wie das Judentum, das Christentum oder den Islam, und sie sind in der Regel vorsichtig mit allgemeinen Thesen über die Vernünftigkeit von Religion schlechthin, denn sie möchten doch der Individualität ihres Objekts gerecht werden. – Bei Religion *subiective spectata* hingegen ist von etwas die Rede, was man hat oder nicht hat, lebt oder auf sich beruhen lässt, und hier sollte man, um Verwechslungen auszuschließen, besser ,Glaube' sagen, und da gibt es wieder zwei Möglichkeiten: Ist eine bestimmte Glaubensüberzeugungen gemeint (*fides quae creditur*), oder eine Glaubenshaltung (*fides qua creditur*)? Diese Unterscheidung entspricht ungefähr der zwischen den englischen Ausdrücken belief und faith, und dass wir sie im Deutschen nicht mit unseren Wörtern wiedergeben können, trägt bis heute zu massiven Verwirrungen in der Glaubensdiskussion bei – bis hin zu Kalauern. Ich denke, dass wir uns auf dieser Tagung mit Fragen nach der Vernunft des Glaubens begnügen können, denn auch der Papst hat ja nicht als Soziologe oder Historiker gesprochen, sondern als Theologe.

In diesem Feld kann man beobachten, dass die Katholiken dazu neigen, den religiösen *faith* auf lauter *beliefs* zu reduzieren, d.h. die subjektive Glaubenshaltung als bloße Konsequenz der Glaubensüberzeugungen zu deuten, die man sich durch gehorsame Zustimmung zu den von der Kirchenlehre angebotenen Glaubensinhalten zu Eigen gemacht hat. Die Glaubensdokumente des I. und II. Vaticanum, vor allem aber die Enzyklika *Fides et Ratio* von Papst Johannes Paul II, weisen eindeutig in diese Richtung, und Papst Benedikt XVI. folgt dem sehr genau in seiner Regensburger Vorlesung[2]: Der Glaube wird primär als eine besondere „Erkenntnisquelle" angesehen, aus der Einsichten fließen, die der Vernunft allein nicht zugänglich sind, und wenn man die angenommen hat, soll sich dann auch das einstellen, was das Wort ,Glaube' als Übersetzung von ,*pístis*' bedeutet: Vertrauen, Zuversicht, Hingabe.- Gegen diese kognitivistische Verkürzung des Glaubensbegriffs haben die Protestanten seit Luther unablässig protestiert, aber sie sind nicht immer der Versuchung entgangen, allein auf den Glauben als subjektive Haltung zu setzen, d.h. den religiösen *faith* gewissermaßen *belief*-frei zu fassen. Wenn dies gelänge, wäre man die Wahrheitsfrage los, und man bräuchte die herkömmliche Religionskritik nicht länger zu fürchten. Dass dies eine Sackgasse ist, liegt wohl auf der Hand, denn von dem, worauf man im „Leben und Sterben" vertraut, muss man auch bestimmte Überzeugungen haben, um ihm vertrauen zu können, und darum hat ja auch Schleiermacher, der sich in seinen berühmten *Reden* ziemlich ungeschützt dem Verdacht eines rein „fiduzianischen" Glaubensverständnisses ausgesetzt hatte, dann auch eine *Glaubenslehre* vorgelegt, in der ausgeführt ist, *was* ein evangelischer Christ glaubt, wenn er glaubt. Wie sich die *fides quae creditur* und die *fides qua creditur* zueinander verhalten, scheint ein theologisches Dauerthema zu sein; von den verschiedenen Antworten hängt dann jeweils ab, was es mit der Vernunft des Glaubens auf sich hat.

II.

Mit dem Stichwort ‚Vernunft' betrete ich wieder philosophisches Festland[3]. Zunächst einmal handelt es sich dabei um einen problematischen Singular, der den Verdacht nährt, eine ziemlich schlechte Metaphysik zu transportieren. Hegel konnte noch von „der" Vernunft sprechen, d.h. von einem großen Subjekt, das sich als Garant unserer vernünftigen Weltorientierung in der Natur und in der Geschichte durchsetze. Diese Möglichkeit ist uns abhanden gekommen, und zwar vor allem durch Kant, der darauf bestand, dass Vernunft nichts anderes als ein „Vermögen" ist, eine Fähigkeit bestimmter Lebewesen, in einer bestimmten Weise zu denken, zu erkennen und zu handeln – „vernünftig" eben. Dass wir solche *animalia* sind, bedeutet nicht, dass wir immer vernünftig wären; wir sind es meistens nicht, und so hat Molière ganz recht: „ 'Der Mensch ist ein vernünftig Wesen'; wer's glaubt, der ist nie Mensch gewesen."[4] Darum ist die Definition ‚*animal rationale*' irreführend, und darum schlägt Kant vor, besser vom „*animal rationabile*" zu sprechen[5]. Dagegen ist nichts einzuwenden, denn dass wir zumindest im Prinzip vernünftig sein können, ist die Voraussetzung alle unseres Tuns, und außerdem ist es manchmal ganz vernünftig, auch einmal unvernünftig zu sein.

Der Übergang von der substanziellen zur dispositionalen Verwendung des Vernunftbegriffs ist der Grund dafür, dass dieser Begriff selbst aus dem philosophischen Diskurs fast verschwunden ist; wenn man damit die Vernünftigkeit im Sinn einer Kompetenz meint, sagt man heute lieber gleich ‚Rationalität', und das klingt dann nicht mehr metaphysikverdächtig, sondern wissenschaftlich und modern. Dass es sich dabei um einen komplexen Sammelbegriff handelt, wird schon klar, wenn man sich vergegenwärtigt, was das *animal rationabile* alles kann, wenn es von seiner *rationalitas* Gebrauch macht: Denken, Sprechen, Überlegen, Meditieren, Zählen, Arbeiten, etwas Herstellen, Probleme lösen, Handeln, Spielen, Tanzen, Musizieren, Dichten und vieles andere. In der Philosophie kommt diese Vielfalt kaum vor; ihre Geschichte ist bis in die Moderne von einem kognitivistischen Vorverständnis geprägt, d.h. die Rationalität wurde hier fast ausschließlich als Erkenntnisvermögen und damit im Horizont der Differenz zwischen Wahrheit und Irrtum gedeutet. Selbst Aristoteles, dem wir bereits eine differenzierte Analyse unserer rationalen Fähigkeiten verdanken, versteht sie als „dianoëtische", das Erkennen betreffende Tüchtigkeiten: „Es sei angenommen, dass es fünf Dispositionen gibt, mit denen die Seele durch Bejahen und Verneinen die Wahrheit trifft (*aletheúein*): Herstellungswissen (*téchne*), Wissenschaft (*epistéme*), Klugheit (*phrónesis*), Weisheit (*sophía*), intuitives Denken (*noûs*)." In allen fünf Bereichen ist das Treffen der Wahrheit das Entscheidende, und wenn auch die aristotelischen Unterscheidungen niemals wieder ganz vergessen wurden, so tat doch die Fixierung der antiken wie der mittelalterlichen Metaphysik auf die *theoría* als der höchsten menschlichen Lebensform das Ihre, um die praktischen Kompetenzen das *animal rationale* aus dem Fokus der Aufmerksamkeit fernzuhalten, zumal Aristote[6]les selbst sie von der kognitiven Differenz zwischen Wahrheit und Irrtum her gedeutet hatte.

Die kognitivistische Engführung des Vernunftthemas wurde erst in der Neuzeit aufgelöst. Das heute vorherrschende pragmatistische Rationalitätsverständnis, das sich primär an den Bedingungen erfolgreichen Handelns orientiert, wurde schon von Francis Bacon präludiert; ihm zufolge soll das Erkennen den „Werken" dienen, d.h. die Wissenschaft der Naturbeherrschung zum Wohl der Menschen[7]. Auch Kant lehrt den Primat der praktischen Vernunft, aber in einem anderen Sinn als Bacon und der Pragmatismus; auch er befreit sie von der Vormundschaft des Kognitiven, ordnet ihr aber sogleich einen eignen Bereich zu – den des unbedingten Sollens im

Lichte der Kategorischen Imperativs. Kantianer und Pragmatisten streiten bis heute darüber, ob es so etwas geben kann wie ein unbedingtes Sollen; in der Regel geben sich die Ethiker mit dem bedingten Sollen hypothetischer Imperative zufrieden, die Kant als bloß „technisch-praktisch" aus der Moral ausschließen wollte. Entscheidend ist das gemeinsame Resultat: In Fragen der Vernunft ist neben den traditionellen Wahrheitsanspruch des Vernünftigen der darauf nicht reduzierbare Geltungsanspruch der normativen Richtigkeit getreten, und auch von dem muss die Rede sein, wenn wir heute über die Vernunft des Glaubens diskutieren. Es könnte ja der Fall sein, dass die Tendenz der Aufklärungsphilosophie und der liberalen Theologie, das *proprium* vernünftiger Religion im moralischen Bereich aufzusuchen, von der neuzeitlichen Pragmatisierung des Vernunftverständnisses ausging. Zudem wurde es sicher mächtig verstärkt durch das reformatorische *sola scriptura* mit seinem systematischen Desinteresse an Metaphysik und die Hinwendung zur *praxis pietatis*.

Diese kurze Vernunftgeschichte wäre unvollständig, wenn sie nicht noch einen weiteren Differenzierungsschritt zumindest erwähnte – den zur hermeneutischen Vernunft. Der Historismus als ein anderes legitimes Kind der Aufklärung hatte darauf aufmerksam gemacht, dass das Verstehen sich nicht von selbst versteht; er hatte die ideale Gleichzeitigkeit alles Vernünftigen in Frage gestellt und auf die spezifischen historischen und kulturellen Bedingungen hingewiesen, unter denen es entsteht und uns zugänglich ist. So genügte es offenbar nicht mehr, mit Kant zu fragen „Was kann ich wissen?" und „Was soll ich tun?", um sich dann der Hoffnung und dem Menschen zuzuwenden; vor allem anderen stellte sich das Problem „Was kann ich verstehen?" oder „Wie ist Verstehen möglich?". Verständlichkeit ist nach meiner Einsicht die Elementarbedingung von Rationalität überhaupt; das *animal rationale* ist das Lebewesen, das sich auf eine nicht nur natürliche Weise verständlich machen und in demselben Sinn verstehen kann. Man hat gegen Dilthey eingewandt, seine Dichotomie „Erklären vs. Verstehen" sei ein unsinniger *faux pas*, denn schließlich verstünde man das, was einem erklärt würde, und tatsächlich reserviert noch Kant das Verstehen für den Verstand als das Vermögen vor allem kausaler Erklärungen. In Wahrheit geht es Dilthey aber um das Sinnverstehen, über das man bei Kant oder Hegel so gut wie nichts finden kann, weil es in ihrer Philosophie noch gar nicht zum Problem geworden war. Wenn somit von der Vernunft des Glaubens die Rede ist, muss es zunächst einmal um Verständlichkeit gehen, also um „Glauben und Verstehen". Der Irrationalitätsvorwurf gegenüber dem Religiösen wird nach meinem Eindruck in unseren Tagen gar nicht mehr primär mit theoretischen oder praktischen Argumenten vorgetragen, sondern mit einem „Das verstehe, wer will".

Wir stehen heute am vorläufigen Ende einer langen Ausdifferenzierungsgeschichte des Vernunftkonzepts, in der die Rationalitätsansprüche der Wahrheit, Richtigkeit und Verständlichkeit als nicht aufeinander reduzierbar auseinandergetreten sind. Dieser Prozess hat sich im Bereich praktischer Rationalität weiter fortgesetzt, und so haben wir es neben der wissenschaftlichen und der umstrittenen moralischen eben auch mit technischer, ökonomischer, strategischer und sogar ästhetischer Rationalität zu tun. „Die Einheit der Vernunft und die vielen Rationalitäten" ist ein schöner Buchtitel[8], der die gegenwärtige Problemsituation sehr genau wiedergibt: Wie kann man angesichts dieser Pluralität die alte Intuition, derzufolge die Vernunft eine ist, noch verteidigen?

Dass die Vernunft tatsächlich ein Plural ist, hat sich offensichtlich noch nicht bis zum Vatikan herumgesprochen. In seinen Verlautbarungen, die durchweg von einem kognitivistischen Vernunftverständnis bestimmt sind, wird mit keinem Wort auf die Tatsache eingegangen, dass in der Philosophie, sieht man einmal von Heraklit und der Stoa ab, niemals ein einheitlicher Vernunftbegriff existierte. Die auf Platon zurückgehende Unterscheidung zwischen *noûs* und *diánoia*, die im Lateinischen mit *intellectus* vs. *ratio* wiedergegeben wurde, findet sich im Deutschen im stabilen Gespann ‚Vernunft/Verstand' wieder, dem Kant noch die widerspenstige Urteilskraft hinzufügt. Mit einem hermeneutischen Gewaltstreich setzt der Papst den *lógos* von Joh 1,1 mit der objektiven Weltvernunft der Stoiker gleich[9] und behauptet wie sie, unsere subjektive Vernünftigkeit sei mit ihr wesensgleich und nichts anderes als deren Agentur. So ist es auch nicht überraschend, dass Benedikt XVI. mit den Ideen des *intelligent design* sympathisiert, denn auch für die Stoa konnte es nichts Vernunftloses geben, galt ihr doch der *lógos* nicht nur als die Substanz, sondern vor allem als das Struktur- und Verlaufsgesetz der Welt; so ist hier die Welt das Werk des zum Schöpfergott aufgestiegenen Demiurgen aus dem *Timaios*. Die Differenz zwischen theoretischer und praktischer Vernunft, die schon Aristoteles gegen Platon geltend gemacht hatte, wird vom Papst mit der Behauptung zurückgenommen, nur wer die Wahrheit erkannt habe, wisse auch, was gut und böse sei;

in dieser Version des Platonismus haben Bedenken gegen den naturalistischen Kurzschluss vom Sein auf das Gute oder das Sollen keinen Platz. Mein Haupteinwand gegen den Vatikan aber ist, dass in seinen Mauern, wenn es um die Vernunft des Glaubens geht, kein Platz ist für die Idee kritischer Vernunft. Um zumindest andeuten zu können, was es damit auf sich hat, muss ich einige Betrachtungen zum Wahrheitsproblem vorwegschicken.

III.

Die *Enzyklika Fides et ratio* beginnt mit dem Satz: „Glaube und Vernunft sind wie die beiden Flügel, mit denen sich der menschliche Geist zur Betrachtung der Wahrheit erhebt. Das Streben, die Wahrheit zu erkennen und letztlich ihn selbst zu erkennen, hat Gott dem Menschen ins Herz gesenkt, damit er dadurch, dass er Ihn erkennt und liebt, auch zur vollen Wahrheit über sich selbst gelangen könne."[10] Man fühlt sich an Platon erinnert; im VII. Brief beschreibt er das höchste Ziel der Erkenntnis als die Schau des Wahren, d.h. der Idee des Guten mit den geistigen Augen der Seele[11]. Die Motivation, den mühsamen Aufstieg dorthin zu wagen und durchzustehen, ist nach Platon der *éros*, d.h. die Sehnsucht des Unvollkommenen nach dem Vollkommneren, die sich aus der objektiven Seinsordnung selbst ergibt, und die hat dem *Timaios* zufolge der Demiurg so festgelegt, wie es die Idee des Guten vorzeichnet. Dem zitierten Text zufolge ist auch dieser *éros* noch Gottes Geschöpf, und hier wie da sollen Wahrheits- und Selbsterkenntnis des Menschen letztlich zusammenfallen. Die Enzyklika, die die Glaubensdokumente des Vaticanum I und II zusammenfasst, und der auch der jetzige Papst bis in die Wortwahl folgt, reproduziert somit einen christianisierten Platonismus, indem der große Singular ,Wahrheit' nicht nur gegenständlich als das wahre Seiende aufgefasst, sondern zugleich mit dem Gott der Offenbarung identifiziert wird, denn Wahrheits- und Gotteserkenntnis sollen ja letztlich zusammenfallen. Der Papst spricht hier genau wie Hegel; über das Verhältnis von Philosophie und Religion sagt er: „Beide haben die *Wahrheit* zu ihrem Gegenstande, und zwar im höchsten Sinne – in dem *Gott* die Wahrheit und er *allein* die Wahrheit ist."[12] Dann freilich trennen sich die Wege. Hegel ordnet den christlichen Glauben als die „geoffenbarte Religion" der Philosophie unter, wovor sich der Papst bekreuzigen müsste, denn was dabei herauskommt, ist nicht der religiöse Satz „Gott ist die Wahrheit", sondern die umgekehrte Behauptung, die Wahrheit, die als die eine und ganze im philosophischen System begrifflich dargestellt ist, sei nichts anderes als das, was sich die Religion unter Gott vorstelle

Wogegen Hegel und die Seinen immer wieder protestierten, war die Vorstellung, die in den vatikanischen Texten auch heute noch ständig variiert wird, dass nämlich die Wahrheit letztlich eine Sache der „Betrachtung" durch den menschlichen Geist sei[13]. Sie folgten damit getreulich Kant und seiner Kritik an der Idee intellektueller Anschauung, die wieder bis auf Platon zurückverweist. Der hatte zwischen einem noëtischen und einem dianoëtischen Erkenntnismodus unterschieden. Das Noëtische entspricht der Metapher des „Auges der Seele" und meint ihre Fähigkeit, auch im geistigen Bereich etwas intuitiv, d.h. wie in einem Blick zu erfassen; dianoëtisch hingegen ist der diskursive oder operative Erkenntnismodus, in dem der Erkennende wie in der Geometrie methodisch Schritt für Schritt vorgehen muss, um zu gesicherten Ergebnissen zu gelangen. Kant und Hegel sind in dieser Sache Aristoteliker, denn Aristoteles hatte alle Erkenntnisvermögen des Menschen dianoëtisch verstanden und bestritten, dass es auf den Ebenen, auf denen es darum geht, das „Wahre zu treffen", ohne begriffliche Operationen des Denkens abgehe. Das gilt ihm zufolge auch für den noëtischen Rest, das intuitive Wissen des *noûs*, das man sich nicht unmittelbar vergegenwärtigen kann, sondern nur dadurch, dass man in methodischen Schritten zeigt, dass die elementaren Prinzipien des Denkens und Erkennens – vor allem der Widerspruchssatz – nicht beweisbar sind, weil man sie in jedem Beweis schon voraussetzt. Im Übrigen reserviert Aristoteles das Noëtische ganz für den Bereich der sinnlichen Wahrnehmungen (*aísthesis*), und Kant folgt ihm darin, wenn er mit guten Gründen zeigt, dass die Sinnlichkeit nicht denkt und das Denken nicht anschaut. Die Platoniker hingegen – allen voran die Phänomenologen – operieren bis heute mit angeblich rein geistigen Einsichten, also intellektuellen Anschauungen.

Man könnte diesen ganzen Streit über das Noëtische und Dianoëtische auf sich beruhen lassen, wenn es nicht, wie auf dieser Tagung, um die Vernunft des Glaubens ginge. Zwar bestreitet der Vatikan nicht, dass in der Erkenntnis im Lichte der natürlichen Vernunft das Dianoëtische dominiert, und er behauptet sogar, dass dies ausreiche zur Erkenntnis der Existenz Gottes als eines vollkommenen und gütigen Wesens; zugleich aber möchte er für den Glauben eine besondere Erkenntnisordnung reservieren – eine rein noëtische. In der Enzyklika heißt es, das I. Vatikan um habe bekräftigt, „dass es außer der Erkenntnis der menschlichen Vernunft, die auf Grund ihrer Natur den Schöpfer zu erreichen vermag, eine Erkenntnis gibt, die dem Glauben eigentümlich ist. Diese Erkenntnis ist Ausdruck einer Wahrheit, die sich auf die Tatsache des sich offenbarenden Gottes selbst gründet."[14] Demzufolge gibt es zwei Erkenntnisordnungen – die der Vernunft und die des Glaubens, wobei die der Vernunft sogar die dianoëtische Struktur natürlicher Gotteserkenntnis einschließen soll.[15] Was aber könnte genau der Unterschied sein zwischen der „durch philosophisches Nachdenken erlangte(n) Wahrheit" und der „Wahrheit der Offenbarung"[16]?

Für die Philosophen ist ‚Wahrheit' ein großes Wort, und nicht nur für sie, denn wie würde man jemanden ansehen, der auf die Frage, was er in der Universität suche, antwortete: „Die Wahrheit!"? Das Wort verwenden wir manchmal als Sammel- oder Bereichsausdruck für einzelne Wahrheiten, in der Regel hingegen als Bezeichnung einer bestimmten Eigenschaft von Aussagen oder Behauptungen, nämlich der, wahr zu sein. Diese Eigenschaft, über die schon ganze Bibliotheken geschrieben wurden, sollten wir die Urteilswahrheit nennen. Die Platoniker, und allen voran Martin Heidegger in *Sein und Zeit*, bestehen demgegenüber auf der Seinswahrheit, also auf der Wahrheit als Unverborgenheit (*alétheia*) des Seienden. Dass sie die Grundlage der Urteilswahrheit sei, wie Heidegger behauptet[17], ist ziemlich unwahrscheinlich, denn Urteile, Aussagen oder Behauptungen haben die logische Eigenschaft, auch falsch oder irrig sein zu können. Seinswahrheiten, die man besser Evidenzen nennen sollte, haben diese Eigenschaft nicht; sie bestehen oder bestehen nicht, und wenn sie nicht bestehen, gibt es auch nichts Falsches oder Irriges. Das hat immer wieder dazu geführt zu meinen, dass die wahre Wahrheit letztlich von dieser Art sein müsse, nämlich evident zu sein. Wenn ich rot sehe, erübrigt sich doch die skeptische Frage, ob ich wirklich rot sehe , und daher rührt die uralte, auf die Griechen zurückgehende Versuchung, das Erkennen als ein sinnliches oder geistiges Sehen oder Gesehenhaben zu deuten, wie es die Wörter ‚Einsicht' oder ‚Evidenz' selbst anzeigen. Aber von der Wahrnehmung zum Wahrnehmungsurteil ist es immer noch ein Schritt, und nur Urteile nennen wir wahr oder falsch, während wir nicht wissen, was eine falsche Wahrnehmung sein soll. Zur Frage der Sinnestäuschung sagt Kant, es sei ganz ungerecht, die Sinne dafür verantwortlich zu machen. Wir urteilen auf der Basis sinnlicher Evidenzen, aber dass man sich irrt, darf man der Sinnlichkeit nicht anlassen. Die Sinne täuschen nicht, weil sie nicht urteilen, denn nur der täuscht sich, der auf der Basis sinnliche Evidenzen Fehlurteile fällt[18].

Die katholische Kirchenlehre möchte tatsächlich die „Wahrheit der Offenbarung" im Sinne einer irrtumsfreien Evidenz des Geoffenbarten verstehen; in der Enzyklika heißt es, wir begegneten in Jesus der „Wahrheit der christlichen Offenbarung", und die „Wahrheit, welche die Offenbarung uns erkennen lässt." sei die „in unsere Geschichte gelegte Vorwegnahme" der „letzten und endgültigen Anschauung Gottes"[19] Diese *visio beatifica* Dei ist der Nachklang der rein intellektuellen Anschauung der Ideen, von der Platon als dem höchsten Ziel aller Erkenntnis gesprochen hatte. Dem gegenüber verlegt der Vatikan die Offenbarungsevidenz in die Geschichte, also in Raum und Zeit; dadurch kommen empirische Elemente ins Spiel, die es nicht zulassen, an dieser Stelle nur von rein „geistigen" Einsichten zu sprechen. Dem folgt auch Bischof Wolfgang Huber, wenn er schreibt: „In seiner evangelischen Gestalt konzentriert sich der christliche Glaube darauf, dass Jesus Christus die Wahrheit des Evangeliums in Person ist."[20] Was könnte das sein – eine personifizierte Wahrheit? Noch schwerer ist zu verstehen, was es heißen soll, dieser Jesus sei das „fleischgewordene Wort" Gottes[21], also der johanneische *lógos* in Evidenz: Wie kann man das denken – einen personifizierten *lógos*, ein Wort, das auf Erden wandelt? Vielleicht nur so: Jesus ist als Person die Evidenz der Offenbarung Gottes, denn wer ihn sieht, der sieht den „Vater" und versteht den damit verbundenen *lógos*. Dieses Sehen aber gilt, wenn es sich ereignet, als irrtumsfrei. Tatsächlich sind Evidenzen von der Art, dass sich bei ihnen die Frage nach Wahrheit oder Irrtum gar nicht stellt, weil sie, wenn es sie gibt, das Falschsein gewissermaßen grammatisch aus sich ausschließen. So sind sie die Basis aller Offenbarungsreligionen. Als Mose den brennenden Busch sah und Gottes Stimme hörte, hatte er gar nicht die Möglichkeit zu fragen, ob das, was er da erlebte, wahr oder falsch sei; ebenso war es schon Abraham ergangen, später Samuel bei seiner Berufung und schließlich dem Saulus vor den Toren von Damaskus. Und was war zu Ostern? Das Grab war leer und er wurde gesehen – Paulus zufolge von Kephas, den Zwölfen, von fünfhundert Brüdern auf einmal, Jakobus, danach von allen Aposteln und schließlich von ihm selbst[22].

Das subjektive Korrelat solcher Evidenzen ist Gewissheit, und Gewissheit ist der Aspekt des Glaubens, den wir mit der *fides qua creditur* ansprechen – als Vertrauen und „gewisse Zuversicht". Wenn von Glaubenswahrheiten die Rede ist, wie wiederholt sogar bei Habermas[23], sind in der Regel solche Glaubensgewissheiten gemeint. Urteilswahrheiten hingegen sind der Gehalt dessen, was wir Wissen nennen und mit guten Gründen als wahre, gerechtfertigte Überzeugung verstehen. Es ist verständlich, dass die *fides quae creditur* gern von dieser Art wäre, denn sie versteht sich in der Regel selbst so. Wichtig ist hier, dass man Gewissheit und Wissen nicht miteinander verwechselt: Gewissheit ist ein subjektiver Zustand, der keineswegs die Wahrheit dessen garantiert, was jemand für gewiss hält; Wissen hingegen ist etwas Transsubjektives, weil wahr und gerechtfertigt zu sein die Überzeugungen auszeichnet, von den viele und im Prinzip alle Subjekte überzeugt sein können. Zudem ist unser Wissen fehlbar, während man nicht sagen kann, was eine fehlbare Gewissheit sein könnte; wie die Evidenzen existieren Gewissheiten oder eben nicht. Ich denke, dass alle echten Glaubens"wahrheiten" von dieser Art sind, und deswegen kennt der religiöse Glaube, wie ich ihn verstehe, auch keine Grade, keine Wahrscheinlichkeiten: Niemand verlässt sich im Leben und im Sterben auf etwas, dessen er nur zu 51 Prozent gewiss ist. Deswegen ist dieser Glaube auch keine defizitäre Form des Wissens, wie wir ihn etwa bei Kant definiert finden – als ein „subjektiv zureichendes, aber objektiv unzureichendes Für-wahr-Halten".[24] Die Glaubensgewissheit kann man durch Argumente weder erzeugen noch widerlegen, wie es im Bereich des Wissens möglich ist; man kann sie nur als ganze verlieren – z.B. durch mit dem Geglaubten unvereinbare Evidenzen, die jemandem am Glauben nicht nur zweifeln, sondern verzweifeln lassen.

Das Problem jener akustischen oder optischen Offenbarungsevidenzen besteht darin, dass sie nicht von einem Erlebniszusammenhang in einen anderen unmittelbar transportierbar sind; will man sie mit anderen teilen, muss man sie mitteilen, also von ihnen berichten, somit das Feld der Urteilswahrheit betreten. Denn Berichte können wahr oder falsch sein, und in dieser Differenz nistet sich der Zweifel ein. Wo sich der Zweifel regt, zeigt sich, dass man nicht unmittelbar von der Gewissheit zum Wissen übergehen kann. Der Zweifel ist unbequem; wie könnte man ihn wieder ausschließen? Besonders anrührend ist hier die Geschichte vom ungläubigen Thomas, der die Chance erhält, seine Bedenken gegen die Urteilswahrheit der Auferstehungsberichte auf Grund sinnlicher Evidenz aufgeben zu können. Dann sagt Jesus zu ihm: „Dieweil du mich gesehen hast, Thomas, so glaubest du. Selig sind, die nicht sehen und doch glauben."[25] Dieser Satz ist als Trost gemeint für alle, die nicht wie Thomas an der Evidenz der Offenbarung teilhatten, aber auch als Aufforderung, nicht wie er auf seiner ursprünglichen Forderung zu bestehen: „Es sei denn, dass in seinen Händen sehe die Nägelmale und lege meine Hand in seine Seite, will ich's nicht glauben."[26] Dieser Rückweg von der Urteilswahrheit zur Evidenz erwies sich nach der Himmelfahrt Jesu als versperrt, also musste man diesen Verlust kompensieren. Die frühe Christenheit tat dies durch den Hinweis auf die Glaubwürdigkeit des apostolischen Zeugnisses, und die Kirchen folgten ihr bis heute darin. Im Rückblick mag man sich fragen, was von den Gewissheiten der christlichen Offenbarungsreligion übrigbleibt, wenn man jene Glaubwürdigkeit in Zweifel zieht. Man versteht dann auch, warum die historisch-kritische Forschung von den Bibelfrommen als todbringende Attacke verstanden wird, denn was nützt es, darauf zu bestehen, dass Jesus der geoffenbarte Grund und Gegenstand des Glaubens ist, wenn man den Berichten über ihn nicht trauen kann?

Der Rückgriff von der angeblichen Urteilswahrheit der Berichte von der Offenbarung auf irgendwelche Evidenzen, die ihre Glaubwürdigkeit garantieren sollen, ist in der Vergangenheit auf verschiedene Weise versucht worden. Besonders eindrucksvoll, aber krude ist dabei der Reliquienkult, den man auch im Islam findet: Hier sollen Gegenstände, die man sehen und greifen kann, bezeugen, dass das, von dem da berichtet wird, wirklich existiert hat und in der berichteten Weise geschehen ist. Schon im Neuen Testament, vor allem aber im Protestantismus, setzte man lieber auf die spirituelle Beglaubigung durch den Heiligen Geist, denn das ist ja wohl der Sinn der Lehre Luthers, dass der Glaube aus der Predigt kommt. Die Pietisten pochen bis heute an dieser Stelle genau darauf – auf subjektive und möglichst individuelle Evidenzerlebnisse wie die einer „wundersamen Erwärmung des Herzens", von der der Begründer des Methodismus, John Wesley berichtet, einer wirklich gehörten Berufung wie bei Samuel oder einer krisenhaft erlebten Bekehrung, denn erst durch sie könnten der biblische Buchstabe und die toten Kirchenlehren zu religiösem Leben erweckt werden. Erstaunlich ist dabei, dass dieser Subjektivismus in der Regel mit einem harten Fundamentalismus verbunden wird, was die Bibel betrifft. Man kann das verstehen, denn eine Konfession aus lauter privaten Evidenzen wie bei den Quäkern hängt doch ziemlich in der Luft. Dass sich Fideismus und Fundamentalismus nicht gegenseitig ausschließen, mag folgende Erfahrung illustrieren: Ein missionierender Mormone hat mir einmal auf die Frage, wie man wissen könne, dass das Buch Mormon die Wahrheit sei, geantwortet: Man müsse zu Gott beten, und der würde es „einem ins Herz geben"; so argumentieren auch Pietisten, wenn es um die Autorität der Bibel geht: Durch diese Art subjektiver Beglaubigung der Bibel soll sie als ganze dem Zweifel entzogen werden. Das objektivistische Gegenstück dazu ist die altprotestantische Lehre von der Verbalinspiration, die sich wenig von dem unterscheidet, was der Islam über den Koran zu sagen hat. Hier wie da gilt eine Heilige Schrift als die unfehlbare Präsentation dessen, was deren Autoren in Evidenz hörten oder in die Feder diktiert bekamen, aber für subjektive Evidenzerlebnisse der „Hörer des Wortes" ist da kein Raum; für sie bleibt nur das gehorsame Für-wahr-Halten des Gehörten, wenn sie an der Evidenz der Offenbarung teilhaben wollen. So ist im christlichen wie im islamischen Fundamentalismus das Zeugnis von der Offenbarung selbst zum Gegenstand des Glaubens geworden, d.h. zu einem Fetisch.

Was den Katholizismus betrifft, so habe ich den Eindruck, dass die katholische Kirche nicht erst seit Johannes Paul II versucht, dem orthodoxen Islam zumindest in einem Punkt nachzueifern – bei der Ausschaltung aller subjektiven Elemente aus dem, was sie als die Glaubenswahrheit ansieht, denn die soll ja in keiner Weise von persönlichen Evidenz- und Gewissheitserlebnissen abhängen. Die Glaubwürdigkeit der Glaubenswahrheit hatte schon Thomas von Aquin mit einem Gleichnis zu sichern versucht – dem des auf einem Brief verzeichneten Absenders, dessen Glaubwürdigkeit die des Briefinhalts verbürgt[27]; natürlich kann man fragen, was diesen Absender glaubwürdig macht. Ähnlich zirkelhaft ist es, wenn die Enzyklika beteuert, dass die Offenbarungswahrheit, „die sich auf die Tatsache des sich offenbarenden Gottes selbst gründet", „Glaubensgewissheit" sei, weil Gott weder täuscht noch täuschen will."[28] Hier wie da wird in Wahrheit eine natürliche Theologie vorausgesetzt, derzufolge es unvernünftig wäre, nicht nur die Existenz Gottes zu bestreiten, sondern auch seine Glaubwürdigkeit als vollkommenes Wesen. Im Übrigen wird man hier an die Autorität der Tradition verwiesen, die man freilich zuerst als das Werk des unfehlbaren Wirken des Heiligen Geistes zu akzeptieren hat, ehe man ihr vertrauen kann. Tatsächlich handelt es sich hier um einen weiteren Fundamentalismus – den der katholischen Kirchenlehre, und ihre Autorität wird dabei ausdrücklich über die der Bibel gestellt, denn die ist ja, allein für sich genommen, nicht glaubwürdig genug. Glauben wird durchweg kognivistisch verstanden als eine Bildung religiöser Überzeugungen (*beliefs*), aber wenn dabei subjektive Glaubenserlebnisse im Sinn des *faith* keine Rolle spielen dürfen, bleibt an dieser Stelle nur das gehorsame Zustimmen zum Wahrheitsanspruch dessen, was die Kirche lehrt; die *fides* als das Subjektive im Glauben (*faith*) soll sich erst danach einstellen.

IV.

Nach diesen wohl zu lang geratenen Betrachtungen über die Probleme von Wahrheit und Evidenz, Wissen und Gewissheit soll es noch ganz kurz um das Verhältnis von Glaube und kritischer Vernunft gehen. Zweifel im Feld der Urteilswahrheit sind ihre ersten Regungen. Kritisch ist die Vernunft als unterscheidende (*krineîn*), also wenn sie zumindest zwischen wahr und falsch zu entscheiden weiß; in ihrer praktischen und hermeneutischen Funktion treten dann auch die Geltungsdifferenzen richtig/falsch und verständlich/unverständlich hinzu. Für einen inneren Zusammenhang zwischen Vernunft und Kritik spricht nicht nur die historische Tatsache, dass die angedeutete Geschichte der internen Ausdifferenzierung des Vernunftbegriffs primär durch vernünftige vernunftkritische und in diesem Sinne selbstkritische Argumente vorangetrieben wurde; auch aus sachlichen Gründen ist die menschliche Vernunft intrinsisch kritisch. Die wahr/falsch-Differenz ist die elementare Sinnbedingung der menschlichen Rede, und damit des menschlichen *lógos*, den schon Aristoteles als Einheit von Vernunft und Sprache deutete[29]. So wird erst im Übergang von der Evidenz zur Urteilswahrheit die Wahrheit menschlich, aber um den Preis, dass sie bezweifelbar und zum Gegenstand möglicher kritischer Prüfung wird. Evidenzen und erst recht Glaubensgewissheiten lassen sich durch menschliche Rede allein nicht erzeugen; man muss sie erleben, um sie zu haben, und darum verlassen sich die Protestanten an dieser Stelle mit guten Gründen auf den Heiligen Geist. Die katholische Seite ist freilich zu fragen, was von einer Wahrheits- als Glaubensgewissheit zu halten ist, die sich einem Akt des Gehorsams verdanken soll.[30] Kann man sich wirklich gegen den Zweifel für die Gewissheit entscheiden? Mich irritiert an dieser Stelle, dass auch in Texten protestantischer Theologen immer wieder vom gehorsamen Hören des Wortes die Rede ist. Was bedeutet Gehorsam anderes als den Verzicht auf die prüfende Kritik des Gehörten? Das *sacrificium intellectus* ist ein zu hoher Preis für die Glaubensgewissheit – zumindest so lange, wie wir an der Idee kritischer Vernunft festhalten.

Anmerkungen

1   Kurt Flasch, Die Vernunft ist keine Jacke, in: Berliner Zeitung vom 22.09.2006, Seite 31; jetzt in: Knut Wenzel (Hg.), Die Religionen und die Vernunft. Die Debatte um die Regensburger Vorlesung des Papstes, Freiburg i.Br. 2007, S.???

2   Vgl. Benedikt XVI., Glaube und Vernunft. Die Regensburger Vorlesung, Freiburg/Basel/Wien 2006

3   Zum Folgenden vgl.: Herbert Schnädelbach, Vernunft. Grundwissen Philosophie, Stuttgart 2007

4   Zitiert nach Stefan Gosepath, Aufgeklärtes Eigeninteresse, Eine Theorie theoretischer und praktischer Rationalität, Frankfurt am Main 1992, S. 3

5   Immanuel Kant, Anthropologie in pragmatischer Hinsicht, A 315

6   Nikomachische Ethik 1139 b 15 ff. (Übersetzung von Ursula Wolf).

7   Vgl. Francis Bacon, Neues Organon (hg.v.M.Buhr), Berlin 1962, S. 7 ff.

8   Vgl. Apel/Kettner (Hg.), Die eine Vernunft und die vielen Rationalitäten, Frankfurt am Main 1996

9   Vgl. Benedikt XVI., a.a.O., S. 18

10   Papst Johannes Paul II., Enzyklika Glaube und Vernunft (Fides et ratio) [Enz], Stein am Rhein 1998, S. 55

11   Vgl. Platon, VII. Brief, 342 a ff.

12   G.W.F. Hegel, Enzyklopädie der philosophischen Wissenschaften, § 1

13   Vgl. Fußn. 10

14   Enz, S. 14

15   Die Enz spricht davon, dass die „Erkenntnis der menschlichen Vernunft...auf Grund ihrer Natur den Schöpfer zu erreichen vermag" (S. 14); somit gelten hier Kants Kritik der Gottesbeweise als widerlegt.

16   Ebd.

17   Vgl. Martin Heidegger, Sein und Zeit, Tübingen 1927, S. 33 ff.

18   Vgl. Kant, Anthropologie..., BA 34

19   Vgl. Enz, S. 20 f.

20   Wolfgang Huber, Religion im 21. Jahrhundert. Glaube und Vernunft, FRANKFURTER ALLGEMEINE ZEITUNG vom 31.10.2006, jetzt in: Knut Wenzel (Hg.), a.a.O., S.???

21 Enz, S. 15

22 1. Kor. 15, 5-8

23 Vgl. Jürgen Habermas, Ein Bewusstsein von dem, was fehlt, in: NEUE ZÜRCHER ZEITUNG vom 10.2.2007, passim

24 Vgl. Kant, Kritik der reinen Vernunft, B 850

25 Vgl. Joh 20, 24 ff.)

26 V. 25

27 Vgl. Wolfgang Klausnitzer, Glaube und Wissen, Lehrbuch der Fundamentaltheologie, Regensburg 1999, S. 150

28 Enz 14

29 Aristoteles, Politik 1253a 9 f.

30 Vgl. Enz, S. 17 f.

Christine Axt-Piscalar

Religion und kritische Vernunft

**Fragen und Antworten in Auseinandersetzung
mit Herbert Schnädelbach[1]**

1. Vagabundierende Religiosität und der Lebenszusammenhang der positiven Religionen

In einer ersten knappen Bemerkung machen Sie eine Differenz auf zwischen einer, ich möchte es eine allgemein grassierende Religiosität nennen, und dem Überlieferungs- und Lebenszusammenhang der historisch gewachsenen positiven Religionen, wie sie uns insbesondere im Judentum, Christentum und dem Islam begegnen – und dies mit Recht! Wenn wir eine solche Unterscheidung aufmachen, wäre freilich noch ein Wort zur Verhältnisbestimmung von beiden nötig, was wir hier nicht leisten können. Nur wenige Bemerkungen möchte ich machen, die ein Argument vorbereiten, das ich sodann zum Zuge bringen möchte.

Das Phänomen einer vagabundierenden Religiosität ist Tatsache. Diesbezüglich hat sich die Diskussionslage im Vergleich zu den Debatten in den 70er, 80er und auch noch Anfang der 90er Jahre erheblich geändert, in denen im Gegenzug zur radikalen Infragestellung durch die genetische Religionskritik in Gestalt etwa von Nietzsche, Feuerbach und Marx in Theologie und Religionsphilosophie eine zentrale Aufgabe darin gesehen wurde, die Religiosität als etwas zum Wesen des Menschen notwendig Hinzugehörendes zu entfalten. Die Debattenlage ist dadurch eine entscheidend andere, dass sich nun alle Welt religiös versteht. Dass dies erneut eine sowohl vernünftige als auch im eigentlichen Sinne theologische Religionskritik nötig macht, sollte unbestritten sein. Trotzdem: Das Phänomen haben wir zu registrieren und zumindest in einer vorläufigen Weise auch zu begreifen. Es scheint so zu sein, dass sich in der allgemein vagabundierenden Religiosität, von der die Gestimmtheit der Zeitgenossenschaft ganz offenbar geprägt ist, etwas ausdrückt, was sich aus dem Leben des Menschen ergibt, und zwar verstärkt in einer Welt, in der sich der Einzelne einem hochgesteigerten Rationalisierungs- und Globalisierungsschub und einer damit verbundenen Unübersichtlichkeit seiner Welt und seiner selbst in dieser Welt ausgesetzt sieht. Tiefergreifend könnte man sagen, darin zeigt sich das Religiöse als eine aus und mit dem Lebensvollzug des Einzelnen sich ergebende Dimension so, dass das Sichverstehen des Menschen nicht bei sich selbst und auf sich selbst begründet zu bleiben vermag, und daher im Vollzug seiner selbst immer schon auf einen absoluten Grund ausgreift – und zwar in einer zunächst ganz unbestimmten Weise, derer der Mensch sich dann im bewussten Sichverstehen durchsichtig wird.

Es gibt nicht nur dieses Phänomen, sondern es hat in der Moderne philosophische (und theologische) Bemühungen gegeben und es gibt sie noch, die den Ausgriff auf den absoluten Grund als einen mit dem sich verstehenden Lebensvollzug des Menschen gegebenen gedacht haben und denken.[2] Ich lasse das hier einmal so stehen, weil ich es nachher wieder aufgreife, wenn ich auf den Begriff der Vernunft und dasjenige eingehe, was zu ihrem eigentümlichen Geschäft gehört, will aber doch hier schon darauf hinweisen, dass Sie im Zuge Ihrer klärenden Distinktionen hinsichtlich des Vernunftbegriffs in eigentümlicher Weise die Frage des Sichverstehens – des „Erkenne dich selbst", um mit dem delphischen Orakel zu sprechen – nicht als eine, wenn nicht gar die zentrale Ursprungssituation des vernünftigen Denkens angesetzt und entfaltet haben. Damit kommt aber nicht nur ein marginaler Aspekt vernünftigen Denkens zu kurz, sondern es wird ein grundlegender Vollzug desselben, wie mir scheint, überspielt, in welchem Philosophie und Religion in eins laufen, und das ist die Frage nach dem Sichverstehen des Einzelnen in seiner Welt und den damit zusammenhängenden „Gegenständen".

2. Fides quae und fides qua oder: Gottes- und Selbsterkenntnis gehören zusammen und die Implikationen, die sich daraus für die Erkenntnis und Gewissheit des Glaubens ergeben

Dies führt mich nun sogleich zu der zweiten Unterscheidung, die Sie aufmachen und jeweils den einzelnen Konfessionen zuschreiben. Ich meine die Unterscheidung zwischen „fides quae" und „fides qua" und wie sich beide zueinander verhalten. Zu Recht sprechen Sie von einem „Dauerthema" der Theologie und nicht zu Unrecht nehmen Sie zunächst die evangelische Perspektive auf die Sache ein, indem Sie für die Zuordnung von fides qua und fides quae in der römischen Kirche hervorheben, dass hier – in der katholischen Fassung der Zuordnung beider – die von der Kirche in Gestalt des Dogmas vorgelegten Glaubensinhalte als credenda, als vom Subjekt zu glaubende Inhalte, behauptet werden, so dass der Glaube vornehmlich als Zustimmung zu diesen Glaubensgehalten verstanden sei.

Damit ist in der Tat das Selbstverständnis der römischen Auffassung vom Dogma getroffen, insofern dieses „von der Kirche – sei es in feierlicher Entscheidung oder kraft ihres gewöhnlichen und allgemeinen Lehramtes – als von Gott geoffenbart zu glauben vorgelegt wird"[3]. Und damit wird fürwahr ein gegenständliches Verständnis des Glaubensinhalts, nämlich in Gestalt von zu glaubenden Lehrsätzen, sowie ein Verständnis von Glauben als gehorsamer Zustimmung zu denselben behauptet. Polemisch gesagt: Anders lässt sich die Bedeutung der das Dogma formulierenden und es in seiner Wahrheit verbürgenden Kirche als Lehrautorität auch nicht halten. Und dies ist das Katholische an der Sache. Dabei wollen wir nicht verhehlen, dass die Argumentation der römischen Kirche durchaus differenziert ist und im II. Vatikanischen Konzil vor allem der Bedeutung des Wortes Gottes stärkere Betonung zukommen lässt als vormals; ebenso ist an die positive Funktion, die der Vernunft grundsätzlich beigemessen wird,[4] zu denken. Letztinstanzlich aber läuft die katholische Sicht der Dinge auf die beschriebene hinaus.

Gegen dieses Verständnis des Glaubens haben die Reformatoren polemisiert, indem sie auf den Glauben als Vollzug des Vertrauens abgestellt haben. Der Glaube nach reformatorischer und biblischer Überzeugung ist, wie Melanchthon es in der Confessio Augustana nachdrücklich festhält, nicht nur eine „Kenntnisnahme von" und „Zustimmung zu", sondern ein „Vertrauen auf", und zwar ein Vertrauen „im Leben und im Sterben", wie Sie selbst den Heidelberger Katechismus zitierend treffend unterstreichen. Wir müssen nun noch etwas genauer zusehen, welche Momente diese Bestimmung des Glaubens als „Vertrauen auf" und zwar „im Leben und Sterben" mit sich führt. Denn dies ist entscheidend dafür, wie hier von „Wahrheit" geredet wird.

Sie heben mit Recht hervor, dass auf evangelischer Seite nicht die Betonung einer rein subjektiven Haltung, keine gleichsam „belief-freie Haltung" gemeint sein kann. Dies wäre eine „Sackgasse", die zwar die „Wahrheitsfrage" los wäre, aber nicht dasjenige begründe, worauf es ankommt, wenn man sich „im Leben und im Sterben" darauf verlässt und verlassen können soll. Es ist interessant, dass Sie diese Ihre Einlassung späterhin in dieser Form nicht wieder konstruktiv aufgreifen. An der eben zitierten Stelle scheinen Sie nämlich durchaus davon auszugehen, und zwar wie ich meine mit Recht, dass „Wahrheit" und „Vertrauen auf", und zwar „im Leben und im Sterben", also mit einer Perspektive auf das Ganze des Lebens, einen Zusammenhang, und zwar im Vollzug der persönlichen Aneignung ausmachen. – Ich bin zwar kein Wittgenstein-Fan und allemal auch keine wirkliche Wittgenstein-Kennerin. Trotzdem sei er hier zitiert, weil er diese Dimension des Glaubens ziemlich gut beschrieben hat, und zwar im Blick auf einen Menschen, der an das jüngste Gericht glaubt, versus einen Menschen, der dies mit „Gründen" bestreitet: „Er hat das, was man einen unerschütterlichen Glauben nennt. Und der wird sich nicht beim Argumentieren oder beim Appell an die gewöhnliche Art von Gründen für den Glauben an die Richtigkeit von Annahmen zeigen, sondern vielmehr dadurch, dass er sein ganzes Leben regelt. Das ist eine viel stärkere Sache … In einem gewissen Sinne muss man so etwas den festesten Glauben nennen, weil dieser Mensch für diesen Glauben Dinge wagt, die er für andere, ihm weitaus besser demonstrierte Sachen nicht riskieren würde (nämlich sein ganzes Leben danach auszurichten, C. A.-P.). Obgleich er sonst zwischen gut begründeten und nicht gut begründeten Sachen zu unterscheiden pflegt".[5] –

Darauf – Wahrheit, Vertrauen auf, Perspektive auf das ganze Leben, und dies als einen Zusammenhang im Vollzug persönlicher Aneignung, wie eben gesagt – stellten die Reformatoren ab: Sie meinen keine rein subjektive Haltung, wenn sie vom „Vertrauen auf" sprechen, und überall dort, wo der neueste Neuprotestantismus in dieser Sache zur Einseitigkeit neigt, ist er entschieden zu kritisieren. Die Reformatoren meinen keine rein subjektive Haltung, sondern eine durch die fides quae bestimmte fides qua.

Nun würde uns diese Antwort nicht wirklich weiterführen, wenn nicht deutlich würde, dass eben die fides quae, also der Glaubensgegenstand, durch den die fides qua, der religiöse Vollzug, bestimmt ist, eben von der Art ist, dass er im Verstehen seiner selbst ein Selbstverstehen des Menschen, und zwar in einem mit sich führt. Das heißt: Der Glaubens"gegenstand" ist nicht von der Art und darum auch nicht in der Weise ein Gegenstand, dass ich mich zu ihm im Verhältnis der distanzierten Wahrnehmung oder auch nur der überzeugten Zustimmung befinde, d.h. er ist nur in einer sehr spezifischen Weise überhaupt ein „Gegenstand". Wenn ich mich zu ihm verhalte in der distanzierten Bezugnahme, dann verfehle ich gerade Gott als spezifischen „Gegenstand" des Glaubens. Vielmehr gehören Gottes- und Selbsterkenntnis im strikten Sinne zusammen, will heißen die Gotteserkenntnis führt eodem actu ein spezifisches Selbstverstehen des Menschen mit sich und umgekehrt: Jede Selbsterkenntnis führt – sei es implizit oder explizit – eine Gotteserkenntnis mit sich, sprich: Es gibt überhaupt kein Sichverstehen außerhalb der Gottesbeziehung.

Was das heißt, erläutert Luther etwa im Kleinen Katechismus, wo er die Glaubensartikel auslegt, so etwa den ersten: Ich glaube an Gott den Vater. Was ist das? „Ich glaube, dass mich Gott geschaffen hat samt allen Kreaturen", und dies auf den Selbstvollzug des Einzelnen, mithin auf die persönliche Aneignung hin auslegt.[6] Was das heißt, erläutert Calvin im ersten Kapitel der Institutio religionis christianae, wo er festhält, dass Gottes- und Selbsterkenntnis zusammengehören und sich wechselseitig bedingen. Ganz entsprechend wird man die altprotestantischen Väter und ihren Theologiebegriff zu verstehen haben, wenn sie darauf dringen, Theologie sei eine praktische und keine rein theoretische Wissenschaft. Schleiermachers Theologie ist die Durchführung eines solchen Versuchs, Bultmann will entsprechend verstanden sein und nicht zuletzt dürfte auch das Theologieprogramm Karl Barths trotz behaupteter steiler Gegenstandsbezogenheit der Theologie darauf zumindest hinauswollen.

Auf jeden Fall wäre über diesen Gedanken zu sprechen, wenn diesbezüglich über Wahrheit und über vernünftige Wahrheit gesprochen wird. Sie scheinen dies im letzten Teil Ihrer Ausführungen durchaus zu sehen und auch zu würdigen, wenn Sie nämlich davon sprechen, dass es auf „subjektive Evidenzerlebnisse" ankomme, die nicht ausgeschaltet werden dürften, nämlich durch Fixierung auf die Annahme bestimmter Lehren, bzw. durch einen fundamentalistischen Bezug auf die Schrift als buchstäblich verstandenes Gotteswort. Hier erlaube ich mir die Ergänzung, dass im evangelischen Christentum das Buch nicht in derselben Weise in Anschlag gebracht wird, wie dies im Islam für den Koran gilt. Es geht hier also nicht um die buchstäbliche Inspiriertheit, wohl aber um die Inspiriertheit des zentralen Textsinns, und dieser wiederum ist von der Art, durch den Heiligen Geist vermittelt zu werden, d.h. auf die persönliche Aneignung abzuzielen.

Der Johanneische Christus bringt den von mir angedeuteten Zusammenhang in den Satz: „Ich bin der Weg, die Wahrheit und das Leben" (Joh 14,6); und dieser Satz ist als ein Zusammenhang zu verstehen. Damit ist angedeutet, dass hier mehr und anderes gemeint ist, als ein bloß kognitivistischer Gegenstandsbezug. Damit ist auch etwas anderes als ein bloßes Wissen gemeint und ebenso eine andere Form von Gewissheit, als jene, welche sich aus einem kognitivistischen Gegenstandsbezug ergibt. Ich komme darauf zurück. Wie gesagt, Sie scheinen dies durchaus anzuerkennen, wenn Sie von „persönlichen Evidenzerlebnissen" sprechen und überhaupt mit Ihrer Kritik am kognitivistischen Vernunft- und Glaubensverständnis.

Oben sagte ich, dass es die Frage nach dem Sichverstehen des Einzelnen in seiner Welt und die damit zusammenhängenden „Gegenstände" ist, in welcher Philosophie und Religion in eins zusammenlaufen. Dass Weg, Wahrheit und Leben einen Verstehenszusammenhang bilden, das, so meine ich, ist durchaus eine Grundeinsicht, welche die Philosophie, zumindest da, wo sie sich nicht bloß als eine beigeordnete Variante im Ensemble der ausdifferenzierten Wissenschaften versteht, mit der Religion teilt. Da, wo die Philosophie sich so begreift, ist und war die Nähe zur Theologie immer auch gegeben.

Hier wäre nun ein kleiner Disput zum Selbstverständnis von Philosophie, zu dem Sie unter dem Stichwort „Vernunft" einige Bemerkungen gemacht haben, nötig. Mir ist nicht recht klar, wie Sie selbst sich positionieren innerhalb der „langen Ausdifferenzierungsgeschichte des Vernunftkonzeptes", die Sie knapp umrissen haben. Deutlich ist mir die Abgrenzung zum katholischen Vernunftverständnis, insofern es Ihrer Überzeugung nach auf einem rein „kognitivistischen Vernunftverständnis" aufruht. In gewisser Weise verstehe ich auch, dass und warum Sie auf die Differenzierungen im Vernunftverständnis aufmerksam machen, die sich in der Geschichte der Philosophie, vor allem in der Moderne, entwickelt haben und muss Ihre Ausführungen wohl als Ausdruck einer gewissen Sympathie für die Erklärung des „Endes der Metaphysik" lesen. Mehrfach fällt das Wort „metaphysikverdächtig". Dies setzt natürlich voraus, dass wir geklärt haben, was Metaphysik ist, warum sie als verabschiedungswürdig zu betrachten ist. Und dies wiederum bedingt die Frage danach, ob dies in der gegenwärtigen Philosophie schon als das letzte Wort über die Metaphysik auszumachen ist. Wir lassen dies vorerst beiseite und kommen auf die „Ausdifferenzierung der Rationalitätskonzepte" zurück.

Selbst der Vatikan hat – entgegen Ihrer Vermutung – davon eine Ahnung, denn die besagte Ausdifferenzierung bildet gerade den Ausgangspunkt für die Überlegungen des Papstes zu einem, wie er sagt, tiefergehenden Verständnis von Vernunft. Es wird vom Papst nicht bestritten, dass es in der Geschichte der Philosophie, insonderheit in der jüngsten Moderne, eine wie Sie sagen „Pluralität von Rationalitäten" gibt. Darin wird jedoch von Benedikt eine „Selbstbeschränkung der Vernunft" gesehen und daher eine „Ausweitung unseres Vernunftbegriffs und – gebrauchs" gefordert. Ich muss sagen, die damit einhergehende Kritik an der reformatorischen und neuprotestantischen Theologie ebenso wie an Kant, basiert auf einer groben Verzeichnung der kritisierten Positionen. Aber dasjenige, was hier inhaltlich zu bedenken gegeben wird, ist durchaus bedenkenswert: der Gedanke nämlich, dass es eine Selbstbeschränkung der Vernunft darstellt, nicht „letzte Gedanken"[7] zu denken.

Anders gesagt: Die Frage ist in der Tat, ob aus Gründen der Vernunft (!) bei dem bloßen Nebeneinander einer Pluralität von Rationalitätskonzeptionen und der damit einhergehenden Selbstbeschränkung der Vernunft auf ´metaphysikfreie` bzw. `religionsfreie Zonen´ stehen geblieben werden kann und darf? Der von Ihnen zitierte Titel „Die eine Vernunft und die vielen Rationalitäten" könnte ja durchaus auch so verstanden werden, dass mit der Vielheit von Rationalitätskonzepten die Frage nach der einen Vernunft nicht verabschiedet, sondern in anderer Gestalt wieder auftaucht, und dann könnte die Vernunft auch noch von der Notwendigkeit von „letzten Gedanken" eingeholt werden. Jedenfalls ist darüber ein Diskurs zu führen – und wie die eine Vernunft nicht von vorneherein hypostasiert werden darf, ebenso wenig darf m. E. die Vielheit der Rationalitätskonzepte so ohne weiteres hypostasiert werden. Auch im Blick auf Diltheys sinntheoretisches Denken wäre noch einmal zu fragen, ob „Sinnverstehen" im strengen Sinne theoretisch und praktisch ohne religiöse Implikationen auskommt.

Nachdenkenswert ist auch der Begründungszusammenhang, den Benedikt für diese „Ausweitung unseres Vernunftbegriffs und -gebrauchs" auf letzte Gedanken hin aufmacht: nämlich das Sichverstehen des Menschen. Benedikt nennt die „eigentlich menschlichen Fragen, die nach unserem Woher und Wohin". Man kann das auch das Erfahrungsbewusstsein des Menschen in seiner Welt nennen, das eine Reflexion auf die Implikationen desselben notwendig macht und so einen Ausgriff der Vernunft auf letzte Gedanken mit sich führt. Es ist mir durchaus klar, dass für eine solche Behauptung ein erheblicher Begründungsaufwand notwendig ist.[8] Wir können dies aber zunächst beiseite legen und zumindest die Frage bündig formulieren: Wir würden gerne Ihre Meinung dazu hören, ob ein Sichverstehen des Menschen in seiner Welt „letzte Gedanken" mit sich führt und ob darin ein Kerngeschäft dessen, was wir Vernunft im Unterschied zum bloßen Verstand und einer möglichen Vielfalt von Rationalitätskonzepten nennen, liegt. Und weiter, ob dieses Sichverstehen, wenn es expliziert wird, nachvollziehbar und verstehbar genannt zu werden verdient, wenn denn auch die bloße Nachvollziehbarkeit des Gedankens es noch lange nicht nach sich zieht, dass man sein Leben im Horizont eines solchen Sichverstehens auch faktisch vollzieht. Oder anders gesagt: Wohl auch das Sichverstehen im Horizont letzter Gedanken lässt sich mit vernünftigen Gründen nicht andemonstrieren.

3. Zum Paradox des christlichen Glaubens

Nun möchte ich auf einen grundlegenden Unterschied zwischen allgemeiner Religiosität und positiver Religion, zwischen vernünftigem Sichverstehen in und auf letzte Gedanken hin und dem christlichen Glauben hinweisen, wie er sich aus der Perspektive der christlichen Religion ergibt und sich umgekehrt auch aus der Außenperspektive der Philosophie auf den christlichen Glaubens darstellt. Wir haben den entscheidenden Unterschied bereits durch das Zitat aus dem Johannesevangelium genannt. Ich bin – der Weg, die Wahrheit und das Leben. Es ist evident und in der Geschichte des Verhältnisses von Theologie und Philosophie immer auch hervorgetreten, dass in diesem „Ich bin" die Trennlinie zwischen beiden liegt.[9] Für die platonische Philosophie und wohl für jede Philosophie ist es schlicht ein Paradox, dass die „Wahrheit" in einer historischen Person in Raum und Zeit erscheint. Zwar gibt es durchaus auch philosophische Versuche, der Christusgestalt eine stärkere Bedeutung zuzumessen – ich denke an Herder, Kant und Hegel –, aber dies läuft letztlich doch auf eine andere Konzeption von „Wirkungsgeschichte" hinaus, als dies für den Glauben und seine Bezogenheit auf Person und Werk Jesu Christi behauptet wird. Für den Glauben hängt an diesem „Ich bin" eben – der Weg, die Wahrheit und das Leben.

Mit Recht heben Sie hervor, dass der Vatikan im Unterschied zu Platon, der von der reinen intellektuellen Anschauung der göttlichen Ideen spricht, „die Offenbarungsevidenz in die Geschichte, also in Raum und Zeit verlegt" und evangelischerseits davon gesprochen wird, dass „Jesus Christus die Wahrheit des Evangeliums in Person ist". Um diesen Punkt muss gestritten werden und ist immer gestritten worden, wenn das Verhältnis von Vernunft und Glaube bedacht wird. Den eigentlichen Streitpunkt haben wir bereits genauer bestimmt: Es geht nicht primär um eine noch so bedeutende Wirkungsgeschichte Jesu Christi, der man sich mit Mitteln der historischen Rationalität zu nähern versuchen kann, was unbestritten annähernd möglich und durchaus auch nötig ist. Es geht auch nicht nur um die exemplarische Anschauung einer Idee des gottgefälligen Lebens, auf welche die Vernunft durch sie selber kommen kann und die sie aus sich heraus in die Verwirklichung zu führen vermag. Es geht um die Gewissheit des Glaubens, die sich so eben nur im Glauben an Jesus Christus erschließt.

Ich füge an, dass das Paradox der Wahrheit in personifizierter Gestalt in Raum und Zeit noch dadurch gesteigert wird, dass die Wahrheit in der so erscheinenden Gestalt eben nicht gleichsam evident zu Tage liegt. Es ist die Niedrigkeit der Gestalt Jesu und seines Weges, insofern in ihr Gott in Erscheinung getreten sein soll, die dem Denken und Verstehen Probleme bereitet. Hier gibt es nur eine Ausnahme, und das ist Hegel, und der wiederum zeigt sich in dieser Hinsicht – wie überhaupt – als ein durch und durch lutherisch gefärbter Denker, genauer ein Denker, der den spekulativen Gehalt lutherischer Frömmigkeit in seinem Denken gleichsam gehoben hat. Dies, die Niedrigkeit Jesu Christi, ist etwas, was das evangelische Christentum beharrlich anmahnt. Denn mit der Niedrigkeit der Erscheinung Jesu geht einher, dass das Erkennen seiner Gottheit kein evidentes ist, wie Markus 8 berichtet.[10] Jesus weist hier ein vollmundiges Christusbekenntnis zurück, und seine Begründung deutet auf das eben Gesagte hin: Petrus redet „menschlich" von Christus und „nicht göttlich", denn er verkennt, dass es zum Christus gehört, dass er viel leiden muss und verworfen werden wird (Mk 8, 29ff Par.). Es ist dieses

Zentrum des christologischen Glaubens, das der Weltweisheit als Torheit gilt (vgl. insgesamt 1Kor 2), ja gelten muss.

Was aber soll damit im Blick auf die spezifische Gewissheit des Glaubens und ihre Konstitutionsbedingungen gesagt sein und was über die Vernunft, und zwar über die Vernunft in einem ganz allgemeinen Sinn, nämlich als ein Vermögen oder eine Fähigkeit, die dem Menschen aus sich heraus zur Erschließung von Welt und Selbst zur Verfügung steht? Nun, was die spezifische Gewissheit des Glaubens angeht, haben Sie selbst einen Vorschlag zum Verstehen genannt, der lautet: „Jesus ist als Person die Evidenz der Offenbarung Gottes, denn wer ihn sieht, der sieht den ‚Vater' und versteht den damit verbundenen Logos". Es wäre die Frage, ob das für Sie eine überzeugende Auffassung ist oder nicht. So wie ich es bei Ihnen lese, ist dies noch relativ offen.

Nach allem, was ich bislang ausgeführt habe, geht es im christlichen Glauben um eine Gewissheit, die durch eine Wahrheit konstituiert wird, welche auf die persönliche Aneignung und also auf ihre Bewahrheitung im Selbstvollzug des Einzelnen zielt. Mit dem „Ich bin" geht die Verheißung einher, dass der Geist die Erkenntnis der Wahrheit bringt und in die Freiheit führt, beides wiederum als ein Vollzug. – Und nebenbei bemerkt, der Vorteil der christlichen Glaubenstheologie liegt darin, dass sie über die Konstitutionsbedingungen der Freiheit eines Christenmenschen Auskunft gibt. Denn auch hierin liegt die Bedeutung der Trinitätslehre mit Schwerpunkt auf der christologisch begründeten Pneumatologie.

Es ist damit auch etwas über die Grenzen der bloßen Vernunft gesagt, einer Vernunft, die sich als ein Vermögen versteht und vollzieht, durch sich selber und aus sich selbst heraus den Einzelnen und seine Welt verstehen zu wollen. Selbst einer Vernunft, die innerhalb der bloßen Vernunft sich zu letzten Gedanken aufschwingt wie diejenige Kants und Hegels, ist dadurch eine Grenze gesetzt.

Keiner hat in der Philosophie diese Grenze, die der Vernunft durch sich selbst gesetzt ist, eindrücklicher beschrieben als Sören Kierkegaard[11], und zwar – das ist die Pointe seiner Interpretation – unter durchaus konstruktiver Aufnahme der höchstreflektierten Formen philosophischer Selbstverständigung in Gestalt von Kant, Fichte und Hegel, also jener Konzeptionen, die auf letzte Gedanken ausgreifen. Auf den Punkt gebracht lautet Kierkegaards Urteil: Die Vernunft muss „von außen" her über sich selbst erhoben werden, um in die Bewegung der Wahrheit eingeholt zu werden. Um in die Bewegung der Wahrheit eingeholt zu werden, habe ich formuliert, und damit ist deutlich, dass dieses „von außen" Kommende kein abstrakt Vorausgesetztes ist, sondern ein Kommendes, das den Einzelnen in die Wahrheit führt und so freimacht (Joh 16, 13; 2 Kor 3,17).

Anmerkungen

1 Für die Veröffentlichung wurde der Redestil beibehalten und die Anmerkungen auf das Allernötigste beschränkt.

2 In der Philosophie der Moderne ist vor allem auf Descartes hinzuweisen, ebenso auf Fichte und Hegel, aber auch auf Kant und in der gegenwärtigen Philosophie besonders auf die Arbeiten von Dieter Henrich zum Verhältnis von Selbstsein und Selbstdenken. In der Theologie sind es vor allem Schleiermacher und Kierkegaard gewesen, die auf den im Selbstvollzug des Menschen immer schon mitgesetzten Gottesbezug reflektiert haben und damit die These reformatorischer Theologie, dass Gottes- und Selbsterkenntnis zusammen gehören, unter neuzeitlichen Bedingungen reformuliert haben. Für die Debatte in der zeitgenössischen Theologie sei auf die Arbeiten von Pannenberg und sowie auf diejenigen von Ulrich Barth und Jörg Dierken verwiesen.

3 Enchiridion symbolorum definitionum et declarationum de rebus fidei et morum = Kompendium der Glaubensbekenntnisse und kirchlichen Lehrentscheidungen/ Heinrich Denzinger. Verb., erw., ins Dt. übertr. und unter Mitarb. von Helmut Hoping hrsg. von Peter Hünermann , 39. Aufl. Freiburg 2001, Nr. 3011.

4 Hierzu ist neben der Regenburger Rede von Papst Benedikt vor allem die Enzyklika „fides et ratio" vom 14. September 1998 von Johannes Paul II. zu vergleichen.

5 L. Wittgenstein, Lectures and Conversations on Aesthetics, Psychology and Religious Belief, hg. v. Cyril Barrett, Berkeley 1966; deutsch: Vorlesungen und Gespräche über Ästhetik, Psychologie und Religion übersetzt von Eberhard Bubser, Göttingen 1968, 87. Ähnliches dürfte J. Habermas meinen, wenn er den spezifischen Charakter von Glaubenswahrheiten bzw. „religiösen Einstellungen" im Blick hat bzw. wenn in der neueren Diskussion im Blick auf den Glauben von ihm als einer „Lebensform" die Rede ist.

6 Vgl. Bekenntnisschriften der lutherischen Kirche, Göttingen 9. Aufl. 1982 u.ö. , 510f.

7 Dies ist eine Formulierung, die ich von Dieter Henrich übernommen habe.

8 Vgl. dazu die Arbeiten der unter Anm. 2 genannten Autoren.

9 Mit der Bedeutung des „Ich bin" hängt dann auch die Bedeutung der Bibel, und zwar nicht als buchstäblich zu verstehender Text, wohl aber als Bezeugung des „Ich bin", sowie die Bedeutung des Kultus und – davon noch einmal wohl zu unterscheiden –

die vermittelte Funktion der kirchlichen Lehre zusammen, sprich dasjenige, wodurch die positive Religion spezifisch gekennzeichnet ist, was Hegel als Philosophen dann auch dazu geführt hat, sie in den philosophischen Begriff aufheben zu wollen. Mit diesem „Ich bin" hängt nicht nur die spezifische Form seiner Aneignung im Glauben zusammen, sondern auch die damit verbundene Erlösungsvorstellung sowie die entsprechende Anthropologie, alles Dinge, die aus der Innenperspektive der christlichen Religion für diese konstitutiv sind und aus der Außenperspektive als anstößig erscheinen.

[10] Die Enzyklika „fides et ratio" bringt diesen Aspekt der Erkenntnis des Gottmenschen von seiner Niedrigkeit her stärker zum Zuge. Vgl. Nr. 23 und 93.

[11] Für unseren Zusammenhang vgl. bes. Sören Kierkegaard, Philosophische Brocken oder ein Bröckchen Philosophie (1844) in: Gesammelte Werke, hg. v. E.Hirsch/H.Gerdes, Abt. 10, Gütersloh 2. Aufl. 1985; sowie S. Kierkegaard, Abschließende unwissenschaftliche Nachschrift zu den philosophischen Brocken, Gesammelte Werke, Abt.16, Gütersloh 1969. Kierkegaards Überlegungen habe ich beleuchtet in: Chr. Axt-Piscalar, Schuldbewußtsein – Inkarnationsgedanke – Glaubenssprung. Zum apologetischen Denkprojekt des Climacus in Kierkegaards „Unwissenschaftlicher Nachschrift", Kierkegaard Studies Yearbook, Berlin/New York 2005, 224-241.

Herbert Schnädelbach, Christine Axt-Piscalar und Markus Enders im Gespräch

Herbert Schnädelbach:

Sie haben sehr viele Punkte angesprochen, und dazu kann ich mich nur selektiv verhalten. Zunächst möchte ich sagen: Sie haben unser Gespräch ja nicht nur eröffnet, sondern gleich weitergeführt, und dafür bin ich erst einmal dankbar. Was Ihren dritten Teil betrifft, so kann ich nur mit Adorno sagen: „Dem Ignoranten ist alles neu". Das alles habe ich mit großen Ohren gehört, denn das war eine richtige theologische Vorlesung über das „Ich bin". Die muss ich erst einmal verdauen, ehe ich etwas dazu etwas sagen kann. Sie erfordert auf meiner Seite weiteres Nachdenken.

Wie ist der Stand der Debatte? Ich habe versucht, zunächst einmal ein paar ganz elementare Unterscheidungen ins Spiel zu bringen, die nach meinem Eindruck in der protestantischen Debatte über die Regensburger Vorlesung des Papstes nicht getroffen wurden; das sollte mein Beitrag zu dieser Tagung sein. Ich meine damit, dass man zwischen verschiedenen Geltungsansprüchen ebenso unterscheiden sollte wie zwischen Gewissheit und Wissen, dass man die verschiedenen Glaubensbegriffe ein bisschen auseinander zu halten hätte und ähnliches. Und dann wollte ich zeigen, dass auch die Texte, die diese Tagung wesentlich angeregt haben – also die Papstvorlesung, aber auch die einschlägigen Texte des Vaticanum I und II, und dann vor allem die Enzyklika *Fides et ratio* von Johannes Paul II, – ganz gewichtige Defizite aufweisen, was Verständlichkeit und Klarheit betrifft; das sah ich als meine ganz begrenzte Aufgabe an.

Was Sie gemacht haben, finde ich sehr dankenswert, denn Sie haben versucht, alle diese Unterscheidungen, die ich angedeutet habe, mit Gründen zwar nicht rückgängig zu machen, aber doch wieder in Beziehung zueinander zu setzen. Und weil Sie Hegel zitieren, ist das auch eine völlig legitime Methode. Man hat freilich häufig vergessen, gerade wenn man über so etwas wie Dialektik redete, dass man genau dann, wenn man Verbindungen und Verknüpfungen herstellen möchte, erst einmal klare Unterscheidungen voraussetzen muss. Sonst wird gar nichts klar. und alle Katzen sind grau, wie Hegel selbst sagt.

Nun vielleicht noch etwas zu einigen Punkten, die mir wichtig sind. Was die Sache mit der Religiosität betrifft, so werden Sie mir verzeihen, dass ich auch da wieder ganz schulmeisterlich werde. Ich habe festgestellt, dass von Religiosität in unseren Diskursen heute mindestens in drei verschiedener Weise die Rede ist. Zum einen wird damit gemeint, Religiosität sei gleich Spiritualität, also eine bestimmte Erlebnisqualität, die man irgendwie abrufen kann bei Kirchentagen oder anderen religiösen Großevents und wo auch immer. Sie scheint man zur eigenen Wellness hin und wieder zu brauchen – als ästhetische Ergänzung. Das ist Religiosität im Unterschied zu Religion, denn Religion ist ja wohl etwas, was den ganzen Menschen ergreift und sein Leben bestimmt; aber davon kann ja wohl hier nicht die Rede sein.

Eine andere Position vertritt – und das haben Sie auch gesagt – Religiosität sei ein Existential oder ein menschliches Apriori. Das will ich jetzt nicht kommentieren, aber es handelt sich hier sicher eine andere Redeweise; da ist Religiosität anders besetzt. Und dann (drittens) Religiosität im Sinne dessen, was Sie sehr sinnvoll und sehr unterstützenswert eingeführt haben, nämlich Religiosität als eine Dimension des menschlichen Selbstverständnisses. Das ist auch ganz wichtig und etwas anderes als nur eine unbestimmte apriorische Anlage zum Frommsein. Ich denke, wir sollten versuchen, mit diesen Unterscheidungen weiter zu operieren, und dies gerade auch auf dieser Tagung.

Mir hat sehr gefallen, dass Sie moniert haben, dass bisher bei der Frage des Verstehens der Religion so wenig vom Sich-Verstehen die Rede war. Ich hatte zunächst nur darauf hingewiesen, dass es sich, wenn es um die Vernunft der Religion geht, mindestens um drei Geltungsansprüche handelt: Wahrheit, normative Richtigkeit und Verständlichkeit. Hier möchte ich gleich einflechten, dass es ein grobes Missverständnis wäre, mir zu unterstellen, ich sei mit dem Pluralismus der vielen Rationalitäten glücklich. Sondern der schöne Titel einer Festschrift für Karl Otto Apel *Die eine Vernunft und die vielen Rationalitäten* ist ein Problemtitel. Wir können uns weder auf eine einheitliche Vernunftkonzeption zurückbeziehen, noch können wir die faktische Pluralität hier einfach auf sich beruhen lassen. In meinen Arbeiten habe ich selber versucht, mit dieser Situation irgendwie fertig zu werden. Dazu ganz kurz zwei Thesen. Die eine These ist: Man darf bei der Vielfalt der verschiedenen

Rationalitätsformen nicht stehen bleiben, sondern man muss versuchen, sie in einer Typologie zu ordnen, und dazu habe ich einen Vorschlag gemacht. Die zweite These besagt, dass die Verständlichkeit der Basistypus von Rationalität überhaupt ist, so dass dann alle anderen Rationalitätsformen in Wahrheit Ausdifferenzierungen von Verständlichkeit sind. Damit bin ich ganz auf der Seite von Habermas, demzufolge kommunikatives Handeln die Basis dessen bereitstellt, was wir als unsere Vernunft ansehen

Damit ist dann auch verbunden, was Sie über Metaphysik gesagt haben. Ich habe selber schon vor bald zwanzig Jahren ausdrücklich protestiert gegen die Rede vom nachmetaphysischen Zeitalter. Ich behaupte keineswegs, wir können oder sollten keine letzten Gedanken denken; in diesem Sinn hatte ja auch damals Dieter Henrich die Metaphysik gegen Habermas verteidigt. Sondern ich finde mit Kant, dass wir gar nicht anders können als letzte Gedanken zu denken; nur dürfen wir damit keine starken Geltungsansprüche verbinden. Und dann meine ich, dass wir doch alle eine implizite Metaphysik teilen, wenn auch nur eine *metafisica povvera*, wie Wolfram Hogrebe dies einmal nannte. Ich glaube, wir sind von zwei Dingen überzeugt, ohne dass wir sie beweisen könnten: von der Endlichkeit unserer Vernunft und von unserer Freiheit. Das sind wohl die metaphysischen Grundbestimmungen, die unser Denken bewusst oder unbewusst leiten.

Was das Sich-Verstehen betrifft, das scheint mir dies aus dem zu folgen, was man mit dem Geltungsanspruch ‚Verständlichkeit' letztlich zu verbinden hat. Denn es ist völlig klar, dass ich, wenn ich etwas verstehen will, es wieder nur kontextuell verstehen kann, und dann muss ich auch den Kontext selbst verstehen. Und hier meine ich, dass dann der letzte Bezugspunkt, den man aber gewissermaßen nur regulativ ansteuern kann, tatsächlich unser Selbstverständnis in dieser Welt zu sein hat. Das ist wohl der Horizont, in dem alle Verständlichkeit letztlich situiert ist.

Christine Axt-Piscaler:

Ich bin dankbar für Ihre Antworten. Mir ist das schon in etwa deutlich gewesen, dass Sie das wohl so sagen würden, wenn man Sie ganz direkt danach fragt. Aus Ihrem Vortrag konnte man das jedoch nicht heraushören, weil Sie es so auch nicht entfaltet haben. Deswegen war das von mir ein produktives Provozieren von Ihnen. Die Argumentation über das Sich-Verstehen haben Sie mir als eine sinnvolle zugegeben. Sie haben ferner die Problematisierung der Vielheit der Rationalitätskonzepte und die daraus erwachsende Aufgabe einer tiefergehenden Vernunftskonzeption zugegeben. Schließlich können Sie über das Sich-Verstehen sich ergebende „letzte Gedanken" für notwendig erachten. Damit haben Sie auch schon etwas darüber gesagt, was wir unter Religiosität verstehen wollen, nämlich nicht Wellness und auch nicht die bloße Anlage, sondern den eben beschriebenen, sich aus dem Sich-Selbst-Verstehen des Menschen sich ergebenden Ausgriff auf den „absoluten Grund", anders gesagt: den Ausgriff auf letzte Gedanken hin. In den genannten Aspekten sind wir uns weitgehend einig. Sie haben auch bereits Momente des endlichen Selbstvollzugs genannt, an denen man anknüpfen kann, um die religiöse Thematik im eben bezeichneten Sinn zu entfalten: die Endlichkeit und die Freiheit des Menschen. Im Blick auf das Ich-bin des Johanneischen Christus, haben Sie selber den Finger auf die entscheidende Stelle gelegt. Der Philosoph nimmt Anstand daran, dass hier eine Religion auftritt, in deren Mittelpunkt die Wahrheit in einer Person in Raum und Zeit erschien, da war und ist und sein wird. Ich wiederum habe gesagt, dies gehört zum Spezifikum des Selbstverständnisses der christlichen Religionen, mit den zugehörigen anderen Inhalten, wie der Bedeutung der heiligen Schrift, des Kultus, der Erlösungsvorstellung und der entsprechenden Anthropologie. Darüber müsste man dann noch einmal weiter streiten. Ich habe nicht gesagt, dass dies vernünftig kompatibel ist. Im Gegenteil, ich habe vom Paradox gesprochen, das sich dem vernünftigen Denken entzieht. Wie man dann noch einmal von der Vernunft her diese Inhalte der christlichen denkerisch angehen könnte, da, glaube ich, können wir viel bei Kant lernen, nämlich bei dem Kant der Religionsschrift. Aber das muss uns jetzt nicht weiter beschäftigen.

Markus Enders:

Darauf, dass der Papst, wie auch schon von Frau Axt-Piscalar klargestellt hat, tatsächlich kein uniformes Vernunftverständnis vertritt, möchte ich in meinem morgigen Vortrag noch näher eingehen. Ich habe zu Beginn in durchaus traditioneller Weise zwischen dem kognitiven Gehalt des christlichen Glaubens auf der einen und dem Glauben als existentiellem Wagnis bzw. als persönlicher Entscheidung und damit zwischen einer objektiven und einer subjektiven Seite des Glaubens unterschieden. Es herrschte in den lehramtlichen Dokumenten der römisch-katholischen

Kirche noch bis weit in das 20. Jahrhundert hinein ein sogenanntes instruktivistisches Offenbarungs- und Glaubensverständnis vor. Von diesem wurde zu einseitig die objektive bzw. genauer doktrinale Seite des christlichen Glaubens als eines systematisch geordneten Zusammenhangs von Lehrsätzen betont, die subjektive Seite der persönlichen Glaubensgewissheit jedoch weitgehend ausgeblendet. Das Zweite Vatikanische Konzil hat nun dieses instruktivistische durch ein dialogisches Glaubensverständnis zwar nicht ersetzt, aber zumindest ergänzt. Das Defizit oder Manko eines einseitig instruktivistischen Glaubensverständnisses wurde also katholischerseits durchaus gesehen und ausgeglichen. Das römisch-katholische Glaubens- und Offenbarungsverständnis darf daher nicht auf ein rein instruktivistisches eingeschränkt werden.

In diesem Zusammenhang haben Sie (sc. Prof. Schnädelbach), wenn ich Sie recht verstanden habe, ein intuitionistisches Evidenzverständnis der religiösen Glaubensgewissheit vertreten. Dieses scheint mir allerdings ebenfalls zu einseitig zu sein, denn der christliche Glaube beansprucht durchaus, den Charakter einer (wahren) urteilenden Stellungnahme zur Wirklichkeit zu besitzen, besitzt also einen Behauptungs- und Urteilscharakter, und zwar in Bezug auf das Ganze der Wirklichkeit, insbesondere hinsichtlich ihres Ursprungs und ihrer Zielursache. Dies aber ist kein Spezifikum des Christentums. Denn fast jeder religiöse Glaube, insbesondere der der drei großen westlichen monotheistischen Offenbarungsreligionen, hat sowohl einen solchen kognitiv-objektiven als auch einen subjektiven Aspekt. Ein intuitionistisches Evidenzmodell eines religiösen Glaubens, welches alleine dessen subjektivem Aspekt gerecht wird, wäre folglich sachlich ergänzungsbedürftig. Nach einem solchen Modell kann es genau genommen auch keine rational ausweisbare Wahrheit in der subjektiven Glaubensgewissheit geben. Demgegenüber ist jedoch daran festzuhalten, dass sich die beiden Seiten des religiösen, insbesondere des christlichen, Glaubens, dessen objektive und dessen subjektive Seite, tatsächlich komplementär zueinander verhalten. Man kann nämlich dadurch, dass man rein rationale Argumente für bestimmte Glaubensannahmen entwickelt, die einen Wahrheitsanspruch erheben, auch das subjektive Gewissheitsmoment des religiösen Glaubens bestärken, motivieren und teilweise sogar erst induzieren. Das ist ja auch Sinn und Zweck der Unternehmung, die Vernünftigkeit des Glaubens herauszustellen bzw. die persönliche Zustimmung zum Glaubensinhalt mit Hilfe von Argumenten bzw. von Plausibilitätsgründen und Wahrscheinlichkeitsannahmen für dessen objektive Wahrheit zu stärken oder überhaupt erst hervorzubringen.

Herbert Schnädelbach:

Also zunächst: Ich habe mich ja nur auf die Schriften beziehen können, die ich zitiert habe: vor allem auf die Enzyklika, an der wohl auch ein Philosoph maßgeblich beteiligt war, nach meiner Kenntnis Vittorio Hösle. Worauf Sie hinweisen, das habe ich dort nicht gefunden. Ob es sich hier tatsächlich um eine Abschwächung gegenüber dem ersten Vaticanum handelt, ist eine historische Frage.

Dann möchte ich unterstreichen, was der Teilnehmer da hinten gesagt hat. Ich glaube, es gibt eine sachliche prinzipielle Differenz zwischen Evidenzerfahrungen und Wahrscheinlichkeiten oder der Steigerung von Zustimmungsfähigkeit. Das liegt auf zwei verschiedenen Ebenen. Darum bestreite ich, dass man Glaubensgewissheiten erzeugen kann durch Argumente oder historische Hinweise. Insofern glaube ich schon, dass es offenbar doch so etwas gibt wie ein Element des Glaubens als Geschenk. Ich würde mich nicht als gläubig bezeichnen, aber diejenigen, die wirklich von ihrem Glauben sprechen können, sagen stets: „Mir ist das irgendwie widerfahren". Das ist die alte Lehre, dass der Glaube aus der Predigt kommt, und dass er das Werk des Heiligen Geistes ist. Man kann sich doch nicht dazu entschließen, zu glauben. Und selbst wenn ich mich entschließe, wie das in der Enzyklika heißt, das Gehorsam für gewiss zu halten, was mir die Kirchenlehre darbietet, habe ich jene Glaubensgewissheit nicht.

Zwei Punkte möchte ich noch ganz kurz andeuten. Ich habe natürlich wahrgenommen, dass der Papst auch vom Vernunftpluralismus ausgeht. Aber es ist doch ein starkes Stück zu sagen, genau dieser Vernunftpluralismus sei der defizitäre Zustand. Und wie kann er den als defizitär bezeichnen? Indem er auf ein vorneuzeitliches Vernunftverständnis zurückgreift, nämlich auf das platonisch-stoische. Und genau das wird dann plötzlich als die fehlende Ergänzung und zugleich als die Wiedervereinigung des Pluralismus der Vernunft ausgeben. Nur wenn man als vorkritischer Philosoph auftritt, der Kant nicht ernst nimmt, kann man so etwas behaupten. Einen solchen Rückgriff auf die Einheit der Vernunft vermag ich nicht nachzuvollziehen.

Was die Endlichkeit der Vernunft betrifft, da habe ich ja vorhin selber gesagt, das sei so ein letzter metaphysischer Gedanke, den man nicht beweisen kann. So etwas hängt mit Erfahrungen, vor allem mit Selbsterfahrung mit gesamtkulturellen Erfahrungen zusammen. Ich habe mich mein Leben lang mit Hegel beschäftigt, weil ich immer gedacht habe, so müsste die Philosophie sein. Aber ich bin dadurch doch Kantianer geworden. Das unglaubliche Selbstvertrauen der Vernunft, das z.B. Hegels Berliner Antrittsvorlesung bestimmt, ist uns abhanden gekommen. Der Grund sind vor allem Erfahrungen des 19. Jahrhunderts, wo der metaphysische Irrationalismus, also die Lehre von Schopenhauer und Nietzsche, derzufolge das Wesen der Welt nicht Vernunft, sondern Wille sei, den Zeitgeist trifft und ausdrückt. Wenn man dann hinzunimmt, was alles im 20. Jahrhundert geschehen ist, dann können wir nur noch sagen: Unsere Vernunft ist nicht der Mittelpunkt der Welt, sondern wohl nur ein Epiphänomen des Weltlaufs und evolutionär entstanden. Wir können nicht mehr wie Hegel davon ausgehen, dass unsere Vernunft des Absoluten mächtig ist und wir mit unserem Denken die Fähigkeit besitzen, das Ganze und Gott zu denken. Diese Erfahrung, dass hier immer etwas abprallt, ist das, was man dann in so einem metaphysischen Satz wie dem, dass unsere Vernunft endlich sei, auszudrücken versucht.

Oswald Bayer

Glaube und Vernunft.
Protestantische Perspektive

1. Die Vernunft der Religion

Vernunft und Religion, Religion und Vernunft werden in verschiedener Weise auf einander bezogen; vorausgesetzt ist dabei meist eine *kategoriale Unterscheidung*, so dass „Vernunft" und „Religion" als zwei Größen aufgefasst werden, die in einem eher spannungsreichen oder eher entspannten Verhältnis der Unter-, Über- oder Gleichordnung stehen, einander ergänzen und sich gegenseitig erhellen oder aber sich widersprechen, ja sogar: sich ausschließen. Eine *Identifizierung* von Religion und Vernunft begegnet prominent in der Domestizierung der Religion zu einer „Religion innerhalb der Grenzen der bloßen Vernunft" (Kant). Demgegenüber schlage ich vor, von einer Vernunft innerhalb der Grenzen der Religion zu reden – falls überhaupt von „Grenzen" der Religion gesprochen werden kann. Das aber ist dann nicht möglich, wenn „Religion" keine abgrenzbare Provinz im menschlichen Gemüte und kein Subsystem der Gesellschaft ist, sondern die äußerste Weite und Tiefe des Menschseins in der Welt betrifft und also dem Denken wie dem Handeln, der Metaphysik wie der Moral, der theoretischen wie der praktischen Vernunft zuvorkommt, ihr – freilich nicht zeitlich, wohl aber sachlich – vorausliegt, sie begründet und leitet, durchdringt und umfängt. Dementsprechend läßt sich durchaus von einer *Vernunft der Religion* reden: Dies wäre dann die sich innerhalb der Religion bildende und aus ihr heraus sich ergebende „Vernunft", nicht aber irgendeine „Vernunft", deren Begriff dem der Religion übergeordnet und vorausgesetzt werden könnte, so dass sich von diesem vorausgesetzten Vernunftbegriff her ermitteln und identifizieren ließe, was als Vernunft der Religion gelten könnte. „Es ist die der Religion selbst innewohnende Vernunft, nicht etwa Vernunft von der Art, die der Religion von außen beigelegt werden müsste."[1]

2. Erster Ansatz

2.1 Die heile Vernunft oder: Die Identität von Glaube und Vernunft

Eine Vernunft der Religion im besagten Sinne einer sich innerhalb der Religion bildenden und aus ihr heraus sich ergebenden Vernunft waltet ungebrochen freilich nur im Paradies und darf für das Eschaton erhofft werden. Diese Vernunft ist das ungebrochene, ganze, allseitige Vernehmen der durch Gottes allmächtiges Wort geschaffenen Wirklichkeit, ein leibhaft und affektiv erkennendes und anerkennendes Innewerden, ein Vernehmen, Nehmen und Beantworten dessen, was schlechthin Gabe ist – dargeboten und mitgeteilt in dem Wort ‚Von dem allem darfst du nehmen und essen!‘ (vgl. Gen 2,16); das Verhältnis zum Geber der Gabe ist nicht abstrakt personalistisch zu fassen, sondern wird als durch die Mitgeschöpfe vermitteltes wahrgenommen – Schöpfung ist Rede *an* die Kreatur *durch* die Kreatur. Die Vernunft vernimmt eine durch die Zusage und Gabe des Schöpfers geschaffene Wirklichkeit; der Schöpfer schafft und zeitigt sie mit seinem kommunikativen Wort, mit seinen einräumenden Bestimmungen und Zuordnungen, durch die er Verhältnisse setzt, Mitteilung, Austausch und Gemeinschaft ermöglicht, alles mit allem erfüllt und sich in schenkender Tugend neidlos verströmt. Die Vernunft, die diese Wirklichkeit nicht nur erkennend und nicht nur gestaltend, sondern im umfassenden Sinne „ästhetisch" – mit Herzen, Mund und Händen – wahrnimmt[2] und sich im „natürlichen"[3] Umgang mit den Mitgeschöpfen der Goldenen Regel entsprechend in der Liebe erfüllt, läßt sich vom unangefochtenen Glauben und seiner Gewissheit nicht unterscheiden; der den göttlichen Logos hörende *Glaube und* die den Logos vernehmende und in seinem Licht sehende[4] *Vernunft sind identisch.*[5] Sie müssen nicht erst in ein Verhältnis zueinander treten bzw. in ein Verhältnis zueinander gesetzt werden.

Die schöpfungsgemäße Identität von Glaube und Vernunft sei nun noch weiter ausgeführt – in einer Explikation der Rede von der *Gottebenbildlichkeit* des Menschen. Damit ist nicht etwa eine Qualität bezeichnet, die dem Menschen von sich aus innewohnte; „Gottebenbildlichkeit" ist vielmehr ein Relationsbegriff – eine „ohn alle mein[e] Verdienst[e] und Würdigkeit"[6] mir durch das Segenswort Gottes zugesprochene Würde, die ich vor allem hörend empfange, um aus dem Hören zum freien

Reden, Denken und Handeln ermächtigt zu sein. Reden, Denken und Handeln ist Antworten.[7] Die Gottebenbildlichkeit besteht in der dem Menschen mitgeteilten Fähigkeit zur alle Bereiche des Lebens betreffenden Antwort und Verantwortung.

Daß die Vernunft nicht menschliches Konstrukt, menschliches Eigengewächs und menschlicher Besitz, sondern sprachlich mitgeteilte Gabe ist, wird von der griechischen Form der philosophischen – der aristotelischen – Definition des Menschen noch eher aufbewahrt als von der lateinischen Fassung: „animal rationale", „Vernunftwesen". Nach der griechischen Fassung ist der Mensch das Lebewesen, das den Logos hat: zoon ton logon echon; es hat ihn als zoon politikon, als politisches, als soziales Lebewesen.[8] Zwar ist auch in dieser Fassung nicht deutlich, dass und inwiefern der logos als Anrede von außen auf den Menschen zukommt und nicht ihm selbst entspringt; doch läßt sich im Wort „logos" durchaus mithören, dass Vernunft vernehmende Vernunft und nicht ohne Sprache ist. Ja, mehr: Vernunft ist Sprache.[9] Als auf das Hören angewiesene wird die Sprachvernunft dem Menschen mitgeteilt; er empfängt sie und ist darin passiv. Deshalb kann Luther seine Definition des Menschen nur im Passiv bilden: „hominem iustificari fide"[10]: Der Mensch ist dadurch Mensch, dass er von Gott gerechtfertigt wird durch *Glauben*, d.h. durch das vernehmende Hören und gebende Antworten in schöpfungsgemäßem Gebrauch seiner *Sprachvernunft. Sein Wesen hat der Mensch im Glauben, der mit seiner Vernunft identisch ist.*

Mit dieser These der Identität von Glaube und Vernunft, Vernunft und Glaube könnte ich schließen – wenn wir noch im Paradies lebten. Wenn die Sünde nicht wäre, bestünde kein Unterschied zwischen Glaube und Vernunft. Alle Menschen wären von Gott gelehrte[11] Theologinnen und Theologen, die ihm lobend antworten und zusammen mit allen anderen Geschöpfen – samt den mitphilosophierenden Engeln – Schüler des einen Lehrers sind. Ohne Adams Fall, so schildert Melanchthon den locus amoenus der paradiesischen Vernunftlandschaft, wären alle Menschen von Natur aus Theologinnen und Theologen. Dann „würdest du sehen, dass der ganze Erdkreis nichts anderes wäre als eine geräumige und dicht bevölkerte theologische Schule. Und in diesem Paradies, gleichsam einem Garten oder einer philosophischen Säulenhalle, in einer wundersamen, reizenden Gegend, wären überall so viele miteinander sich lagernde und umherwandelnde Schüler – ihre Mitphilosophen die Engel, ihr Herr und Lehrmeister Gott selber"[12].

2.2 Die gebrochene Vernunft

Die ursprüngliche Einheit von Glauben und Vernunft ist nun aber zerbrochen – mit der Sünde. Der Bruch geschieht, indem die Wahrheit des Gotteswortes in Frage gestellt wird: „Ja, sollte Gott gesagt haben?" (Gen 3,1) Mit dieser Frage und in ihrem Gefolge mit dem Griff nach der Allmacht[13] *erwacht* nicht etwa erst die menschliche Vernunft, wie beispielsweise Kant und Schiller meinten;[14] mit ihr *erstirbt* vielmehr die Einheit, die sie mit dem Glauben bildet; mit ihr wird sie, ihre aufs Hören angewiesene Endlichkeit verleugnend, zur Unvernunft. Der Mensch läßt sich durch die Verheißung der Schlange: „Ihr werdet sein wie Gott!" (Gen 3,5) verführen. Er rebelliert gegen Gott, will selbst Schöpfer werden,[15] Gott leugnen und dessen Allmacht sowie zugleich dessen Freiheit übernehmen.

Von einer abstrakten Vernunftfeindlichkeit im frommen evangelischen Lager wie von römisch-katholischer und von philosophischer Seite wird oft übersehen, dass solche Rede von der radikalen Korruption des urständlichen Vernunftgebrauchs sich bei Luther und in der durch ihn gestifteten protestantischen Tradition nicht auf die Vernunft schlechthin bezieht – als ob Luther ein „Misologe" wäre![16] –, sondern des genaueren auf ihr verkehrtes Urteil über das, was Mitte, Ursprung und Ziel des menschlichen Daseins betrifft,[17] also über das Gottesverhältnis und die Heilsfrage; in *diesen* Dingen, im Bereich der iustitia dei, der Gottesgerechtigkeit, sei die Vernunft eine „Hure"[18]. Anders, ganz anders aber im Bereich der iustitia civilis, der innerweltlichen juristischen, politischen, wissenschaftlichen, wirtschaftlichen, familialen und ehelichen Verhältnisse. Hier sei die Vernunft – wohlgemerkt: *nach* dem Fall – geradezu „etwas Göttliches": „divinum quiddam", wie Luther in der Disputatio de homine (1536) zuspitzt.[19]

Halten wir fest: So sehr zunächst (II.1) – im Blick auf das Paradies und das Eschaton – die *Identität* von Glaube und Vernunft herauszustellen war, so sehr geht es jetzt – im Blick auf den Zustand der Welt *nach* dem Fall – um eine *Unterscheidung*, die erst im Eschaton aufgehoben wird. Im Folgenden geht es um diese Unterscheidung und weitere Unterscheidungen im vielspältigen Verhältnis von Glaube und Vernunft *nach* dem Fall und *vor* dem Eschaton. Von ihnen aber läßt nicht ohne ein protologisches und eschatologisches Kriterium reden, das sich konkret freilich nur von der christologischen Mitte aus ergibt. Zunächst ist nun näher auszuführen, was es besagt, wenn Luther die Vernunft einerseits als „Hure", andererseits als „etwas Göttliches" sieht.

Luther hat äußerst scharf gegen die Vernunft polemisiert – nämlich gegen jene pervertierte Vernunft, die sich anmaßt, etwas vom homo peccator und deus iustificans, vom sündigenden Menschen und rechtfertigenden Gott, zu verstehen, die sich also anmaßt, in Sachen der Sünde, der Gnade und des Heils recht urteilen zu können. Sagt die ratio als aufrechnender und schlussfolgernder Verstand: „Du bist, was du leistest und dir leisten kannst!", dann gilt: „fides occidit rationem";[20] der Glaube tötet die Vernunft. Er überwindet die unaufgeklärte, unerleuchtete, verblendete Vernunft, die sich daran stößt, dass statt des „Du bist, was du leistest und dir leisten kannst!" gelten soll: „Du bist, was dir schlechthin gegeben ist!" Allein in dieser Hinsicht – der soteriologischen Hinsicht, im Blick auf das Heil, im Blick auf das Ganze unseres Daseins in der Welt – spricht Luther der gefallenen, der nicht mehr und noch nicht durch den Glauben erleuchteten Vernunft die Kompetenz radikal ab.

„Außerhalb von Christus", heißt es in der probatio zur zweiten der philosophischen Thesen der Heidelberger Disputation, sei das Philosophieren dasselbe, was der geschlechtliche Umgang außerhalb der Ehe ist: Hurerei. Wie die Geschlechtlichkeit „nur derjenige gut gebraucht, der verheiratet ist, so philosophiert nur der gut, der ein Narr, d.h. ein Christ, ist"[21].[22] Luther geht es um den rechten Umgang mit dem Wissen. Wer sich durch das Wort vom Kreuz zum Narren hat machen lassen, sucht in der vernünftigen Kommunikation nicht das Seine. Er ist von solcher Perversion vielmehr befreit und läßt in der Liebe sein Wissen dem Nächsten und dessen Not zugute kommen. Er will nicht seinen Ruhm, trachtet nicht nach Hohem, sondern hat einen Blick für das Niedrige;[23] er sieht die Geschichte von unten, aus der Perspektive der Armen und Elenden und gewinnt so teil an dem, was ich „messianische Vernunft"[24] nennen möchte. In der Sünde aber, im Unglauben, ist der die messianische Vernunft garantierende Schöpfer und Richter verkannt. Die verblendete Vernunft tappt daneben, sie spielt Blinde Kuh mit Gott[25], so dass sie das Gott nennt, was nicht Gott ist, und Gott – am Kreuz und in der Krippe – nicht für Gott hält; „denn dass Jesus von Nazareth Christus" und damit Gottes Sohn „wäre, konnte niemand denken"[26], wenn er nicht durch den Heiligen Geist erleuchtet ist.

Umso erstaunlicher, dass trotz der Sünde die Vernunft, mit Luther zu reden, als „Erfinderin und Lenkerin aller [freien] Künste, der medizinischen Wissenschaft, der

Jurisprudenz und all dessen, was in diesem Leben an Weisheit, Macht, Tüchtigkeit und Herrlichkeit von Menschen besessen wird"[27], wirkt und dass Gott nicht zuletzt durch sie diese vergehende Welt auf seine Zukunft hin bewahrt. Denn „selbst nach Adams Fall hat Gott der Vernunft diese Hoheit", ihren Herrschaftsauftrag (Gen 1,28), „nicht genommen, sondern vielmehr bestätigt"[28]. Im irdischen Bereich ist die Vernunft in der Tat „eine Sonne und eine Art göttlicher Macht, in diesem Leben dazu eingesetzt, all diese Dinge [der medizinischen Wissenschaft, der Jurisprudenz usw.] zu verwalten"[29]. Hier ist die ratio „Erfinderin", ja „Lenkerin"[30], Herrscherin, Königin. Die Vernunft innerhalb der Grenzen der bloßen iustitia civilis ist, weil ihrer Grenzen bewusst, auch ihrer Leistungsfähigkeit bewusst und, nicht zuletzt, ihrer Selbstgefährdung. Innerhalb ihrer Grenzen kann sie nicht hoch genug geschätzt werden. Sie ist jedoch von Absolutismen entlastet und auf diese Weise freigesetzt zu einer nüchternen Wahrnehmung und Verwirklichung des innerweltlich und innergeschichtlich Möglichen und Notwendigen.

Es ist keine Frage, dass die Vernunft innerhalb der Grenzen der bloßen iustitia civilis den Raum bestimmt, der Christen und Nichtchristen gemeinsam ist, in dem sie sich miteinander verständigen müssen, aber auch verständigen können; es ist der Bereich, in dem Gott, die sündige und vergehende Welt auf seine Zukunft hin erhaltend, sein weltliches Regiment – auch durch Gottlose – ausübt und in dem selbst Christen, wie Luther in provozierender Schärfe sagt, die Wirtschaft gestalten, die Stadt verwalten und die Kinder erziehen müssen, „als wäre kein Gott da"[31].

Freilich: Die bange Frage bricht auf, wie eine säkularisierte Gesellschaft der besagten Grenzen und damit ihrer Weltlichkeit innewird. Wenn allein der Glaube von Absolutismen entlastet, muß dann der Unglaube nicht eo ipso das Weltliche mit Heilserwartungen belasten und so den Vernunftgebrauch verkehren und zerstören? Sind dann Anmaßung und Verzweiflung, superbia und desperatio, nicht unausweichlich? Gibt es wahre Weltlichkeit ohne Religion? Oder wird Weltlichkeit ohne Religion selbst religiös? Besagt die Tatsache, dass dies häufig geschieht und etwa die Liebe oder die Arbeit, der Sport oder die Nation religiös aufgeladen werden, dass dies notwendig und immer geschieht?

Die bange Frage, ob und wie eine säkularisierte Gesellschaft ihrer Grenzen und ihrer Endlichkeit innewird, hat in besonderer Weise Max Horkheimer umgetrieben: „Jedes endliche Wesen – und [auch] die Menschheit ist endlich –, das als Letztes,

Höchstes, Einziges sich aufspreizt, wird zum Götzen, der Appetit nach blutigen Opfern hat"[32] – was Horkheimer, sachlich übereinstimmend mit der von Albert Camus gegebenen Charakterisierung des „revolutionären" Menschen, der das Absolute politisch ins Werk setzen will[33], mit dem Hinweis auf den kommunistischen und nationalsozialistischen Totalitarismus belegt[34], der kein humanes Maß mehr kennt. Für das humane Maß aber sorgt nach Horkheimer das Innewerden meiner eigenen Endlichkeit angesichts des Unendlichen. "Das Bewusstsein unserer [...] Endlichkeit" sei zwar „kein Beweis für die Existenz Gottes", doch könne es, wie Horkheimer ganz gegen sein sonstiges Urteil sagt, „die *Hoffnung* hervorbringen, dass es ein positives Absolutes gibt"[35]. Zugleich aber gilt umgekehrt: Dieses Wissen um die Endlichkeit des Menschen „ist nur möglich durch den Gedanken an Gott"[36], an das Unendliche.

Mit dieser Argumentation stellt sich Horkheimer der Sache nach – auch wenn er dies nicht ausdrücklich reflektiert – in die von der antiken meditatio mortis sich herschreibende Tradition des Rufes „Erkenne dich selbst!": Erkenne dich als Sterblichen – angesichts der Unsterblichen.[37] „Gibt es auf Erden ein Maß?" fragt Hölderlin und antwortet: „Es gibt keines."[38] Die *Himmlischen* sind das Maß der Irdischen. So reicht die antike Tradition hinein in die Neuzeit. Als ein locus classicus dafür kann die dritte der Meditationen Descartes` gelten, in der Descartes den ersten seiner beiden Gottesbeweise führt. Danach kann sich der Mensch als Endliches, als finitum, nur unter Voraussetzung eines infinitum, eines Unendlichen, begreifen; umgekehrt schließt das Wissen um die eigene Endlichkeit die Idee eines Unendlichen ein.[39]

3. Zweiter Ansatz

Für die in einer ersten Ausführung entfaltete These von einer durch die Religion bestimmten Vernunft ist keine allseitige Zustimmung zu erwarten;[40] Kant und Hegel, Feuerbach, Marx, Nietzsche und Freud etwa stimmen nicht zu und bilden einen andern – freilich einen *jeweils* anderen[41] – Begriff von „Vernunft" und „Religion" aus.

Um zu einer differenzierteren Bestimmung des Verhältnisses von Glaube und Vernunft zu gelangen, die nicht nur binnenkirchlich und binnentheologisch diskutabel ist, versuche ich eine zweite Ausführung der These von einer durch die Religion bestimmten Vernunft.[42] Dabei berücksichtige ich im Ansatz die Irritation, die jene mit der ersten Ausführung dargelegte supralapsarische Einheit von Glaube und Vernunft stört und von der Rede des Papstes in Regensburg am 12. September 2006 mit deutlichem Unwillen berührt wurde, als er auf den mit Duns Scotus beginnenden spätmittelalterlichen Voluntarismus und damit auf die erste der drei Wellen einer von ihm diagnostizierten „Enthellenisierung" hinwies,[43] die für ihn bei den Reformatoren zum Zuge kommt.[44] Gemeint ist die Rede von der Allmacht, in der Gott auch Böses wirkt. Sie stellt die Stimmigkeit der supralapsarischen Einheit von Glaube und Vernunft insofern in Frage, als sie – vor allem von den biblischen Klageliedern und dem Hiobbuch her – auf Gottes reine Schöpfergüte Schatten wirft, die nicht von der menschlichen Sünde herrühren; es gibt nur wenige Theologen, die dieses Problem nicht umgehen. Erst recht bereitet es philosophischem Verstehen extreme Schwierigkeiten und wird spätestens seit Plato als unvernünftig abgelehnt.[45]

3.1 Allmacht

Läge die Zustimmung zur These von einer durch die Religion bestimmten Vernunft vor, brächen schwerwiegende Unterschiede in der Frage auf, wie denn der umfassende Begriff, der der „Religion", des näheren zu bestimmen sei. Dazu gibt es keinen Konsens.[46] Mein Vorschlag geht nun dahin, zur Bezeichnung dessen, was als „Religion" gelten kann, die Aufmerksamkeit auf das mehrdeutige Metaprädikat der „Allmacht" zu richten.[47] Es ermöglicht dem Theologen angemessener und aufschlussreicher als etwa die Rede von „schlechthinniger Ursächlichkeit" oder von „Unendlichkeit" die kritische Bezugnahme auf Religionswissenschaft wie Religionsphilosophie. So kann das Metaprädikat der Allmacht eine erste und vorläufige Umschreibung des als nomen appellativum, als Allgemeinname, verstandenen Wortes „Gott", wie sie etwa mit der harmlos klingenden Wendung „alles bestimmende Wirklichkeit" gebraucht wird, in ihrer wahren Bedeutung erschließen: „Wirklichkeit" wird dann als „Wirksamkeit", ja als „Wirkmacht" verstanden; bei „Gott" und den „Göttern" geht es dann um die Frage, wer die Macht hat, wer das erste und letzte Wort spricht, wer sein Versprechen halten und seine Drohung wahr machen kann, wer also wahr, nämlich zuverlässig ist, Recht behält und rettet – im Unterschied zu den Göttern, die nicht retten können.

Es liegt auf der Hand, dass damit schon innerhalb einer bestimmten Perspektive geredet ist, die sich mir aus den Texten der Bibel erschlossen hat; ein Buddhist wird in der Explikation seines Religionsverständnisses wohl kaum so einsetzen. Der Vorschlag ist gleichwohl von heuristischer Kraft. Er ermöglicht es, in ein Gespräch jedenfalls mit dem Judentum und Islam einzutreten, durchaus aber auch mit dem Buddhismus. Zwar lassen sich die Religionen nicht auf eine umfassende Einheit hin transzendieren oder – in transzendentalem Rückgang – auf eine allen zugrunde liegende Einheit zurückführen; jede Religion hat ihr je eigenes historisches Apriori, ihre je eigene Textwelt und Lebensform, die unhintergehbar die jeweilige Perspektive und Orientierung bestimmen.[48] Aber Analogien, funktionale Äquivalente, Berührungen und Überschneidungen lassen sich finden. Sie machen ein Gespräch möglich, das, wenn es unausweichlich ist, zu einem Streitgespräch, ja zu einem Kampf um gegenseitige Anerkennung wird. Darin spielen kritische Vermittlungsbegriffe eine entscheidende Rolle – wie der der Allmacht, den ich hervorheben möchte.

Wer, wie auch Luther es getan hat, mit dem Begriff der „Allmacht" den übergeordneten Gesichtspunkt für das Verständnis von „Religion" gewinnt, packt gleichsam den Stier bei den Hörnern. Leichter scheint es, etwa mit Whitehead Gottes Schöpfung und Errettung „in der geduldigen Ausübung der überwältigenden Rationalität seiner begrifflichen Harmonisierung" zu sehen[49] oder die Synthese von Vernunft und Glaube auch für die Situation nach dem Fall so in Anschlag zu bringen, wie Benedikt XVI. es tut.[50] Damit aber wird das intrikate Verhältnis von Intellekt und Wille, Weisheit und Macht sowohl in der Gotteslehre wie anthropologisch nicht gründlich bedacht. Der Horizont wird zu eng; realitätsblind wird die Macht der Sünde, die offene Wunde der Theodizee,[51] erst recht aber die Prädestination zum Unglauben zusammen mit der ganzen Wucht der schrecklichen Verborgenheit Gottes verkannt.

Wer dagegen mit dem Begriff der Allmacht einsetzt und an ihm festhält, macht es sich so schwer wie nötig, indem er sich der Aporie stellt, die Hans Jonas klar und scharf so formulierte: „Göttliche Allmacht kann mit göttlicher Güte nur zusammen bestehen um den Preis gänzlicher göttlicher Unerforschlichkeit, d.h. Rätselhaftigkeit. Angesichts der Existenz des Bösen oder auch nur des Übels in der Welt müssten wir Verständlichkeit in Gott der Verbindung der beiden andern Attribute aufopfern."[52] Jonas hält streng an Gottes Verstehbarkeit fest und gibt die Rede von Gottes Allmacht preis. Luther dagegen hält sowohl an Gottes Güte wie an seiner Allmacht fest und zugleich an Gottes Einheit, muß dabei aber spannungsvolle Unterscheidungen treffen und im Blick auf das Problem der Theodizee und der Prädestination zum Unglauben Gottes Unbegreiflichkeit – in der Klage – bis zum Jüngsten Tage aushalten, an dem das Licht der Herrlichkeit diese Unbegreiflichkeit aufklären wird.[53]

Die wahrzunehmenden und auszuhaltenden spannungsvollen Unterscheidungen sind die folgenden:

1. die zwischen der Schöpfung und ihrer Verkehrung,

2. die zwischen dieser Verkehrung und der gleichwohl waltenden Langmut Gottes, der diese sündige und vergehende Welt kraft seines „weltlichen" Regimentes im „politischen Gebrauch des Gesetzes" (politicus usus legis) durch menschliche Vernunft – nicht nur in deren Sorge für das Recht und den Frieden, sondern im Zusammenhang der gesamten menschlichen Kultur, aller ihrer Sphären – auf seine Zukunft hin erhält,

3. die Unterscheidung zwischen dem usus elenchticus legis – der der Sünde überführenden, sie anklagenden und verdammenden Funktion des heiligen, gerechten und guten Gottesgesetzes, das sich im Doppelgebot der Liebe zusammenfasst – und der kraft des Heilswerks Jesu Christi geschehenden Sündenvergebung als Neuschöpfung, also dem Evangelium,

4. zwischen dem in Jesus Christus offenbaren und dem schrecklich verborgenen Gott und

5. die Unterscheidung zwischen Glauben und Schauen (2 Kor 5,7), d.h. zwischen dem angefochtenen und dem unangefochtenen Glauben, für den Gottes Gerechtigkeit nicht mehr unverständlich, sondern durchsichtig ist, der sie – im Licht der Herrlichkeit – schaut.

Die protestantische, jedenfalls die lutherische Perspektive unterscheidet sich nicht zuletzt von der römisch-katholischen und auch von neuprotestantischen Perspektiven dadurch, dass sie die eben genannten Spannungen nicht – etwa im Gebrauch des Schemas von Natur und Gnade – entschärft, sondern aushält. Dies bedeutet, dass auch die durch den Glauben erleuchtete, die aus ihrer Verkehrung zurechtgebrachte, neu geschaffene Vernunft die Vielheit und Verschiedenheit, in welcher der eine Gott uns widerfährt, nicht von vornherein in eine immer schon gegebene oder denkbare *Einheit* zurückführen und in ihr aufgeben kann, um auch an sperrigen Phänomenen vorbei und über sie hinweg eine theoretische Letztbegründung zu erreichen. Zwar können und müssen Christen sich selber und Nichtchristen von ihrem Glauben „Rechenschaft geben" (logon didonai; vgl. 1 Petr 3,15); das ist dem Glauben, der durch den Logos geschaffen ist, wesentlich. Doch muß er, der als durch den Logos geschaffene auf das Erkennen aus ist (fides quaerens intellectum), sich keineswegs unter jenen herrscherlichen Willen zur Einheit beugen, den die Vernunft der Metaphysik seit Aristoteles ungebrochen bejaht: „Die Dinge wollen aber nicht schlecht regiert werden" heißt es im Schlusssatz der später so genannten „Metaphysik" des Aristoteles. „ ‚Nicht gut ist die Herrschaft von vielen; einer sei Herrscher'".[54] Zitiert ist damit ein Wort der Ilias (II, 204) eine Akklamation, mit der Agamemnon als der eine Herrscher und Heerführer anerkannt werden soll. Aristoteles überträgt damit das monarchische Prinzip aus der Sphäre des Politischen auf die Weltordnung, die als „göttlich" prädiziert wird.

Diesem Einheitsbegriff der Metaphysik kann die Theologie nicht folgen; sie kann sich nur kritisch auf ihn beziehen, muß dies aber auch tun. Vielmehr gilt es, die bezeichnete *Vielheit* und Verschiedenheit existentiell wie auch im Denken als *irreduzibel* wahrzunehmen – interimistisch freilich, d.h. solange wir noch nicht, im Schauen, am Ziel, sondern, im Glauben, auf dem Weg sind, den zu gehen Zeit braucht. In dieser Wahrnehmung gilt der Programmsatz „fides quaerens intellectum" auf ihre Weise durchaus. Doch grundlegender ist der Satz, der ihm voraus liegt: Tentatus bzw. tentata quaerens certitudinem; der bzw. die Angefochtene sucht nach Gewissheit.

In der Wahrnehmung der in via irreduziblen Verschiedenheit – auf die wir jetzt nochmals achten wollen – ist jener Verschränkung der Zeiten Rechnung zu tragen, in der wir leben: Das gegenwärtig – im Wort vom Kreuz – sich mitteilende Heil verbürgt die kommende Vollendung der Welt und läßt den Widerspruch der leidenden und seufzenden Kreatur der alten Welt zur zugesagten Schöpfung, der neuen Welt, mit Schmerzen erfahren. Dieser Verschränkung der Zeiten durch den Bruch hindurch entsprechend widerfährt Gott in verschiedener – in vierfacher – Weise: Er widerfährt in seinem Zorn, in dem er der Sünde überführt, anders als in seiner vergebenden Liebe, anders auch in seiner Langmut, in der er, im weltlichen Gebrauch des Gesetzes, die alte Welt auf seine Zukunft hin erhält, erst recht aber in seiner schrecklichen Verborgenheit, in der er – für uns unentwirrbar – Leben und Tod, alles in allem wirkt.[55]

Im Bezug auf diese vier für uns irreduziblen Widerfahrnisse Gottes zeigt sich eine Stufung der Gemeinsamkeit zwischen Christen und Nichtchristen – bis hin zu einer Scheidung. Indem wir auf diese Stufung blicken, bietet sich uns die notwendig differenzierte protestantische Stellungnahme zur Frage der „Vernunft der Religion" – „die" protestantische Stellungnahme meint: diejenige Stellungnahme, die ich als lutherischer Theologe zu verantworten bereit bin. Sie ist von der Sache her notwendig differenziert und kann nicht vom Modell der Komplementarität von Glaube und Vernunft bestimmt sein.

Die größte Gemeinsamkeit zwischen allen Menschen besteht in der Erfahrung der schrecklichen Verborgenheit dessen, der in seiner Allmacht alles in allem wirkt: Licht und Finsternis, Lebengewahrung und Lebensversagung, Glück und Unglück, Leben und Tod. Der Schrecken dieser Verborgenheit hat seine Pointe darin, dass ich nicht weiß, wie ich mit der mir widerfahrenden Allmacht dran bin; ihre Uneindeutigkeit reißt mich in den Strudel der Ungewissheit. Begegnet mir ein überwältigendes dunkles Es als stummes und taubes, unerbittliches Schicksal – fascinosum und tremendum zugleich? Vischnu in seiner Güte und zugleich Kali, die zerstört? Die Erfahrung der schrecklichen Verborgenheit der Allmacht, ihrer Uneindeutigkeit, verbindet Nichtchristen mit Christen – auch wenn diese die Verborgenheit schärfer noch als andere empfinden, weil sie von dem Gott gehört haben, der eindeutig Liebe ist.

Verbunden sind Christen und Nichtchristen auch in jenem eher leisen Widerfahrnis Gottes, in dem er langmütig die gefallene und korrumpierte Welt durch die menschliche Vernunft, vor allem durch Ethos und Recht erhält: mit dem usus politicus legis. In diesem Zusammenhang läßt sich denn auch – besonders von der Goldenen Regel (Mt 7,12) her – der Wahrheitskern des Gedankens eines „Weltethos" finden und würdigen; nicht zufällig haben die Reformatoren den Dekalog und die lex naturae zusammengesehen, ja: die lex naturae dem Dekalog vorausgesetzt. Christen protestieren freilich, wo die Notordnung des Rechts, Gabe dessen, der auch die gefallene Welt nicht fallen läßt, hypostasiert wird, vor allem aber, wo Repräsentanten staatlicher Macht – wie römische Cäsaren – göttliche Verehrung beanspruchen und damit endliche und fehlsame Geschöpfe (1Petr 2,13) sich verabsolutieren. Sie protestieren, wo die Sphäre des Politischen mit Heilserwartungen aufgeladen wird; sie protestieren, wo die Abgötterei der Selbstrechtfertigung beginnt und beispielsweise die Liebe zur Heimat zum Götzen Nationalismus wird.

Noch prekärer als im usus politicus legis ist die Gemeinsamkeit zwischen Christen und Nichtchristen im usus elencticus legis – in jenem Widerfahrnis, in dem er eine wahre Gott Sünde aufdeckt, der Sünde überführt, indem er anklagt und verurteilt. Auch alle Nichtchristen kennen – in welcher Gestalt auch immer – die Erfahrung der Differenz zwischen Sein und Sollen, Fakt und Norm; sie kennen das Phänomen des „Gewissens" samt den „Gedanken, die einander anklagen oder auch entschuldigen" (Röm 2,15). Wer sich freilich selbst rechtfertigen will, sei er Christ oder Nichtchrist, erliegt damit der schlimmsten Abgötterei.

Davon geheilt werde ich nur durch das Evangelium, durch das vierte und letzte, das endgültige Widerfahrnis des einen wahren Gottes, das den Nichtchristen vom Christen scheidet, so sehr es gerade jedem Nichtchristen gilt. Das Evangelium ist es ja, was den Christen überhaupt erst zum Christen macht; es kann anderswo und anderswie als eben durch sich selbst nicht gefunden, nicht angetroffen werden – auch nicht in Spuren und Analogien. Denn das Evangelium ist mit einem Eigennamen identisch. „In keinem andern ist das Heil, auch ist kein anderer Name unter dem Himmel den Menschen gegeben, durch den wir sollen selig werden" als allein der Name Jesu Christi (Act 4,12; vgl. Joh 14,6). Das Evangelium kann in den ersten drei Widerfahrnissen und damit auch in der Erfahrung der Nichtchristen schon deshalb nicht impliziert sein, weil es die eschatische Kraft ist, die durch ihre Eindeutigkeit die Ambivalenzen jener Widerfahrnisse erst überwindet – freilich nicht so, dass es vor dem Eschaton nicht missverstanden werden könnte.

Anmerkungen

[1]   Dietrich Rössler, Die Vernunft der Religion, München 1976, 123.

[2]   Vgl. paradigmatisch: Johann Georg Hamann, Aesthetica in nuce (1762); in: Ders. Sämtliche Werke (in 6 Bänden), hg. von Josef Nadler, Bd. II, Wien 1950, 195-217; dazu: Oswald Bayer, Schöpfung als Anrede. Zu einer Hermeneutik der Schöpfung, 2. Aufl. Tübingen 1990, 9-32.

3   „Natürlich" im schöpfungstheologischen, protologischen Sinn – ganz im Unterschied zur Bedeutung von „Natur" im sündentheologischen Sinn (z.b. Eph 2,3: „von Natur Kinder des Zorns").

4   Vgl. Ps 36,10: „in deinem Licht sehen wir das Licht". Dazu: Johannes von Lüpke, Die Wirklichkeit im Werden – in welchem Licht sehen wir die Welt?; in: Frank Vogelsang (Hg.), Unser Bild von der Welt und der Glaube an Gott, Evangelische Akademie im Rheinland, Bonn 2005, 121- 129 (Unterscheidung und Zuordnung von Gen 1,3 und Gen 1,14f).

5   Besonders prägnant – unter Aufnahme vor allem des Johannesprologs und 1Joh 1,1-4 – ist diese Wahrnehmung, in der Vernunft und Glaube identisch sind, von Hamann in seiner Schrift „Des Ritters von Rosenkreuz letzte Willensmeinung über den göttlichen und menschlichen Ursprung der Sprache" artikuliert: Werke (s.o. Anm. 2), Bd. III, Wien 1951, (25-33) 32, 8-31.

6   Martin Luther, Erklärung des ersten Artikels des Glaubensbekenntnisses im Kleinen Katechismus (1529): BSLK 511,5.

7   Entsprechend kommt der in der Vernunft liegenden Freiheit nicht jene reine und „absolute Spontaneität" zu, die ihr Kant zuschreibt (KrV A 445-448). Vielmehr ist sie durch ein eigentümliches „Zwischen" bestimmt: Sie spielt zwischen Vorgabe und Aneignung, Empfangen und Überliefern.

8   Aristoteles, Politica I, 2,1253 a 7-10.

9   Vgl. Oswald Bayer (unter Mitarbeit von Benjamin Gleede und Ulrich Moustakas), Vernunft ist Sprache. Hamanns Metakritik Kants, Stuttgart-Bad Cannstatt 2002.

10   Martin Luther, Disputatio de homine (1536), These 32 ; WA 39 I, 176, 34f.

11   Vgl. 1Thes 4,9 (theodidaktos); Joh 6,45; Jes 54,13; Jer 31,33f.

12   Philipp Melanchthon, De studiis theologicis (1538); CR 11, (41-50), 44f. Treffender, weil vieldimensional, beschreibt Hamann die paradiesische Kommunikationsgemeinschaft: s.o. Anm.5.

13   Gen 2,17 (vgl. Gen 3,5) verbietet den Griff nach der Allmacht, der lebenspraktischen (vgl. Gen 4,1) „ Erkenntnis des Guten und Bösen", d.h. von allem (vgl. 2Sam 14,17).

14   Immanuel Kant, Mutmaßlicher Anfang der Menschengeschichte (1786); Friedrich Schiller, Etwas über die erste Menschengesellschaft nach dem Leitfaden der Mosaischen Urkunde" (1790). Zum Sündenbegriff bei Kant, Fichte, Schiller, Schelling, Goethe, Hegel und Schleiermacher: Elfriede Lämmerzahl, Der Sündenfall in der Philosophie des deutschen Idealismus, Berlin 1934.

15   „Nicht kann der Mensch von Natur aus wollen, dass Gott Gott sei; vielmehr wollte er, dass er selbst Gott sei und Gott nicht Gott": „Non ‚potest homo naturaliter velle deum esse deum`, Immo vellet se esse deum et deum non esse deum" (Martin Luther, Cl 5, 321; anders als in der WA – 1,225 – ist hier der polemische Bezug mit dem in diese These eingebauten und von ihr bestrittenen Satz Biels und Duns Scotus` nachgewiesen).

16   „Der die Wissenschaft hasset, um desto mehr aber die Weisheit liebet, den nennt man

einen Misologen" (Immanuel Kants Logik, hg. v. Gottlob Benjamin Jäsche; in: Kant, Werke in 10 Bänden, hg. v. Wilhelm Weischedel, Bd. 5, Darmstadt 1968, 449). Vgl. Platon, Laches 188 c 6; Phaidon 89 d 1-4; Politeia 456 a 4.

17 In seiner Disputatio de homine (1536) spricht Luther der Philosophie, die den Menschen als animal rationale bedenkt, ab, seine causa efficiens und causa finalis – seinen Schöpfer und Richter bzw. Vollender – zu kennen: WA 39 I, 175, 28-31 (Thesen 13f).

18 Vgl. paradigmatisch die philosophischen Thesen der Heidelberger Disputation (2.These mit Begründung: WA 59, 409,20-410,12; 1518).

19 WA 39 I,175,9f (Disputatio de homine, 1536; These 4). Diese Hochschätzung der Vernunft in innerweltlichen Bereichen, im Bereich der iustitia civilis, hindert Luther nicht daran, gegebenenfalls auch hier eine Verkehrung, Verkennung und Verblendung der Vernunft zu diagnostizieren und von ihr als „Hure" zu reden – wie im Sermon vom ehelichen Leben (1522): „Wenn die kluge Hure, die natürliche Vernunft, welcher die Heiden gefolgt sind, wo sie am klügsten sein wollten, das eheliche Leben ansieht […]" (WA 10 II, 295,16-296,11; Text modernisiert).

20 WA 40 I, 359,7-373,2 (zu Gal 3,6 bzw. Gen 15,6; 1531). Dazu: Gerhard Ebeling, Fides occidit rationem. Ein Aspekt der theologia crucis in Luthers Auslegung von Gal 3,6; in: Ders., Lutherstudien, Bd. III, Tübingen 1985, 181-222.

21 WA 59, 409,20f (Die philosophischen Thesen der Heidelberger Disputation, 1518).

22 Im selben Sinne votiert Melanchthon in „De discrimine Evangelii et Philosophiae (CR 12, 689-691). In einer Mahnung wie Kol 2,8 („Seht zu, dass euch niemand einfange durch Philosophie und leeren Trug, gegründet auf die Lehre von Menschen und auf die Mächte der Welt und nicht auf Christus.") sieht Melanchthon die Philosophie nicht als leeren Trug schlechthin abgetan, sondern unterscheidet Missbrauch von gutem Gebrauch – „so, wie wenn einer sagt: Laß dich nicht vom Wein einfangen, er nicht den Wein als solchen, sondern seinen Missbrauch tadelt"(CR 12,689).

23 Vgl. Edgar Thaidigsmann, Gottes schöpferisches Sehen. Elemente einer Sehschule im Anschluß an Luthers Auslegung des Magnificat; in: NZSTh 29 / 1987, 19-38.

24 Es ist die Gerechtigkeit des Messias, in der er für die Armen und Elenden eintritt, für ihr (Lebens)Recht kämpft (vgl. paradigmatisch: Ps 72, bes. 1-4.12-14). Der Messias sorgt gegen die elementare Bedrohung durch das Chaos für die Weltordnung, die Maat. So ist der messianische Geist der wahre Logos, die wahre Vernunft.

25 Martin Luther, Der Prophet Jona ausgelegt (1526); WA 19, 206,31-207,13.

26 AaO, 207, 2f.

27 WA 39 I, 175,11-13 (Disputatio de homine, These 5).

28 Ebd. Z.20f (These 9). In dieser Vernunft überführt die Weisheit als Gesetz nicht der Sünde; sie wirkt vielmehr im Sinne des usus politicus legis – um in Kürze Luthers Bezeichnung (WA 40 I, 479, 17-480,31; bes. 479,30) zu gebrauchen.

29 WA 39 I, 175,18f (These 8).

30 Ebd. Z.11 (These 5).

31 Martin Luther, Der 127. Psalm, ausgelegt an die Christen zu Riga, 1524; WA 15, 373, 3.

32 Max Horkheimer, Die Aktualität Schopenhauers; in: Ders., Zur Kritik der instrumentellen Vernunft, hg. v. Alfred Schmidt, Frankfurt/M. 1974, (248-268) 264.

33 Albert Camus, Der Mensch in der Revolte (franz. 1951, Paris) , Reinbek 1969.

34 Horkheimer (s.o. Anm. 32), 264f.

35 Max Horkheimer, Die Sehnsucht nach dem ganz Anderen. Ein Interview mit Kommentar von Helmut Gumnior , Hamburg 1970, 56.

36 AaO 57.

37 Vgl. besonders: Wolfgang Schadewaldt, Der Gott von Delphi und die Hunanitätsidee (opuscula 23), Pfullingen 1965.

38 Friedrich Hölderlin, In lieblicher Bläue [...]; in: Ders., Sämtliche Werke, Kleine Stuttgarter Ausgabe, hg.v. Friedrich Beißner, Bd. 2,1953, (372-374) 372 (Es ist umstritten, ob dieser Text Hölderlin zuzuschreiben ist).

39 Rene Descartes, Meditationes de prima philosophia (1641), lat.-dt. Ausgabe, hg.v.Lüder Gäbe (PhB 250a) Hamburg 1959, 22-24.

40 Vgl. immerhin: Gesine Schwan, „Mut zur Weite der Vernunft". Braucht Wissenschaft Religion?; in: Benedikt XVI. (s.u. Anm. 42), 33-75 und Dies., Wissenschaft braucht Religion!; in: CICERO. Magazin für politische Kultur, 3/ 2007, 78-80.

41 Zum Problem der Einheit der Vernunft und der Pluralität der „Vernünfte": Oswald Bayer, Schriftautorität und Vernunft; in: Autorität und Kritik. Zu Hermeneutik und Wissenschaftstheorie, Tübingen 1991, (39-58) 39-41 sowie: Vernunft ist Sprache (s.o. Anm. 9).

42 Diese Ausführung ist weithin identisch mit Passagen meiner Tübinger Abschiedsvorlesung von 2005: „Die Vielheit des einen Gottes und die Vielheit der Götter" (s.u. Anm. 47).

43 Benedikt XVI., Glaube, Vernunft und Universität. Erinnerungen und Reflexionen; in: Glaube und Vernunft. Die Regensburger Vorlesung. Vollständige Ausgabe. Kommentiert von Gesine Schwan, Adel Theodor Khoury, Karl Kardinal Lehmann, Freiburg/Basel/Wien o. J. (2007?), (11-32) 20f.

44 AaO. 23f.

45 Es sei unerträglich und unvernünftig, dass Homer in der Ilias (XXIV, 525-533) von zwei Fässern, einem Faß des Guten wie einem Faß des Bösen, redet – als ob „Zeus uns ein Spender sei ‚des Guten wie des Bösen`" (Platon, Politeia 379e; vgl. 380b/c sowie 379b, 617e und Theaitet 176b/c). Wenn – wie etwa nach dem Buch Hiob (40,1-41,25) – schon zur ursprünglichen Schöpfung auch das Gott- und Menschenwidrige gehört, können die metaphysischen Transzendentalien des „unum" und „bonum" in der Theologie nicht mehr ungebrochen bestimmend sein. Daß schon in der ursprünglichen Schöpfung „Leben und Tod, Herrlichkeit und Grausamkeit miteinander verbunden" sind, betont, in der Nachfol-

ge Luthers, Knut E. Lögstrup, Schöpfung und Vernichtung. Religionsphilosophische Betrachtungen (Metaphysik 4), Tübingen 1990, 69.

[46] Zur offenen Diskussion prägnant: Ernst Feil, Art. „Religion.I. Zum Begriff", RGG, 4. Aufl. 7 (2004), 263-267 .

[47] Vgl. zum Folgenden: Oswald Bayer, Die Vielheit des einen Gottes und die Vielheit der Götter; in: ders., Zugesagte Gegenwart, Tübingen 2007, (95-110) 102f (dort [Anm.26-28] auch der Nachweis der Zitate).

[48] Zu dem damit angesprochenen Religionsbegriff: Oswald Bayer, Theologie (HST 1), Gütersloh 1994, 517-521 (Theologie als Religionswissenschaft) sowie Ders. Gott als Autor. Zu einer poietologischen Theologie, Tübingen 1999, 244f und 247.

[49] Alfred North Whitehead, Prozeß und Realität. Entwurf einer Kosmologie, Frankfurt/M. 1979, 618.

[50] Glaube, Vernunft und Universität (s.o. Anm.43).

[51] Mit der Frage der Theodizee ist seit Plato (Politeia 617e; vgl. o. Anm. 45) der äußerste Horizont gegeben, in dem sich alle Formen theologischer Wissenschaft bewegen – und mit ihnen alle nur denkbaren Formen zusamenhängenden Wissens, die den Namen „Wissenschaft" verdienen. In der Stellungnahme zur Frage der Theodizee hat jede Wissenschaft den Prüfstein, an dem sie ihre Qualität erweist. Mit dieser These fällt christliche Theologie nicht etwa von außen in philosophische Fragestellungen ein, sondern sieht sich mit diesen in einem gemeinsamen Streitraum, der von Seiten der Philosophie schon seit Plato und Aristoteles eröffnet ist.

[52] Hans Jonas, Der Gottesbegriff nach Auschwitz. Eine jüdische Stimme; in: Ders., Philosophische Untersuchungen und metaphysische Vermutungen, Frankfurt/ M. 1994, 202f.

[53] Martin Luther, de servo arbitrio (1525); WA 18, 785, 20-38.

[54] Aristoteles, Metaphysik, 1076 a. Vgl. o.Anm. 41.

[55] Vgl. Martin Luther, de servo arbitrio (1525); WA 18,685,331-34. Die fraglichen Phänomene werden plastisch dargestellt von Thomas Reinhuber, Kämpfender Glaube. Studien zu Luthers Bekenntnis am Ende von De servo arbitrio (TBT 104) , Berlin/New York 2000, 114-150.

Markus Enders

Zum Verhältnis zwischen christlichem Glauben und menschlicher Vernunfterkenntnis aus römisch-katholischer Sicht

I. DAS VERHÄLTNIS ZWISCHEN GLAUBE UND VERNUNFT NACH PAPST BENEDIKT XVI.

1. Die Zeitdiagnose des Papstes: Eine fortschreitende Trennung zwischen Glaube und Vernunft und die Bestreitung der Wahrheitsfähigkeit einer nicht-wissenschaftlichen Vernunfterkenntnis

Das Anliegen, den vernunftgemäßen Charakter des christlichen Wirklichkeitsverständnisses herauszustellen, findet in Papst Benedikt XVI. seinen derzeit zweifellos prominentesten Fürsprecher. In vielen derjenigen Texte, in denen sich Josef Ratzinger vor seiner Papstwahl sowie danach zum Verhältnis zwischen dem christlichen Glauben und der natürlichen Vernunfterkenntnis des Menschen (im Folgenden der Einfachheit halber Glaube und Vernunft genannt) geäußert hat, geht er von der Diagnose einer „bis ins Extreme getriebene[n] Trennung zwischen Glaube und Vernunft"[1] in unserer zeitgeschichtlichen Gegenwart aus. Das Entfremdungsverhältnis zwischen diesen beiden elementaren Bezugsformen des menschlichen Seins auf die an sich seiende, objektive Wirklichkeit sieht der Papst durch die Absage an die Wahrheitsfähigkeit einer nicht-wissenschaftlichen Vernunfterkenntnis in der geistigen Situation unserer Zeit bedingt. Denn diese wird nachhaltig von der postmodernen Differenz- und Alteritätskultur geprägt, deren Grunddogma in der Annahme des unableitbaren, des also nicht mehr auf etwas Allgemeines und Einheitliches zurückführbaren, daher auch prinzipiell grenzenlos und folglich unübersehbar gewordenen

Differenz-, Alteritäts- und Pluralitätscharakters der Wirklichkeit besteht. Lyotards, Foucaults und nicht zuletzt Derridas Vernunft-, Subjektivitäts- und Wahrheitskritik sowie Vattimos Annahme einer schwachen Vernunft dürfte der Papst im Auge haben – Derrida[2] wird von ihm in diesem Kontext sogar ausdrücklich genannt –, wenn er von der orientierungslos gewordenen, schwachen bzw. erkrankten Vernunft in unserer Gegenwart spricht, die sich völlig von Gott losgelöst habe und dadurch, so der Papst wörtlich, „den Kräften der Zerstörung die Tür"[3] öffne; einer Vernunft, die sich nicht mehr das Vermögen zur Erkenntnis der Wirklichkeit sowie definitiv gültiger Werte zutraue, so dass der „ganze Bereich des Moralischen und Religiösen ... aus der gemeinsamen Vernunft heraus" und dem „Raum des ‚Subjektiven'" anheimfalle.[4] Diese, so der Papst wörtlich, „Amputation der Vernunft"[5], ihre Selbstbeschränkung bzw. -reduzierung auf eine rein funktionale Rationalität bzw. „auf ihre instrumentalen, utilitaristischen, funktionalen, berechnenden und soziologischen Aspekte"[6] zeitigt nach der Überzeugung des Papstes zumindest zwei Folgen: „Die Folge ist einerseits, dass die wissenschaftliche Vernunft dem Glauben nicht mehr feindselig gegenübersteht, da sie sich nicht mehr für die letzte und endgültige Wahrheit der Existenz interessiert. Sie beschränkt sich vielmehr auf experimentell erfahrbare Teilkenntnisse. Auf diese Weise wird alles, was sich nicht von der wissenschaftlichen Vernunft kontrollieren lässt, aus dem Bereich des Rationalen ausgeschlossen. Folglich wird objektiv der Weg zu einer neuen Form des Fideismus eröffnet. Wenn die einzige Art der ‚Vernunft' die wissenschaftliche ist, wird der Glaube jeder Form der Rationalität und der Intelligibilität beraubt und dazu bestimmt, sich in einen nicht definierbaren Symbolismus oder in ein irrationales Gefühl zu flüchten."[7]

Zum zweiten sieht der Papst in der Beschränkung der menschlichen Vernunfterkenntnis auf den experimentell erfahr- und verifizierbaren Wirklichkeitsbereich einen Verzicht der Vernunft „auf den Anspruch, die Wahrheit zu erkennen"[8]. Doch welche Wahrheit hat der Papst im Blick, wenn er die weit verbreitete Bestreitung der Wahrheitsfähigkeit menschlicher Vernunfterkenntnis kritisiert? Gemeint ist von ihm offensichtlich die christlich geglaubte Wahrheit über die Wirklichkeit im Ganzen einschließlich der Existenz sowie der Wesensbestimmungen Gottes, ferner des Menschen als eines von Gott geschaffenen Abbildes Gottes und schließlich auch der raum-zeitlichen Erscheinungswelt als der Schöpfung Gottes. Diese Erkenntnis könne aber nur eine Philosophie leisten, „die in der Lage ist, begrifflich die metaphysische Dimension der Wirklichkeit zu erkennen."[9]

In seinem Vortrag vom 27. November 1999 anlässlich eines Kolloquiums an der Pariser Sorbonne zum Thema „2000 ans après quoi?" konstatiert der damalige Kardinal Ratzinger eine tiefgehende Krise des Wahrheitsanspruchs des Christentums in Europa, welche das Christentum als eine bloß kulturelle Ausdrucksform „des allgemeinen religiösen Empfindens" erscheinen lasse, „die uns durch die Zufälle unserer europäischen Herkunft nahegelegt ist."[10] Doch dieser Abschied von der Wahrheit könne nie endgültig sein, weil der Mensch sich nicht damit abfinden könne, „für das Wesentliche ein Blindgeborener zu sein und zu bleiben."[11] Die weit verbreitete Annahme einer prinzipiellen Verborgenheit der Wahrheit für menschenmögliche Erkenntnis und der Gleichwertigkeit aller religiösen Wahrheiten gehe mit dem Toleranzzwang einher, der „in jedem ein Stück Wahrheit erkennt, das Eigene nicht höher stellt als das Fremde und sich friedvoll in die vielgestaltige Symphonie des ewig Unzugänglichen einfügt, das sich in Symbolen verhüllt, die doch unsere einzige Möglichkeit zu sein scheinen, irgendwie nach dem Göttlichen zu greifen."[12] Dieses „Sich-Zurückziehen aus der Wahrheitsfrage von seiten der Vernunft bedeutet, einer bestimmten philosophischen Kultur nachzugeben, welche die Metaphysik aufgrund der Verabsolutierung des Paradigmas der wissenschaftlichen oder historischen Vernunft ausschließt."[13] Die Verabsolutierung einzelner Vernunfttypen wie der naturwissenschaftlich-technischen oder auch der historischen Vernunft zu der einzig wirklichen und möglichen Form menschlicher Vernunfterkenntnis also ist es, die Josef Ratzinger als eine illegitime Identifizierung eines Teils mit dem Ganzen der Vernunft und damit als einen pars-pro-toto-Fehlschluss kritisiert. Diese Monopolisierung des rein szientifischen oder wissenschaftlichen Vernunftbegriffs schließe gleichsam a priori die Möglichkeit der Vernunft aus, Fragen nach den für uns unverfügbaren Dimensionen des Menschseins wie etwa nach dessen Freiheit und Sittlichkeit sowie (nach) der Welt als ganzer und somit auch etwa nach ihrem Woher und ihrem Wohin zu stellen und zu beantworten. Denn die Bezugsgegenstände dieser Fragen fallen nicht in den auf experimentell verifizierbare und quantifizierbare Größen eingeschränkten Erkenntnisbereich der (natur-)wissenschaftlichen Vernunft, die daher solche Fragen weder behandeln noch beantworten könne. Diese bestreite also die Vernünftigkeit solcher Fragen bzw. deren Wahrheitsfähigkeit für die Vernunfterkenntnis des Menschen. Sie verweise diese Fragen stattdessen in den Bereich des rein Subjektiven bzw. Privaten oder sogar des Absurden.[14] Die mit der wissenschaftlichen Vernunft identifizierte Vernunft sei daher „eine amputierte Vernunft. Wenn der Mensch nach den wesentlichen Dingen seines Lebens, nach seinem Woher und Wohin, nach seinem Sollen und Dürfen, nach Leben und Sterben nicht mehr vernünftig fragen kann, sondern diese entscheidenden Probleme einem von der Vernunft abgetrennten Gefühl überlassen muss, dann erhebt er die Vernunft nicht, sondern entehrt sie."[15]

Diesem nach Josef Ratzinger einseitigen oder verengten bzw. reduktionistischen Vernunftbegriff stellt der Papst sein eigenes Vernunftverständnis gegenüber, dessen Grundmerkmale im Folgenden entfaltet werden sollen.

2. DAS VERNUNFT-VERSTÄNDNIS DES PAPSTES

2.1 Die Offenheit der menschlichen Vernunfterkenntnis für das Ganze der Wirklichkeit

Die wissenschaftliche Forschung als Fähigkeit zur Entdeckung immer neuer rationaler Strukturen in der Wirklichkeit zeigt nach Josef Ratzinger die Offenheit der menschlichen Vernunfterkenntnis für das Ganze der Wirklichkeit, zumal die wissenschaftliche Vernunft nach dem erkenntnistheoretischen Ökonomieprinzip alle ihr bekannten Wirklichkeitsaspekte mit möglichst wenigen, im Idealfall nur einer einzigen Erklärungshypothese zu begründen sucht. Die wissenschaftliche Vernunft bemüht sich also um eine totale Erklärung der Wirklichkeit, „die kein Datum und keinen beobachtbaren Faktor unbeachtet lässt."[16] Eine solche aber vermag sie, dies zeigt ihre seitherige Entwicklungsgeschichte, nicht vollends zu erreichen, weil die Komplexität der Wirklichkeit stets mehr und größer bleibt als die wissenschaftliche Vernunft zu erkennen vermag, so dass deren geschichtlicher Fortschritt endlos und unabschließbar bleiben wird. Mit anderen Worten: Darin, dass die wissenschaftliche Vernunft auf das Ganze der raum-zeitlichen Erscheinungswirklichkeit erkennend ausgerichtet ist, ihre Resultate aber hinter diesem Ganzen stets zurückbleiben, so dass sie dessen Gesetzmäßigkeiten nie vollständig und abschließend erkennt und folglich unaufhörlich weiter forschen und erkennen muss, wird nicht nur die wesenhafte Ausrichtung der menschlichen Vernunfterkenntnis auf das Ganze der Wirklichkeit, sondern auch ein letzter Geheimnischarakter dieser Wirklichkeit sichtbar – ein Argument, mit dem die Intention der diesbezüglichen Überlegungen Josef Ratzingers zugegebenermaßen präzisiert werden soll:

2.2 Die Entsprechung zwischen der Erkenntnis- und der Seinsordnung und die Frage nach ihrem Grund

Der Papst verweist auf die wesentliche Entsprechung zwischen der Denkordnung (der mathematischen, physikalischen usw. Theorien) und der Seinsordnung, welche die empirische Methode der wissenschaftlichen Vernunft immer schon stillschweigend und insgeheim voraussetze. „Dass die Wirklichkeit rational strukturiert sei, wird in der Tat von jeder wissenschaftlichen Forschungspraxis als evidente Arbeitsgrundlage zugestanden."[17] Josef Ratzinger erwähnt in seiner „Theologischen Prinzipienlehre" Albert Einsteins Staunen über dieses keineswegs selbstverständliche Entsprechungsverhältnis[18] als des vorgängigen Grundes, auf dem alle Naturwissenschaft aufruhe. Dieser Grund aber sei höchst erklärungsbedürftig, wobei hier nur die Wahl zwischen einer selbst vernünftigen, mithin göttlichen oder einer irrationalen Ursache dieser Entsprechung zwischen der Rationalität naturwissenschaftlicher Theorien und den rationalen Strukturen der von diesen Theorien begriffenen Wirklichkeit bestehe. Die zweite, materialistische Erklärungshypothese für die Entsprechung zwischen Denk- und Seinsordnung sucht Ratzinger mit dem Hinweis ad absurdum zu führen, dass sie die Vernunft als ein Abfallprodukt der Unvernunft und daher genau genommen als etwas selbst Unvernünftiges verstehe müsse. Auf diesem materialistischen Standpunkt bleibe eine unverfügbar vorgegebene ontologische oder Seinswahrheit der Dinge unerkannt. Infolgedessen werde der Mensch selbst „zum Monteur der Welt, die er sich nach den Maßen seiner Zwecke entwirft".[19] Mit anderen Worten: Wenn nichts Wirkliches mehr als dem Menschen unverfügbar vorgegeben und in diesem Sinne als heilig gilt, dann kann der Mensch selbst leicht zum Designer und Konstrukteur des Menschen und damit zum Produkt seiner selbst werden – diesbezügliche Utopien wie insbesondere in Aldous Huxleys „Brave New World" („Schöne neue Welt") sind heutzutage biotechnologisch beinahe möglich. Auf diesem materialistischen Standpunkt degeneriert nach Ratzinger die menschliche Vernunft zu einer die determinierten Mechanismen der Materie reproduzierenden, einer tendenziell allbeherrschenden technischen Vernunft. Demgegenüber beruft sich Ratzingers Plädoyer für die erste, vernünftige, göttliche Erklärungshypothese der genannten Entsprechung zwischen der wissenschaftlichen Erkenntnis- und der Seinsordnung auf die Rationalität der physischen Struktur der Wirklichkeit, weil diese ein rationales Fundament der Wirklichkeit sichtbar werden lasse. Die im übrigen zugleich neuplatonische und idealistische Annahme also, dass das ganze Sein bzw. die Welt „die Art des Bewusstseins an sich" habe, dass die objektive Wirklichkeit „selbst wie ein Subjekt"[20] sei, diese Annahme lasse auf einen vernunfthaften Konstrukteur des wahrnehmbaren Universums schließen. Die vernünftige Konstruktion des Universums charakterisiert Josef Ratzinger daher mit Augustinus als dessen Zeichen- oder Verweischarakter auf ein gleichsam absolutes Referenzobjekt, auf dessen Erkenntnis hin die menschliche Vernunft zwar natürlicherweise ausgerichtet sei, diese jedoch nicht mit ihren eigenen Kräften zu vollziehen vermag. Genau diese Spannung und dieses Defizit der Erkenntnisbewegung der menschlichen Vernunft – durch die ihr natürlicherweise eigene Dynamik auf ein Ziel ausgerichtet zu sein, welches sie mit ihren eigenen Kräften jedoch nie zu erreichen, nie befriedigend zu erkennen vermag – findet nach Ratzinger aber bereits auf rein natürlicher Ebene im religiösen (insbesondere christlichen) Glauben eine erste Auflösung.

2.3 Die Vernünftigkeit des Glaubens

Die Schutzfunktion des Glaubens für die Integrität des menschlichen Vernunftvermögens

Der Papst ist im katholischen Bereich bekanntermaßen einer der entschiedensten Verteidiger der Vernünftigkeit des christlichen Glaubens, die er in folgender Hinsicht gegeben bzw. verwirklicht sieht. Der christliche Glaube ist nach ihm vernünftig, weil er erstens „die letzte Rationalität des Realen behauptet".[21] Indem nämlich der christliche Glaube einen letzten rationalen Ursprung der Realität annimmt, bewahrt er die Behauptung der rationalen Struktur der Wirklichkeit gleichsam bis zuletzt.[22] Damit vermag er auch die Natur der menschlichen Vernunft in ihrer Öffnung gegenüber der Wirklichkeit als ganzer hinreichend zu begründen: Denn nur wenn die objektive Wirklichkeit bis in ihren letzten Grund hinein und damit vollständig rational strukturiert ist, kann die menschliche Vernunft als ein Vermögen zur Erkenntnis der Wirklichkeit im Ganzen angemessen verstanden werden. Das Wirklichkeitsverständnis des christlichen Glaubens bestätigt und schützt daher gleichsam die natürliche Dynamik der menschlichen Vernunft, bewahrt ihr die ihr eigene Weite. Die menschliche Vernunft findet folglich nach Ratzinger *„nur im Glauben* die Bedingungen ihrer vollständigen Verwirklichung."[23] Ratzinger spricht daher wörtlich davon, dass „die Vernunft ... durch den [...] *Glauben* zum Vorschein (sc. komme); die Vernunft setzt den *Glauben* als ihren Lebensraum voraus"[24], so dass man behaupten kann, „dass die Vernunft ihr Eigenes dadurch findet, dass der Glaube sie hält und sie gerade so freigibt".[25] Der christliche Glaube steht daher „nicht gegen die Vernunft. Er schützt die Vernunft, ihre Frage nach dem Ganzen [...]. Er fordert den Menschen dazu heraus, über seinen momentanen Nutzen hinweg nach dem Grund des Ganzen zu fragen. Er schützt die schauende und vernehmende Vernunft vor dem Zugriff der bloß instrumentellen Vernunft".[26] „In der Krise der Vernunft, vor der wir heute stehen, muss dieses eigentliche Wesen des Glaubens wieder sichtbar werden, der die Vernunft rettet, gerade weil er sie in ihrer ganzen Weite und Tiefe faßt und sie gegen die Verengungen eines bloß auf das experimentell zu Überprüfende schützt".[27]

Damit bewahrt der christliche Glaube die wissenschaftliche Vernunft vor ihrer eigenen Verabsolutierung, gleichsam ihrer Selbstvergöttlichung.

Der Urteilscharakter des christlichen Glaubens über die objektive Wirklichkeit und die Motivationskraft des christlichen Glaubens für die spekulative und für die praktische Vernunft

Der christliche Glaube ist vernünftig, weil er zweitens beansprucht, eine wahre Aussage über die Wirklichkeit zu sein „und somit an die Vernunft als Fähigkeit (sc. appelliert), das Wahre zu erkennen".[28] „Seiner fundamental augustinischen Inspiration entsprechend bemerkt Ratzinger"[29] hierzu: „Wie die Schöpfung aus Vernunft kommt und vernünftig ist, so ist der Glaube sozusagen erst die Vollendung der Schöpfung und daher die Tür zum Verstehen [...]. Glauben heißt daher, ins Verstehen hineinzugehen und ins Erkennen hineinzugehen".[30] Was genau meint der Papst, wenn er immer und immer wieder davon spricht, dass der christliche

Glaube es wesentlich mit der Wahrheit und der Wirklichkeit im Ganzen zu tun habe?[31]

Der christliche Glaube erhebt einen absoluten, d. h. für die Menschen aller Zeiten, und universalen, d. h. für die Menschen an allen Orten, mithin für alle Menschen, gültigen Wahrheitsanspruch für seine Inhalte; der christliche (wie überhaupt jeder weltreligiöse) Glaube hat also gemäß seinem prinzipiellen Selbstverständnis den Charakter einer wahren Behauptung über die Wirklichkeit im Ganzen; wahre Erkenntnis von Wirklichkeit ist aber zugleich das Ziel und die Leistung des menschlichen Vernunftvermögens; zwischen wahren menschlichen Vernunfterkenntnissen und den Überzeugungen des christlichen Glaubens von Ursache, Art und Ziel der Wirklichkeit im Ganzen kann es keinen Widerspruch geben, weil die objektive Wirklichkeit nur eine einzige, nur ein und dieselbe sein kann. Folglich muss zumindest eine inhaltliche Widerspruchsfreiheit zwischen den Wirklichkeitsannahmen des christlichen Glaubens und den gesicherten Erkenntnissen der menschlichen Vernunft bestehen, wobei die Wahrheit der christlichen Wirklichkeitsbehauptung vom Papst immer schon vorausgesetzt wird, so dass seine Argumentation rein formal betrachtet zirkulär ist. Das Erfordernis inhaltlicher Widerspruchsfreiheit zwischen christlichen Glaubensannahmen und allgemein menschlichen Vernunfterkenntnissen ist für die Verhältnisbestimmung zwischen christlichem Glauben und menschlicher Vernunft dem Papst aber noch längst nicht genug. Denn er behauptet darüber hinaus, dass der christliche Glaube das Fragen und Suchen der menschlichen Vernunft mit den ihr eigenen Kräften nach der Wahrheit über die Wirklichkeit im ganzen zu initiieren und zu motivieren, zu kräftigen und zu bestärken vermag.[32] In unserer postmodernen Zeit des nachmetaphysischen Denkens, welche der Papst als eine Krisenzeit der menschlichen Vernunft diagnostiziert, bedarf nach seiner festen Überzeugung die menschliche Vernunft dieses Antriebs von seiten des christlichen Glaubens, sowohl um ihre metaphysische, auf die ersten Ursachen oder Bestimmungsgründe der Wirklichkeit im Ganzen gerichtete Erkenntnisbewegung zu revitalisieren als auch um die praktische, der Erkenntnis des sittlich Guten fähige Vernunft zu stärken. Der christliche Glaube als Initialzündung für die Wiederbelebung sowohl des metaphysischen Denkens als auch der praktischen Vernunfterkenntnis in den akademischen wie auch in den privaten Lebenswelten unserer Gegenwart – genau diese Vision scheint für den Papst – nicht zuletzt in seiner sogenannten Regensburger Vorlesung

– das Gebot der Stunde für das Verhältnis zwischen christlichem Glauben und menschlicher Vernunft zu sein. Ein Gebot, von dem, wenn es beherzigt würde, beide Seiten nach der festen Überzeugung des Papstes profitieren würden; sowohl die Vernunft, die damit ihre Weite, die sie in früheren Epochen der Geistesgeschichte, insbesondere im Denken der Patristik und des Mittelalters, besaß, wieder zurückerhielte; aber auch der Glaube, dessen Rationalität und Wahrheitsfähigkeit durch autonome metaphysische und moralphilosophische Einsichten bestätigt werden würden, so dass seiner vom Papst immer wieder beklagten Abdrängung ins Irrationale und rein Subjektivistische bzw. Private damit Einhalt geboten würde und der christliche Glaube in seiner wirklichkeitserschließenden Kraft auch im öffentlichen Bewusstsein neu zur Geltung käme.

Der christliche Glaube besitzt also einen kognitiven Gehalt, er ist eine bestimmte Stellungnahme zum Wirklichen, ihm eignet der rationale Charakter, ein Urteil über das Ganze der Wirklichkeit zu sein; zwar kann der Glaube die Wahrheit dieses seines Urteils nicht mit zweifelsfrei sicheren, zwingend gültigen Gründen beweisen; deshalb ist er immer auch ein existenzielles Wagnis und eine persönliche Entscheidung; aber eine solche, und darum geht es vor allem dem Papst, die nicht im Widerspruch zur menschlichen Vernunfterkenntnis steht, die vielmehr höchst vernünftig ist, wie dies etwa auch die sogenannte pascalsche Wette zum Ausdruck bringt. Denn es ist auch und gerade im wohlverstandenen Eigeninteresse des Menschen vernünftiger, sich mit der Annahme des christlichen Glaubens die Möglichkeit eines unendlich wertvollen Gewinns – eines eigenen ewigen und vollkommen glücklichen Lebens – zu sichern als auf eine solche Möglichkeit durch die Zurückweisung des Glaubens zu verzichten. Denn der mögliche Gewinn dieses unendlich großen Preises wiegt den wirklichen Verlust endlicher Güter im irdischen Leben eines Christen einschließlich – im Falle des eigenen Märtyrertodes – dieses Lebens selbst nicht nur auf, sondern ist ungleich größer als dieser Verlust. Und zwar deshalb, weil es kein Größenverhältnis, keine Verhältnisgleichung zwischen Endlichem und Unendlichem geben kann oder noch einfacher gesagt: Weil endliche Güter nichts sind im Vergleich zu einem unendlichen Gut, auch wenn dieses nicht zweifelsfrei sicher, sondern nur möglicherweise existiert. Denn alles Unendliche und damit auch das unendlich Gute umfasst und schließt alles Endliche in sich ein, weil es per definitionem gegen nichts begrenzt sein kann. Wer also gegebenenfalls auf die endlichen Güter dieser Welt um des möglichen Gewinns eines unendlichen Gutes willen freiwillig verzichtet, handelt höchst vernünftig, und zwar auch und gerade in seinem eigenen Interesse. Denn jeder will doch, dass es ihm möglichst gut geht.

Der Geheimnischarakter der menschlichen Person als Abbild des absoluten Geheimnisses

Schließlich ist nach Josef Ratzinger noch ein drittes rationales Moment im christlichen Glauben wirksam, welches allerdings schon in den beiden ersten Momenten enthalten und daher bereits zum Teil thematisiert worden ist, nämlich die Wiederherstellung der inneren Weite der Vernunft durch den Glauben. Indem der Glaube die Existenz eines letzten, unerschöpflichen, unendlich tiefen und unübertrefflich guten, also eines göttlichen Geheimnisses als das innerste Wesen der Wirklichkeit und vor allem des Menschen behauptet, eröffnet er mit dieser Überzeugung der Vernunft den ihrem innersten Streben angemessenen Raum für ihre unendliche Öffnung, für ihre Ausrichtung auf das wesenhaft Unendliche, die allerdings schon vorausgesetzt werden muss, da sie nicht mathematisch bewiesen, nicht demonstriert werden kann. Ist es aber wirklich vernünftig, die Existenz eines solchen Geheimnisses jenseits der Mauer des wissenschaftlich exakt Feststellbaren zu behaupten?[33] Dafür spricht schon die oben bereits genannte Unausschöpflichkeit der objektiven Wirklichkeit für deren exakte Erforschung durch die wissenschaftliche Vernunft, welche diese Forschung zu einem innergeschichtlich unabschließbaren Prozess werden lässt; dafür spricht aber auch und noch mehr die Unverfügbarkeit der personalen Würde jedes Menschen, der daher sowohl für sich selbst als auch für jeden anderen Menschen eine inkommensurable Größe, einfacher gesagt: ein unantastbares Geheimnis ist und bleibt. Josef Ratzinger drückt diesen Geheimnischarakter der personalen Existenz des Menschen folgendermaßen aus: „Glauben bedeutet die Entscheidung dafür, dass im Innersten der menschlichen Existenz ein Punkt ist, der nicht aus dem Sichtbaren und Greifbaren gespeist und getragen werden kann, sondern an das nicht zu Sehende stößt, so dass es ihm berührbar wird und sich als eine Notwendigkeit für seine Existenz erweist."[34]

Oder an einer anderen Stelle: „der durchschaute Mensch ist gar kein Mensch mehr, auch er kann vom Wesen solchen (gemeint ist wissenschaftlich objektivierenden) Erkennens her nur noch pure Faktizität sein: ‚Wer alles durchschaut, sieht nichts mehr', hat Lewis formuliert."[35] Diesem Geheimnischarakter des personalen Menschseins aber trägt das christliche Menschenbild Rechnung, indem es ihn mit der Gottebenbildlichkeit des Menschen begründet: Weil der dreifaltige Gott das – um mit Karl Rahner zu sprechen – absolute Geheimnis oder, um mit Eberhard Jüngel zu sprechen, das Geheimnis der Welt ist, muss per Analogieschluss auch seinem menschlichen Ebenbild ein Geheimnischarakter zukommen. Damit aber bestätigt und begründet der christliche Glaube eine Erfahrungstatsache der natürlichen Vernunft des Menschen – auch und nicht zuletzt darin zeigt sich seine Vernünftigkeit. Zu diesem Geheimnischarakter personalen Menschseins gehört wesentlich auch die Freiheit, das willentliche Selbstbestimmungsvermögen des seines Vernunft- und Willensgebrauchs fähigen Menschen. Denn auch diese ist mit mathematischer Exaktheit und apodiktischer, zweifelsfreier Gewissheit nicht beweisbar, wird aber von unserem Rechtssystem, insbesondere dem Strafrecht, durchgängig vorausgesetzt. Sie in Abrede zu stellen, ist theoretisch möglich, führt praktisch aber zu Widersprüchen; gleichwohl ist dieses Freiheitsvermögen des Menschen nicht eindeutig objektivier- und experimentell nachweisbar, besitzt also für die szientifische Vernunft einen Geheimnischarakter. Auch hierfür kann der christliche Glaube eine Begründung mit Letztgültigkeitsanspruch vorlegen, denn als Abbild des vollkommen freien Gottes muss der Mensch ein zumindest relativ freies Selbstbestimmungsvermögen besitzen. Diese Glaubenseinsicht kann deshalb als vernünftig bezeichnet werden, weil sie das Faktum der praktischen Vernunft des Menschen bestätigt und darüber hinaus auch noch zu begründen vermag, wenn auch zugegebenermaßen nicht mit wissenschaftlicher Gültigkeit.

Der Reduktionismus eines szientifischen Wirklichkeitsverständnisses

Es ist unvernünftig, einen möglicherweise existierenden Wirklichkeitssektor – nämlich den Gegenstandsbereich des metaphysischen Denkens, genauer der Ersten Philosophie im aristotelischen Sinne des Wortes, wie auch desjenigen der praktischen Vernunft – aus der Gesamtheit alles Wirklichen auszuschließen, einfach als nicht wirklichkeitsfähig zu disqualifizieren, wie es heute einige Vertreter eines materialistischen Determinismus, insbesondere im Bereich der Neurowissenschaften, tun. Rein rational gesehen stellt eine solche Vorgehensweise einen Reduktionismus dar, weil sie zu einem möglicherweise verkürzten Wirklichkeitsverständnis führt. Oft handelt es sich dabei um einen interessegeleiteten Dezisionismus, in jedem Fall aber um eine unvernünftige Option, sofern sie einen möglichen Wirklichkeitsbereich ausschließt. Und dies umso mehr, als dieser epistemisch mögliche Wirklichkeitsbereich für den Menschen de facto extrem bedeutsam ist und sogar den eigentlichen und authentischen Bereich des Humanum bildet, worauf hinzuweisen der Papst in bisweilen beschwörendem Tonfall nicht müde wird. Zu diesem Wirklichkeitsbereich gehören alle moralischen und religiösen Fragen und ihre Bezugsgegenstände, die für den Menschen erfahrungsgemäß existentiell höchst relevant sind, insbesondere in den seit Karl Jaspers so genannten Grenzsituationen des menschlichen Lebens wie etwa die Empfängnis und die Geburt eines Menschen oder auch seine öffentlich beglaubigte Wahl einer bestimmten Lebensform (wie vor allem die Hochzeit, die Priesterweihe oder die Ewige Profess bei Ordensangehörigen) und nicht zuletzt die vielfältigen tiefgreifenden Glücks-, Schuld- und Leiderfahrungen einschließlich der Erfahrung des Todes, sei es geliebter Angehöriger und Freunde, sei es des eigenen Sterbens. Die Fragen, die sich auf solche den Menschen existentiell erfahrungsgemäß am meisten betreffenden und bewegenden Erfahrungen beziehen, sind aber meist religiöser Natur oder gehören zumindest auch und nicht zuletzt zum religiösen Glauben, der sich daher als Anwalt dieser zutiefst humanen Anliegen verstehen und betätigen darf. Die Wirklichkeit dessen, worum es in diesen Fragen geht, hält also der religiöse Glaube – das gilt natürlich nicht nur für den christlichen – in einer möglichst allen Menschen verständlichen und zugänglichen Weise offen. Darin wird die Vernünftigkeit des Glaubens besonders eindrücklich manifest, denn, um es mit einem berühmten Ausspruch Edmund Husserls zu sagen, wer mehr sieht, hat Recht.

Doch es gibt auch noch andere, vom Papst nicht expressis verbis genannte Gründe, die für die Wahrscheinlichkeit und Vernunftfähigkeit des christlichen Glaubens sprechen. Zwei weitere sollen im Fogenden noch erwähnt werden.

Die wirklichkeitserschließende Kraft nicht-szientifischer Wissens- und Wahrnehmungsformen

Es ist vernünftiger anzunehmen, dass es außer der wissenschaftlichen Vernunft auch noch andere wirklichkeitserschließende Wahrnehmungsformen des Menschen gibt.

Auch das Gefühl bzw. ein intuitives Wissen stellt eine solche legitime Wahrnehmungsform dar, wie wir alle aus Erfahrung wissen. Die existentiell relevantesten Dinge im menschlichen Leben, zu denen nicht zuletzt die genuinen Gegenstände des christlichen Glaubens gehören wie etwa das Vorhandensein oder Nichtvorhandensein von Liebe, Gerechtigkeit, Frieden, Schuld und Glück können gerade nicht von der wissenschaftlichen Vernunft, sondern müssen von anderen Wahrnehmungs- und Erkenntnisorganen registriert und festgestellt werden. An diese appelliert und diese gebraucht aber der christliche Glaube, dessen Wirklichkeitsverhältnis auch in dieser Hinsicht keineswegs irrational, sondern durchaus rational und vernünftig ist.

II. DIE VERNÜNFTIGKEIT DES CHRISTLICHEN GOTTES- UND OFFENBARUNGSVERSTÄNDNISSES

Auch und gerade das christliche Gottes- und Offenbarungsverständnis darf als vernünftig bezeichnet werden, und zwar sogar als in höchstem Maße vernünftig. Dies bedarf einer etwas ausführlicheren Begründung: Der christliche Glaube gründet sich gemäß seinem Selbstverständnis auf eine göttliche Offenbarung, genauer auf eine Selbstmitteilung Gottes in der Person Jesu Christi an alle Menschen. Man wird sofort einwenden: Aber die objektive Wahrheit dieses Selbstverständnisses ist doch keineswegs sicher, jedenfalls von der wissenschaftlichen Vernunft nicht beweisbar; zudem gibt es auch andere Offenbarungsreligionen wie etwa den Islam, die für ihren jeweiligen Offenbarungträger ebenfalls objektive Wahrheit, und zwar bei Weltreligionen in gleichfalls absoluter und universaler Form, beanspruchen. Wer kann hier entscheiden, welcher dieser Wahrheitsansprüche zu Recht erhoben wird? Beiden Einwänden sei insofern Recht gegeben, als dass ein von der wissenschaftlichen Vernunft geführter oder für sie akzeptabler Beweis der objektiven Wahrheit des christlichen Offenbarungsglaubens nicht möglich ist. Wenn man aber das Vernunftvermögen des Menschen nicht auf die Erkenntniskraft der szientischen Vernunft beschränkt, sondern weiter fasst und auch das spekulative Erkenntnisvermögen darunter subsumiert, dann scheint mir ein vernunftgemäßer Beweis der Wahrheit und damit zugleich der Vernünftigkeit sowohl des christlichen Gottes- wie auch des christlichen Offenbarungsverständnisses doch möglich zu sein, und zwar in ungefähr folgender Form.

1. Die Vernünftigkeit des monotheistischen Gottesverständnisses im Christentum

Nach christlichem Verständnis ist Gott wesenhaft einer und einzig, mit anderen Worten: Das Christentum versteht sich als eine monotheistische Religion. Damit aber, so lautet meine These, vertritt das Christentum einen vernünftigen, von der natürlichen Vernunft des Menschen legitimierbaren Gottesbegriff im Unterschied zu einem polytheistischen Gottesverständnis. Doch warum soll ein monotheistischer Gottesbegriff vernünftiger sein als etwa ein polytheistischer?

Vernunftgemäß ist nur ein normativer Gottesbegriff und kein deskriptiver, der irgendeinen weltlichen Erfahrungsgegenstand bezeichnen würde. Warum? Weil es unvernünftig ist, sich unter Gott etwas vorzustellen, was in seinem Wert, genauer in der Vollkommenheit seines Seins, noch von etwas anderem übertroffen werden könnte. Affirmativ ausgedrückt: Wenn ein endlicher Intellekt mit seinem Vernunftvermögen Gott angemessen denken will, dann muss sein Gottesbegriff die Form eines absoluten Superlativs besitzen, dann muss er sich Gott als das unübertrefflich Beste vorstellen. Daher gilt im Umkehrschluss: Wer Gott nicht bereits rein formal als das schlechthin Unübertreffliche begreift, der denkt sicher nicht Gott, sondern etwas anderes, dessen Gottesgedanke ist schon formal und damit auch inhaltlich falsch. Mit anderen Worten: Ein vernünftiger Gottesbegriff ist Inbegriff des schlechthin Unübertrefflichen und besitzt damit einen singulären epistemischen Status und kann folglich nur ein einziges Referenzobjekt bezeichnen. Weil also absolute Unübertrefflichkeit nur ein einziges Mal verwirklicht sein kann, *wenn* sie überhaupt verwirklicht ist, muss Gott als Inbegriff dieser Unübertrefflichkeit *einer*, mithin *einzig* sein. Philosophisch legitimierbar ist daher nur ein monotheistischer Gottesbegriff.

Nun eignet ja nicht nur dem Christentum ein monotheistischer Gottesbegriff, sondern etwa auch den beiden anderen monotheistischen Weltreligionen des Judentums und des Islams.

Wie soll man nun entscheiden können, welcher dieser drei Gottesbegriffe der spekulativ vernünftigste, der vernunftgemäßeste ist?

2. Die Vernünftigkeit des „ontologischen Gottesbegriffs":
Gott als Inbegriff schlechthinniger Unübertrefflichkeit

Am vernünftigsten, so haben wir gesehen, ist jener Gottesbegriff, der Gott als Inbegriff schlechthinniger Unübertrefflichkeit versteht. Genau dies aber tut der später so genannte „ontologische Gottesbegriff" [36], dessen Vollform im abendländischen Denken von Anselm von Canterbury formuliert und als eine philosophische Explikation des christlichen Gottesverständnisses aufgefasst worden ist. Dieser „ontologische" Gottesbegriff denkt und bestimmt Gott als Inbegriff absoluter Unübertrefflichkeit. Dieser Inbegriff stellt aber nur eine formale und noch keine inhaltliche Bestimmung Gottes dar. Daher muss nun gefragt werden: Was bedeutet schlechthinnige (oder absolute) Unübertrefflichkeit in inhaltlicher Hinsicht? Zur Beantwortung dieser Frage ist es notwendig, den sogenannten „ontologischen Gottesbegriff" genauer in den Blick zu nehmen.

2.1 Der affirmativ-theologische Gehalt des „ontologischen Gottesbegriffs": Gott als Inbegriff aller (widerspruchsfrei) denkbaren Seinsvollkommenheiten

Anselms Begriff Gottes als desjenigen, über das hinaus Größeres bzw. Besseres nicht gedacht werden kann, besitzt sowohl einen affirmativ-theologischen als auch einen negativ-theologischen Gehalt. In affirmativ-theologischer Hinsicht bestimmt dieser „ontologische" Gottesbegriff Gott als Inbegriff aller widerspruchsfrei denkbaren Seinsvollkommenheiten, zu denen nicht nur die drei bereits im Denken der Griechen entwickelten klassischen Gottesprädikate der vollkommenen Macht, Weisheit und Güte, sondern auch die der realen und nur als real denkbaren, d. h. der seinsnotwendigen Existenz gehören und die als Wesensbestimmungen Gottes in einem widerspruchsfreien Verhältnis zueinander stehen müssen. Diese Seinsvollkommenheiten Gottes leitet Anselm aus seinem Begriff Gottes als desjenigen ab, über das hinaus Größeres bzw. Besseres nicht gedacht werden kann; denn dieser Gottesbegriff schreibt vor, Gott alle jene Bestimmungen zuzusprechen, deren Besitz ihren Träger im Sein vollkommener machen als ihr Nicht-Besitz. Diese aber sind im einzelnen: Gerechtigkeit und zugleich Barmherzigkeit,[37] ferner Wahrhaftigkeit, Glückseligkeit,[38] Allmacht, Leidensunfähigkeit und damit Körperlosigkeit,[39] Lebendigkeit, ja das Leben selbst zu sein, ferner höchste Güte,[40] Ewigkeit als zeitfreie Gegenwart und damit als Nicht-Übergänglichkeit,[41] folglich auch Unbegrenztheit im Sinne von zeit- und ortloser Allgegenwart;[42] höchste Schönheit,[43] immanente Ungeteiltheit, d. h. vollkommene Einfachheit des Wesens,[44] universelle Immanenz und Transzendenz,[45] vollkommene Unbedürftigkeit, mithin Selbstbestimmung,[46] Identität von Existenz und Essenz[47] und nicht zuletzt die Geistnatur und deren vollkommenes Wissen; denn es ist besser, Geist, und zwar allwissender Geist, zu sein, als keinen Geist zu besitzen.[48] Inwiefern aber ist es besser, alle diese Seinsvollkommenheiten zu besitzen als sie nicht zu besitzen, so dass diese Gott als dem Inbegriff schlechthinniger Unübertrefflichkeit zukommen müssen? Nach abendländischer Überzeugung ist Sein besser als Nicht-Sein und daher auch vollkommenes Sein besser als unvollkommenes Sein; daher gilt: je unvollkommener etwas ist, desto nichtiger, desto nicht-seiender ist es. Diese Annahme aber ist in höchstem Maße vernünftig: Denn Nicht-Seiendes kann nicht Träger von Qualitäten wie überhaupt von Eigenschaften sein. Nun besitzt aber, so müsste man jetzt einwenden, nicht nur der christlich geglaubte, sondern auch der jüdisch und der islamisch geglaubte Gott alle diese Seinsvollkommenheiten. Worin besteht dann die angeblich höhere Vernünftigkeit des christlichen Gottesverständnisses?

Neben den oben genannten ist auch die Liebe eine widerspruchsfrei denkbare Seinsvollkommenheit. Das Wesen personaler Liebe als der Höchstform von Liebe aber besteht in der Beziehungs-Einheit, d. h. in der wechselseitigen Selbsthingabe, zweier personal unterschiedener Wesen und der personal selbständig existierenden Frucht ihrer Vereinigung miteinander. Daher muss diese Seinsvollkommenheit Gott selbst zugesprochen werden. Denn es ist besser, selbst das Wesen personaler Liebe zu sein als es nicht selbst zu sein. Es ist daher ein Vernunftpostulat, Gott nicht nur eine vollkommene Persönlichkeit, d. h. den Besitz eines vollkommenen Selbstbewusstseins und eines vollkommenen (willentlichen) Selbstbestimmungsvermögens, mithin höchste Freiheit, zuzusprechen; sondern auch von ihm anzunehmen, dass er unter Wahrung seiner wesenhaften Einfachheit das Beziehungsgefüge dreier subsistenter Relationen bzw. Personen, mit anderen Worten: dass er in sich das rein geistige, dreieinige, unendliche Wesen vollkommener Liebe ist. Diese trinitarische Seinsweise Gottes behauptet aber nur das Christentum im Unterschied zum Judentum und zum Islam wie überhaupt zu allen anderen Religionen. Die menschliche Vernunft kann auf Grund ihrer faktischen Unvollkommenheit diese dreifaltige Seinsweise Gottes und damit die Einsicht, dass Gott in sich selbst das reine Wesen der Liebe ist, jedoch erst post factum, nachdem nämlich Gott sich als dieses dreipersönliche Wesen reiner Liebe dem Menschen gezeigt bzw. geoffenbart hat, erkennen.

3. Die Vernünftigkeit des christlichen Offenbarungsverständnisses

Entsprechendes gilt für die Inkarnation, d. h. die Menschwerdung, Gottes in der Person Jesu Christi, die zwar an sich bzw. prinzipiell für unsere Vernunft ableitbar wäre, de facto aber vor ihrer geschichtlichen Verwirklichung von der durch die Sünde versehrten Vernunft des Menschen nicht erkannt werden konnte.

Denn unter der Voraussetzung einer selbstverschuldeten Entfernung und Entzweiung der von Gott geschaffenen geistbegabten und (in vorgegebenen Grenzen) freien Naturen von ihrem göttlichen Schöpfer stellt auch die folgende Überzeugung eine von der Vernunft geforderte Konsequenz aus diesem vernünftigsten Gottesbegriff dar: Dass dieser Gott in seiner vollkommenen Liebe zu seinen sich von ihm abgewandt habenden freien Geschöpfen sogar durch seine eigene (widerspruchsfrei denkbare und daher grundsätzlich mögliche) Menschwerdung und vollkommene Selbsthingabe in einem gott-menschlichen Leben deren selbstverschuldetes Unglück der Gottverlassenheit stellvertretend auf sich nimmt, um – unter Wahrung seiner vollkommenen Gerechtigkeit – von sich aus ihre Gottesferne überwinden und die durch ihre eigene Schuld Gottverlassenen doch noch zu sich führen zu können. Denn dieses über die Selbstentäußerung der Menschwerdung bis zur in vollkommener Selbstverleugnung vollzogenen freien Hingabe des eigenen angenommenen menschlichen Lebens für das Glück anderer gehende Maß an selbstloser Liebe ist schlechthin unübertrefflich. Mit anderen Worten: Auch der christliche Inkarnationsgedanke und das christliche Erlösungsverständnis sind ein Implikat des vernünftigen Verständnisses Gottes als des Wesens vollkommener Liebe. Die Einsicht, dass der vollkommene Gott auch selbst, in eigener Person, in diese Welt der erscheinenden Vielheit hervortreten kann und auf Grund seiner vollkommenen Liebe auch hervortreten muss, um den Menschen vor dessen Selbstzerstörung zu bewahren, ist jedoch für uns Menschen erst post factum, d. h. nach erfolgter Inkarnation und dem heilswirksamen Kreuzestod sowie der Auferstehung Jesu möglich, weil diese größte der göttlichen Seinsvollkommenheiten, d. h. die Liebe, das durch die Sünde eingeschränkte natürliche Vorstellungsvermögen unserer Vernunft de facto übersteigt. Die personale Selbstoffenbarung Gottes in Gestalt eines Gottmenschen zur Rettung und Erlösung des Menschengeschlechts ist daher ebenfalls ein Implikat bzw. ein vernünftiges Postulat des vernünftigsten Gottesbegriffs als eines Inbegriffs schlechthinniger Unübertrefflichkeit. Folglich ist nicht nur das christliche Gottes-, sondern auch das christliche Offenbarungsverständnis in der Tat am vernünftigsten.

4. Der negativ-theologische Gehalt des „ontologischen Gottesbegriffs": Die Erhabenheit Gottes über das intellektuelle Anschauungsvermögen der geschaffenen Vernunft

Zu ergänzen bleibt zum einen noch der negativ-theologische Gehalt des ontologischen Gottesbegriffs, der sich selbst – in seiner Urform bei Anselm von Canterbury – als die angemessenste philosophische Explikation des christlichen Gottesverständnisses versteht. Denn von der negativen sprachlichen Formel „etwas, über das hinaus Größeres *nicht*" bzw. „*nichts* Größeres gedacht werden kann" wird nicht nur Gottes vollkommenes Sein, sondern zugleich auch negativ-theologisch Gottes Über-Sein, d. h. seine Transzendenz über alle von einem endlichen Intellekt denkbaren begrifflichen Gehalte, ausgesagt. Der Gott des christlichen Glaubens ist zwar das für jeden geschaffenen Intellekt denkbar Größte, d. h. der Inbegriff aller von ihm prinzipiell denkbaren Seinsvollkommenheiten – dies bezeichnet der affirmativ-theologische Begriffsgehalt dieses Gottesbegriffs; darüber hinaus aber muss er gerade *als* das für uns denkbar Größte zugleich größer, und zwar unendlich größer sein, als von uns, genauer als von einem endlichen Intellekt, überhaupt gedacht werden kann.[49] Denn es liegt im natürlichen Vermögen des endlichen Intellekts, sich gleichsam fiktiv etwas als wirklich existierend auszudenken, dessen Seinsweise die Reichweite seiner intellektuellen Anschauung prinzipiell übersteigt.[50] Daher gilt im Umkehrschluss: Wäre Gott nicht etwas Größeres als von uns gedacht – im Sinne von intellektuell angeschaut – werden kann, dann wäre er nicht das für uns denkbar Größte. Zur inhaltlichen Normativität des ontologischen Gottesbegriffs gehört also nicht nur seine begrifflich affirmative Bestimmtheit als die Summe aller denkbaren Seinsvollkommenheiten, sondern auch seine begrifflich negative Bestimmtheit als das unser Erkenntnisvermögen schlechthin übertreffende Sein, welches in seiner unendlichen Vollkommenheit erhaben ist über jede mögliche Steigerungsreihe begrifflicher Wertsetzungen des endlichen Intellekts.[51] Die negative Formulierung „nichts Größeres" oder „nicht etwas Größeres" (*maius nihil* bzw. *maius non cogitari potest*) aber ist geeignet, Gottes Erhabenheit über jeden möglichen Begriff eines endlich-geschaffenen Intellekts mitauszusagen. Der (dem) Gott (des christlichen Glaubens) inhaltlich angemessenste Vernunftbegriff muss daher sowohl einen affirmativ-theologischen als auch einen negativ-theologischen Gehalt besitzen. In dieser doppelten Gestalt als affirmativ-theologischer und zugleich negativ-theologischer Gottesbegriff bringt daher der ontologische Gottesbegriff das prinzipielle Paradox des Gottdenkens zumindest der abendländischen Metaphysik- und weitgehend auch der christlichen Theologiegeschichte am reinsten zum Ausdruck: Gott als das denkbar Beste und zugleich als größer als alles von einem endlichen Intellekt Denkbare annehmen zu müssen. Dieser Gottesbegriff ist im späten Mittelalter von Duns Scotus durch Hinzufügung des Unendlichkeitsbegriffs präzisiert worden, indem Scotus den begrifflichen Gehalt des anselmischen Gottesbegriffs der schlechthinnigen Unübertrefflichkeit als intensive Unendlichkeit bzw. genauer als aktuell unendliche Vollkommenheit bestimmt hat.[52]

5. Die zweifache (vernünftige) Normativität des „ontologischen Gottesbegriffs"

Der von Duns Scotus in dieser Weise präzisierte „ontologische Gottesbegriff" *Anselms von Canterbury* stellt in der Tat eine rationale Explikation des christlichen Gottesverständnisses dar. Dabei ist es die Verbindung zweier Vorzüge, die den „ontologischen Gottesbegriff" gegenüber allen anderen Gottesbegriffen der endlichen Vernunft zumindest im Bereich des abendländischen Denkens auszeichnet: Zum einen seine inhaltliche Normativität, die in seinem affirmativ-theologischen und zugleich in seinem negativ-theologischen Gehalt begründet liegt; d. h. darin, dass er mit einer einzigen sprachlichen Formel ("Etwas, über das hinaus Größeres nicht gedacht werden kann") sowohl die unendliche, allumfassende Seinsvollkommenheit als auch die Transzendenz Gottes, d. h. seine Erhabenheit über das intellektuelle Anschauungsvermögen der endlichen Vernunft, auszusagen vermag. Zum zweiten – und dieser Vorzug ist meines Erachtens der für die geistige Situation unserer Zeit entscheidende – seine formale Normativität. Denn der „ontologische Gottesbegriff" ist so geartet, dass er selbst dann, wenn man seine inhaltliche Bestimmung bzw. seinen begrifflichen Gehalt ablehnt, dennoch seiner Form zustimmen muss, sofern man ihm überhaupt eine referentielle Funktion zusprechen, d. h. als einen vernunftgemäßen Gottesbegriff verstanden wissen will. Diese formale Normativität des „ontologischen Gottesbegriffs" aber setzt ein grundsätzliches Verständnis der Bedeutung des Gottesbegriffs als eines Begriffs mit dem qualitativ bestmöglichen Gehalt und damit eine wertende Hierarchisierung begrifflicher Gehalte voraus. Wer sich jedoch Gott nicht einmal formal als den höchsten Gedanken seines eigenen Vernunftvermögens, als das vernünftigerweise denkbar Beste, vorstellen will, sondern als etwas anderes, suspendiert den Vernunftcharakter des Gottesgedankens. Mit anderen Worten: Wer in Gott überhaupt etwas Reales und nicht etwa eine Projektion des eigenen Bewusstseins sehen will, der weiß sich durch sein Vernunftvermögen verpflichtet, sich unter Gott das denkbar Höchste und Größte vorstellen zu sollen. Damit aber dürfte alleine bei demjenigen, über das hinaus Größeres bzw. Besseres nicht gedacht werden kann, eine Verbindung von inhaltlicher *und* formaler Normativität des Gottesbegriffs gegeben sein. Denn selbst ein Philosoph, der das axiologische Seinsdenken der klassischen Metaphysik, welches den begrifflichen Gehalt auch des „ontologischen Gottesbegriffs" Anselms bestimmt, de facto ablehnt und dennoch Gott rational denken will, wird von seiner Vernunft dazu verpflichtet, der bloßen Form des ontologischen Gottesbegriffs zuzustimmen, d. h. sich unter Gott zumindest formal das denkbar Größte und Beste vorzustellen, auch wenn er sich durch eine nicht mehr vernunftgemäße inhaltliche Bestimmung des Gottesbegriffs in einen performativen Widerspruch begibt. In dieser seiner Verbindung von inhaltlicher und formaler Normativität aber liegt der Vorrang des „ontologischen Gottesbegriffs" gegenüber anderen Gottesbegriffen der abendländischen Philosophiegeschichte, die den Charakter von Gegenstandsbestimmungen besitzen, sowie seine besondere Aktualität gerade für die geistige Situation unserer Gegenwart, die nicht zuletzt auf Grund eines prinzipiell anderen Seins- und Realitätsverständnisses den von ihm verwahrten inhaltlich normativen Seinsbegriff nicht mehr akzeptieren zu können glaubt.[53] Gemäß dieser formalen Normativität des „ontologischen Gottesbegriffs" ist daher der folgende Umkehrschluss gültig: Wer sich Gott als etwas denkt, welches gemäß seinem eigenen Urteil noch von etwas anderem übertroffen werden könnte, hat sicher kein vernunftgemäßes und daher auch kein angemessenes Gottesverständnis, weil er den singulären epistemischen Status des Gottesbegriffs als eines Inbegriffs absoluter, d. h. in jeder möglichen Hinsicht bestehender, Unübertrefflichkeit nicht realisiert hat.

6. Der „ontologische Gottesbegriff" als rationale Explikation des christlichen Gottesverständnisses

Es ist aber der christliche Glaube, wie Anselm von Canterbury gezeigt hat, der Gott sachlich als etwas versteht, über das hinaus Größeres bzw. Besseres nicht einmal widerspruchsfrei gedacht werden kann. Denn wer sich, so Anselms Begründung dieser These, etwas Besseres als den christlichen Gott denken wollte, der erhöbe sich in seinem Urteil über diesen Gott, was jedoch der vom christlichen Glauben angenommenen Schöpfer-Geschöpf-Relation widerspräche.[54] Denn der Schöpfer steht in jeder möglichen Hinsicht und folglich auch im Urteil über dem Geschöpf, so dass er schlechthin, in jeder möglichen Hinsicht also, unübertrefflich ist. Der christliche Gott muss daher, wenn es ihn gibt, schlechthin unübertrefflich sein. Genau dies aber ist die inhaltliche Bestimmung des ontologischen als des vernünftigsten Gottesbegriffs. Daher ist schlussendlich der christliche Gottesbegriff am vernünftigsten.

So stellt, zusammenfassend betrachtet, der christliche Glaube eine wohlbegründete Option für die Vernünftigkeit der Wirklichkeit im Ganzen dar, indem er für die Existenz eines sowohl in seinem Sein als auch in seinem Wirken schlechthin unübertrefflich guten Vernunftgrundes dieser Wirklichkeit eintritt.

Anmerkungen

[1] Benedikt XVI. 2007, 14.

[2] Ebd., 65.

[3] Ebd.

[4] Ebd., 64.

[5] Benedikt XVI., „Europa braucht beides Glaube und Vernunft"
vgl. www.welt.de/politik/article 773264/Europa braucht beides Glaube und Vernunft.html,
S. 1, 13.11.2007.

[6] Benedikt XVI. 2007, 14.

[7] Ebd., 15.

[8] Ebd.

[9] Ebd., 16.

[10] Ebd., 23.

[11] Ebd., 24.

[12] Ebd., 36.

[13] Ebd., 15.

[14] Vgl. Sottopietra 2003, 335.

[15] Ratzinger, Glaube zwischen Vernunft und Gefühl, 1998, 17.

[16] Sottopietra 2003, 336.

[17] Ebd., 337.

[18] Vgl. ebd., 337, Anm. 159 (Theologische Prinzipienlehre 1982, 73-74).

[19] Ratzinger 1991, 76: vgl. auch Ratzinger 1987, 145: „Die Dinge haben als unvernünftige keine Wahrheit, sondern die Wahrheit kann der Mensch erst machen, sie ist eine Setzung des Menschen, und d.h. in Wirklichkeit: Es gibt keine Wahrheit."

[20] Ratzinger, Theologische Prinzipienlehre, 1982, 74.

[21] Sottopietra 2003, 341.

[22] Ebd.

[23] Ebd., 342.

[24] Ratzinger 1987, 142.

[25] Ratzinger, Zeitfragen 1982, 31.

[26] Ratzinger 1976, 33f.

[27] Ratzinger 1991, 77.

[28] Sottopietra 2003, 344.

[29] Ebd.

[30] Ratzinger, Salz der Erde, 1998, 35.

[31] Vgl. Belegstellen bei Sottopietra 2003, 344, Anm. 188.

[32] Vgl. J. Ratzinger, Das Heil des Menschen 1975, 61: „Der Glaube ist ein Auftrag an die Ver-

nunft, sie selbst zu sein. Was er ihr verbietet, ist allein die Unvernunft, die sich weigert, die Dinge so zu sehen, wie sie sind; die nicht nach der Erkenntnis und der Verwirklichung des Möglichen trachtet, sondern unter der Herrschaft unwirklicher Leitbilder das Mögliche durch das Unmögliche verdirbt. Der Auftrag des Glaubens heißt: verantwortete Vernünftigkeit; Verantwortung gibt es freilich nur, wo ein ‚Wort' da ist, an dem wir zuletzt gemessen werden".

33 Vgl. Sottopietra 2003, 352.

34 Ratzinger 1968, 27f.

35 Ratzinger 1991, 23.

36 Vgl. hierzu Vf. 2002.

37 Vgl. hierzu die Kapitel 9 bis 11 des ‚Proslogion' Anselms von Canterbury.

38 Vgl. Anselm von Canterbury, Prosl. 5 [I 104,15 ff.].

39 Vgl. Anselm von Canterbury, Prosl. 6 [I 104,20-25].

40 Vgl. hierzu Anselm von Canterbury, Prosl. 12 [I 110,5-8]. Anselm will hier vor allem zeigen, dass alle göttlichen Eigenschaften Wesensbestimmungen Gottes und damit keine Akzidentien sind.

41 Vgl. Anselm von Canterbury, Prosl. 13 [I 110,12-18, insb. 17 f.]; Prosl. 19 [I 115,6-15].

42 Vgl. Anselm von Canterbury, Prosl. 13 [I 110,12-15]. Zur Geschichte der Gottesprädikate der Allgegenwart und Unendlichkeit in der lateinischen Patristik, bei Boethius und Eriugena bis einschließlich ihrer Erörterung in Anselms ‚Proslogion' sowie in seiner Kontroverse mit Gaunilo vgl. M. Enders, Allgegenwart und Unendlichkeit Gottes in der lateinischen Patristik sowie im philosophischen und theologischen Denken des frühen Mittelalters, in: Bochumer Philosophisches Jahrbuch für Antike und Mittelalter 3 (1998), 43-68.

43 Vgl. Anselm von Canterbury, Prosl. 17 [I 113,6-15].

44 Anselm leitet auch die immanente Teillosigkeit bzw. Einfachheit des Wesens Gottes aus dessen unübertrefflicher Seinsvollkommenheit ab, vgl. ders., Prosl. 18 [I 114,17-115,4].

45 In den Kapiteln 19 und 20 des Proslogion zeigt Anselm, dass alles Geschaffene in Gott gleichsam enthalten ist, d. h. von ihm erhalten wird (Prosl. 19) und dass er alle, auch die ohne Ende existierenden Entitäten (wie etwa die Engel) transzendiert (Prosl. 20).

46 Vgl. Anselm von Canterbury, Prosl. 22 [I 117,1 f.].

47 Die Identität von Dass- und Was-Sein Gottes schließt Anselm aus der wesenhaften Einfachheit und zeitfreien Gegenwart Gottes (vgl. Prosl. 22 [I 116,15]).

48 Vgl. Anselm von Canterbury, Prosl. 6 [I 104,24 f.].

49 Vgl. Anselm von Canterbury, Prosl. 15 [I 112,14-17].

50 Vgl. hierzu Anselm von Canterbury, Quid ad haec respondeat editor ipsius libelli (= PR) 4 [I 134,8-10, Hervorhebung v. Vf.].

51 Vgl. Anselm von Canterbury, PR 5 [I 135,8 – 136,2].

52 Vgl. hierzu ausführlich Vf. 2007/8.

[53] Deshalb ist Gott auch für jene postmodernen Denker, die das klassische Verständnis von (unendlicher) Seinsvollkommenheit ablehnen, das für sie Höchste und Größte, etwa für E. Levinas das Gute schlechthin oder für J. Derrida das bzw. der ganz Andere oder für J.-L. Marion die sich gebende Liebe.

[54] Vgl. Anselm von Canterbury, Prosl. 3 [I 103,4-6]: „Si enim aliqua mens posset cogitare aliquid melius te, ascenderet creatura super creatorem, et iudicaret de creatore; quod valde est absurdum."

Literatur

Anselm von Canterbury, Proslogion, ed. Franciscus Salesius Schmitt (S. Anselmi cantuariensis archiepiscopi opera omnia 3), Stuttgart 1968, 1.-2., unveränd. Aufl. 1984, 89-124.

ders., Quid ad haec respondeat editor ipsius libelli (= PR), ed. Franciscus Salesius Schmitt (S. Anselmi cantuariensis archiepiscopi opera omnia 3), Stuttgart 1968, 1.-2., unveränd. Aufl. 1984, 130-139.

Enders, Markus, Allgegenwart und Unendlichkeit Gottes in der lateinischen Patristik sowie im philosophischen und theologischen Denken des frühen Mittelalters, in: Bochumer Philosophisches Jahrbuch für Antike und Mittelalter 3 (1998) 43-68.

ders., Denken des Unübertrefflichen: Die zweifache Normativität des ontologischen Gottesbegriffs, in: Jahrbuch für Religionsphilosophie 1 (2002) 50-86.

ders., Art. Gott, in: Handbuch philosophischer Grundbegriffe, hrsg. v. C. Horn, W. Vossenkuhl, A. Wildfeuer, Freiburg/München 32007/8 (im Druck).

Benedikt XVI., Gott und die Vernunft: Aufruf zum Dialog der Kulturen, Augsburg 2007.

Ratzinger, Josef, Einführung in das Christentum, München 1968.

ders., Das Heil des Menschen: innerweltlich – christlich, München 1975.

ders., Der Gott Jesu Christi: Betrachtungen über den dreieinigen Gott, München 1976.

ders., Theologische Prinzipienlehre: Bausteine zur Fundamentaltheologie, München 1982.

ders., Zeitfragen und christlicher Glaube: acht Predigten aus den Münchner Jahren, Würzburg 1982.

ders., Kirche, Ökumene und Politik: neue Versuche zur Ekklesiologie; Robert Spaemann zum 60. Geburtstag zugeeignet, Einsiedeln 1987.

ders., Wendezeit für Europa?: Diagnosen und Prognosen zur Lage von Kirche und Welt, Einsiedeln [u. a.] 1991.

ders., Glaube zwischen Vernunft und Gefühl: Veranstaltung in Zusammenarbeit mit der katholischen Akademie Hamburg am Dienstag, 3. Februar 1998, im Börsensaal der Handelskammer Hamburg/Schlusswort Günter Gorschenek, Hamburg 1998.

ders., Salz der Erde: Christentum und katholische Kirche an der Jahrtausendwende: ein Gespräch mit Peter Seewald, Stuttgart 101998.

Sottopietra, Paolo, Wissen aus der Taufe: Die Aporien der neuzeitlichen Vernunft und der christliche Weg im Werk von Joseph Ratzinger, Regensburg 2003 (Eichstätter Studien, NF 51).

Thies Gundlach

Vernunft der Religion oder vernünftelnde Religion. Eine kirchenleitende Perspektive

Die Geschichte des Vortragstitels ist die Geschichte der Klärung des Themas; zuerst sollte der Titel heißen: „Vernunft und Glaube aus kirchenleitender Perspektive", was natürlich gar nicht geht, denn Vernunft und Glaube werden aus kirchleitender Perspektive auch nicht besser oder schlechter als sie sind. Deswegen hieß es bald – und so wurde es abgedruckt: „Das Verhältnis zwischen Glaube und Vernunft – Überlegungen aus kirchenleitender Sicht". Das ist schon viel besser ist, aber es bleibt der Einwand, dass es auch nach meinem Verständnis nicht *die* kirchenleitende Perspektive gibt (und selbst wenn es sie geben sollte, sie sicher nicht bei mir beheimatet wäre); kirchenleitend kann ja kein hierarchisches Moment meinen, das wäre Gift für die Fragestellung, sondern kann nur die „Vogelperspektive" meinen, die verschiedene kirchliche Perspektiven auf die gegenwärtige Diskussion berücksichtigen muss und soll. Deswegen nun also der wahre und wirkliche, end- und letztgültige Titel: „Vernunft der Religion oder vernünftelnde Religion – eine kirchenleitende Perspektive". Diese Thema trifft jedenfalls das Ergebnis meiner Überlegungen, wobei ich vorab eingestehe, dass das Thema Glaube und Vernunft ja kein bescheidenes Thema ist; normalerweise sagt man ja, die eigenen Überlegungen stünden auf den Schultern all der klugen Vordenker. Leider kann ich das nicht beanspruchen, ich stehe bestenfalls auf den Füßen der Vordenker herum, denn intensivere Studien lassen meine sonstigen Verpflichtungen bei der Beförderung von Kirchenleitung nicht zu.

Sicher aber bin ich mir, dass es sich bei diesem Thema für einen halbwegs gebildeten Theologen gehört, das berühmte 2. Sendschreiben F.D.E. Schleiermachers über seine Glaubenslehre an Dr. Lücke zu referieren und seine rhetorische Frage zu wiederholen, ob denn nun *„der Knoten der Geschichte so auseinander gehen sol-*

135

le? *Das Christenthum mit der Barbarei und die Wissenschaft mit dem Unglauben?"* Natürlich soll das so nicht sein und also braucht es Bestimmungen des konstruktiven Verhältnisses zwischen beiden Größen. Eine klassische Formel habe ich bei einem der jüngeren Vorträge des Altmeisters der Theologie, Eberhard Jüngel, gefunden, bei dem es heißt: *„Der Glaube ist aus der Vernunft nicht deduzierbar, und die Vernunft ist nicht darauf angewiesen, vom Glauben legitimiert zu werden. Das ist die Voraussetzung, die es zu respektieren gilt, wenn das Verhältnis von Glaube und Vernunft in der durch erste und zweite Aufklärung geprägten Neuzeit aufs Neue erörtert werden soll. Dahinter gibt es kein Zurück."*

Unter Berücksichtigung dieser beiden Grund-Sätze will ich nun in drei Schritten der kirchenleitenden Vogelperspektive gerecht werden: Zuerst vier Beobachtung zum heutigen „religiösen Vernunftgebrauch" bzw. zum „vernünftigen Religionsgebrauch". Sodann will ich im zweiten Teil den Versuch machen, eine Systematik in die Beobachtungen zu bekommen, um die Übersicht über die vielen Phänomene zu behalten. Dabei lasse ich mich vom geistlichen Ahnherren der Offenbarungstheologie im 20. Jahrhundert, von Karl Barth und seinen Ausführungen in seiner Kirchlichen Dogmatik, leiten. Von hier aus kann ich zuletzt in einem dritten Teil den Versuch machen, Kriterien aufzustellen, die die Vernunft der Religion von einer vernünftelnden Religion unterscheidet.

I.

Beobachtung aus einer fiktiven europäischen Zeitung eine ebenso fiktive Schlagzeile: „Religion ist unser Unglück, nicht Opium, sondern TNT fürs Volk", so der Biochemiker, Hirnforscher und Evolutionsspezialist Prof. Dr. Dr. XY. Je weniger Religion und Glaube, um so friedensfähiger, heißt die Einsicht. Die Forschung habe erwiesen, dass der Glaube ein biochemischer Hirnvorgang sei, und die Evolution zeige, dass ein Gott unnötig sei. Und was die Religion alles so anrichte, könne man ja seit dem 11.09.01 am Islamismus sehen und den Taliban und den Dschihad usw.. Die anderen seien aber auch nicht besser, die Christen haben die Hexen verfolgt und Kreuzzüge ausgelöst, und in Nordirland und auf dem Balkan schlagen sie sich immer noch. Religion sei irrational und zerstörerisch, fortschritts- und frauenfeindlich, sie bringe fanatische Glaubenskämpfe als dunkle Seite ihres monotheistischen Absolutheitsanspruches unvermeidlich mit sich.

Natürlich ist das polemisch zusammengestellt, aber in der Sache gibt es immer wieder diese Argumentationslinie: Vor ein paar Jahren etwa hieß es, das Christentum solle seine sieben Geburtsfehler (= sieben Todsünden) wahrnehmen und sich aus Einsicht selbst auflösen (H. Schnädelbach). Heute ist es ein Richard Dawkins, der mit dem Buch „Der Gotteswahn" eine Art „happy atheism" vorschlägt. Einerseits zeigt dies, dass an der „Wiederkehr der Religionen" doch etwas dran sein muss, sonst wären so heftige Reaktionen ja unerklärlich. Zugleich aber zeigt sich an diesen Gotteswahn-Kämpfern auch, dass wir in der Diskussionslage noch nicht wirklich vorangekommen sind. Denn alle Argumente sind schon einmal ausgetauscht worden und es bleibt bei immer bei der gleichen Argumentationsfigur: Dawkins ebenso wie der Amerikaner Christopher Hitchen gehen vor wie mein 10-jähriger Sohn, der seinen ersten PC auseinander genommen hat, weil er das Eröffnungsbild seines Lieblingsspiels in seinem Zimmer aufhängen wollte. Er hat es nicht gefunden, ebenso wenig wie man auf die Musik Mozarts stößt, wenn man ein Klavier analysiert, oder auf eine Seele, wenn man alle biochemischen Prozesse des Hirnes verstanden hat.

Beobachtung: Ein berühmter Artikel in der SZ stammt aus dem Jahre 2003 von Burkhard Müller und heißt: „Wir sind Heiden". Sein Artikel hatte eine ganze Kakophonie von Stimmen freigesetzt, die sich alle auf seine kritische These bezogen, dass sich das zukünftige Europa nicht auf christliche Werte berufen könne, da das Christentum bestenfalls eine Art „kosmische Hintergrundstrahlung" eines längst vergangenen geistigen Urknalls sei, heute ohne Kraft und Wirkung und lediglich museales Interesse verdiene. Seine Argumentation stellte mehr oder weniger hochtönend fest, dass das Christentum früher vielleicht einmal eine wichtige Rolle gespielt haben mag, aber es nun in der heutigen Welt und im modernen Europa ausgedient habe und funktionslos geworden sei. Denn – so Müller – man müsse doch feststellen: „Alles, was heute als Freiheitsrecht des Individuums gilt, musste mit Gewalt gegen die Christen durchgesetzt werden." Das Christentum sei eine Art „tote Voraussetzung", der man mit einer gewissen „Pietät" gedenken könne, aber eine aktuelle Dankespflicht bestünde nicht. Das Christentum gleiche einem alten Korallenstock, auf dem ein neuer Palmenhain gewachsen sei. Europa habe „die Nabelschnur zur Religion, die es durch die tausendjährige Schwangerschaft des Mittelalters getragen hat, endgültig getrennt", Europa ist „der gottlose Kontinent" par excellence und wir sind Heiden. Müller begründet seine Sicht mit dem Hinweis auf die innere Schwächung des Christentums, auf seine fehlende Kraft, seine mangelnde Ausstrahlung, seine ermüdete Glaubensglut. Müller macht diese innere Erschöpfung an unseren großen Kirchen anschaulich, die „nicht nur schwach besuchte, sondern auch kleinmütige, leise Veranstaltungen" beheimateten, denen „der Schwung, der Nachdruck" fehle. Die prachtvollen, pathetischen Kirchbauten in bester Lage der Städte wirken heute wie Riesen-Parkhäuser auf Helgoland, wie Einkaufszentren in der Sahara.

Natürlich kann man jetzt behaupten, dass es damit dem christlichen Glauben ergeht, wie es allen anderen Großerzählungen in der Neuzeit auch ergangen ist. Denn man muss ja ohne jeden triumphalistischen Tonfall feststellen, dass die modernen, aufgeklärten Groß- oder Metaerzählungen der Neuzeit, die in der Regel immer auch das Ende des Christentums vorausgesagt, angekündigt und wissenschaftlich eingesehen hatten, heute auch nicht mehr das sind, was sie einmal waren. Die lautesten „Absänger" des Christentums in Geschichte und Gegenwart sind selbst heiser geworden. Es bleiben hüben wie drüben nur kleine Münzen übrig! Ist das der Grund, warum einerseits ein ausgewiesener Protagonist der Projekte Aufklärung, Moderne und nachmetaphysisches Denken wie Jürgen Habermas erst jüngst die säkulare Gesellschaft daran erinnern zu müssen meinte, dass die „schleichende Entropie der knappen Ressource Sinn" auch dadurch aufzufangen sei, dass man durch „rettende Formulierungen" religiöse in säkulare Sinnsprache zu transformieren vermag? Und ist andererseits eben dies der Grund, warum sich die Kirchen begeistert auf diese Sätze stürzen? Stützen sich zwei blind Gewordene, die ihre hochtönenden Konzepte geschwächt sehen?

Beobachtung: Kennen Sie eigentlich die Serie CSI-Miami oder CSI-New York? Wenn nicht, haben Sie nicht wirklich etwas verpasst. Jene Serien funktionieren so wie unendlich viele andere Filme und Bücher in den vergangenen Jahren auch. Die Geschichten beginnen jedes Mal mit einem Einbruch in die Ordnung, einem besonders grausigen Leichenfund, der erst einmal unaufklärbar erscheint. Dann aber kommen die Spezialisten von der CSI und können Spuren analysieren, es werden feinste Haarreste auf genetische Spuren analysiert, der Lacktyp eines Autos kann bestimmt werden, die Schusswaffe natürlich usw. Es sind die Analysten, die Licht in das Dunkel des Mordes und Aufklärung in die vertrackte Bosheit bringen. Von dieser Gattung Krimi gibt es nach meiner Wahrnehmung unendlich viele Varianten, und es gibt an fast jedem Abend die immer gleiche Portion von diesen Krimis und Thrillern. Hier zwei Leichen, dort ein Mord, es wird geknallt, geschossen, gekämpft und gemordet, und immer folgt die Aufklärung im Laufe des weiteren Filmes. Warum ist das eigentlich so? Warum leben wir in einer (Un-)Kultur, in der jeden Abend, den der liebe Gott werden lässt, brutalste Kriminalgeschichten abspult werden und Kommissare, Detektive und Polizisten Diebe verfolgen, Mörder jagen und Böse zur Strecke bringen? Warum geht in unseren Breiten die Mimmi tatsächlich niemals ohne Krimi ins Bett?

Ich glaube, das hat mit einer quasireligiösen Erwartung an die Vernunft zu tun. Jeder Krimi ist eine Art Hoffnungsgeschichte für den Verstand, eine Art Glaubensbekenntnis für den rationalen Menschen, das Credo des säkularen Zeitgenossen. Der ständig sich wiederholende Krimi am Abend ist eine Evangeliums-Lesung für den aufgeklärten Menschen. Denn das Strickmuster dieser Filme ist ja immer gleich: Am Anfang bekommen wir in irgendeiner Weise einen Unfrieden geliefert, einen Mord, eine böse Tat, eine dunkle Machenschaft. Und dann setzt die Aufklärung ein, ein Kommissar, ein Detektiv, ein Polizist tritt auf und bringt Licht in dieses Dunkel, er betreibt Aufklärung, manchmal mit guten Fragen, manchmal mit guten Fäusten. Detektive sind die Träger der Aufklärung, die Heilsbringer der Rationalität, sie bringen Licht ins Dunkle, sie erhellen das Verborgene und durchleuchten die Hintergründe des Finsteren. In Gestalt eines Hauptkommissars kommt Licht ins Chaos, Aufklärung ins Unverstehbare und Frieden ins Leben. Und so tröstet ein Krimi, denn seine Botschaft ist auf die eine oder andere Weise immer gleich: Am Ende gewinnt die Aufklärung, die Rationalität durchschaut das Böse und es kommt zu einem „Happyend des Vernünftigen", es ist wieder Friede eingekehrt und der Böse abgeführt. Diese allabendliche Portion Trost, diese gute Nachricht vor dem Schlafengehen ist das Evangelium für den säkularen Menschen. Denn dies wissen wir natürlich alle: Im Grunde und in der Wahrheit ist unsere Welt keinesfalls so aufgeklärt und vernünftig wie es uns der Krimi erzählen will.

Die letzte Beobachtung: Kennen Sie Gottliebin Dittus? Sagt Ihnen dieser doch sehr eigenwillige Name etwas? Macht nichts, freut mich sogar, dann kann ich Ihnen auch mal was erklären: Also, die Szene spielt mitten im 19. Jahrhundert in Schwaben, genauer im Schwarzwalddorf Möttlingen in der Nähe von Calw. Dort wird 1838 Johann Christoph Blumhardt (1805–1880), der Ältere, Erweckungsprediger und Heiler, „Pastor der Herzen", wie es in einem Bericht heißt. Schwarzwalddorf Möttlingen. Aber er predigt nicht nur, sondern macht auch vernünftige Sachen, er gründet einen Kindergarten, eine Strick- und Nähschule und richtet eine Leihkasse für verschuldete Dorfbewohner ein. Über den Schwarzwald hinaus bekannt wird Blumhardt durch die Heilung einer von Krämpfen, Blutungen und Ohnmachtsanfällen geplagten jungen Frau, eben jener Gottliebin Dittus. Auch sind seine medizinischen Vorschläge medizinisch höchst diskutabel. Bei seinen Besuchen befiehlt Blumhardt ihr zu beten: „Jesus, hilf mir! Wir haben lange genug gesehen, was der Teufel tut – nun wollen wir auch sehen, was Jesus vermag." Zwei Jahre dauert die Leidenszeit. Dann hörten die Krämpfe der Gottliebin Dittus auf. Später leitete sie den Möttlinger Kindergarten und die Hauswirtschaft in Blumhardts neuer Wirkungsstätte Bad Boll.

Diese kurze Geschichte steht natürlich pars pro toto, ich könnte unendlich vieler solcher Geschichten erzählen, aus der Zeit der Erweckungsbewegung im 19. Jahrhundert in Deutschland, aber auch aus Holland, Dänemark und Amerika. Und es ließen sich vergleichbare Geschichten aus dem 20. Jahrhundert erzählen und aus der Gegenwart, diesmal mehr aus Lateinamerika und im Umfeld pentekostaler bzw. pfingstlerischen Kirchen. Es hat jene Heilungs- und Bekehrungswunder, jene unableitbaren Erweckungen und sensationellen Berufungen immer schon und immer wieder im Protestantismus und bei seinen Kindern und Kindeskindern gegeben, religiöse Aufgeregtheiten, die auf einen Außenstehenden nicht nur fremd und fern wirken, sondern die offensichtlich eine Nähe zum Irrationalen haben. Dass diejenigen, die sich halbwegs irritationsgeschützt in der Mitte der Volkskirche eingerichtet haben, solche Art von aufgeregter Frömmigkeit beunruhigend finden, lässt sich leicht denken. Deswegen haben sich die evangelischen Kirchen immer schwer damit getan: Die Kirche verbat Blumhardt damals „Heilungen in das Gebiet des Seelsorgers hinüber zu ziehen, statt auf den Arzt zu weisen". Blumhardt hatte bald die Nase von seiner Kirche voll und kaufte 1852 das Kurhaus Bad Boll vom Württemberger König Wilhelm, der selbst ein Anhänger Blumhardts war. Heilungssuchende aus ganz Europa strömten in Blumhardts

„geistliches Sanatorium", das von manchen auch als „Gebetsheilanstalt" bezeichnet wurde. Heute ist es die größte Akademie der württembergischen Landeskirche.

Auch wenn wir hier in Deutschland überwiegend gedämpfte, abgeklärte, pädagogisch wertvolle und psychologisch verantwortbare Wege zum Glauben kennen, weltweit betrachtet findet eine beachtliche Zahl von Menschen zum Glauben durch solche geisterfüllte Umkehr, durch zeltmissionarisch anmutende Erweckung, eben durch unableitbare Geisterfahrungen. Aber auch bei uns gibt es charismatische Heilungsgottesdienste, geisterfüllte Segensgottesdienste, evangelikale Lobpreis-Events u.v.a., die sich nicht nur bei Jugendlichen durchaus großer Beliebtheit erfreuen, sondern aus deren Kreisen im Laufe der Zeit nicht die schlechtesten Kräfte kommen, die in der evangelischen Kirche dann aktiv werden. Manchmal erwische ich mich selbst bei der Frage, ob das berühmte Böckenförde-Argument übertragen nicht auch für die liberale, aufgeklärte und vernünftige Volkskirche gilt, dass sie nämlich auch von Voraussetzungen lebt, die sie selbst nicht garantieren kann. In jedem Fall darf sich m.E. der vermeintlich so aufgeklärte Protestantismus nicht vernünftiger machen als er ist: Der Protestantismus hat immer Platz gehabt und Platz geboten für jene unmittelbaren Geisterfahrungen, in ihm war immer auch ein Ort für aufgeregtes Zungenreden und heilendes Gebet. Und wir sollten diese Phänomene nicht pauschal als Fundamentalismus disqualifizieren; konservative Theologen, Evangelikale, Charismatiker, Pfingstler, die Bekenntnisbewegung „Kein anderes Evangelium", die Deutsche Evangelische Allianz, die Initiativen wie ProChrist und Willow Creek wehren sich m.E. zu Recht dagegen, mit religiösen Fanatikern und Fundamentalisten in einem Atemzug genannt zu werden. Es gilt, christlichen Fundamentalismus präzise zu definieren und nicht jede geisterfüllte, heilungsorientierte oder exaltierte Frömmigkeit gleich für irrational und unvernünftig zu halten. Denn damit arbeiten wir nur den falschen Leuten zu, die immer schon der Meinung waren, dass die Frommen eher eine Gefährdung darstellen.

II.

Mache ich nun den Versuch, diese Beobachtungen zu Glaube und Vernunft in unseren Tagen so zu systematisieren, dass ihre Fehlformen zur Sprache gebracht werden, dann hilft mir dabei eine kluge Kategorisierung von Sören Kierkegaard aus seinem Buch „Die Krankheit zum Tode". Seiner These nach gibt es zwei Grundformen von Sünde, nämlich entweder „Verzweifelt man selbst sein wollen" oder „Verzweifelt *nicht* man selbst sein wollen". Das Man-selbst-sein-Wollen steht dabei für die gattungsgemäße Aufgabe, die spezifische Bestimmung, die es zu erfüllen gilt. Nun können natürlich auch Glaube und Vernunft jeweils ihre Bestimmung, ihre gattungsgemäße Aufgabe verfehlen und also sündig sein. Man kann daher jene vier Beobachtungen auf vier Formen der Sünde zurückführen:

- Eine *Vernunft*, die verzweifelt sie selbst sein will, kennt ihre Grenzen nicht und endet bei einer Absolutheit, die alles und jedes aus einer rationalen Perspektive verstehen will. Klar, dass dann bald überall ein Gotteswahn oder ein Gottessegen entdeckt wird, und Religion insgesamt als ein Störfaktor in der Geschichte menschlichen Denkens.

- Eine *Vernunft* aber, die verzweifelt *nicht* sie selbst sein will, ist eine Vernunft, die mehr Geistliches, Tröstliches und Soteriologisches verspricht als den Menschen gut tut. Eine sich religiöse Dimensionen anmaßende Vernunft setzt sich latent an die Stelle Gottes und vergreift sich am Leben selbst.

- Ein *Glaube*, der verzweifelt er selbst sein will, will alles und jedes *allein* aus Glauben, *allein* aus der Schrift, *allein* aus Jesus Christus ableiten, und endet bei einer Absolutsetzung der eigenen Religion, die neben sich gar nichts weiter zulässt. Diese fehlende Selbstrelativierung ist der harte Kern eines jeden Fundamentalismus.

- Ein *Glaube*, der verzweifelt *nicht* er selbst sein will, „vernünftelt" und schmeißt sich ran an die Vernunft, macht sich lieb Kind bei ihr, versucht in allem und jedem vernünftig, nachweisbar, plausibel und aufgeklärt zu sein. Er ist funktional, anpassungsbereit und als Wertelieferung eine Wonne für Staat und Gesellschaft.

Angesichts dieser Missbrauchs- und Sündengefahren von Vernunft und Glaube und ihren gegenseitigen Anmaßungen hat sich der Protestantismus an diejenige Instanz gewandt, an die er sich seit der Reformation immer wendet, wenn er der Sünde zu entkommen trachtet. Er hat sich an die heilige Schrift gehalten und dort Freiheit von der Macht der Sünde gesucht. Deswegen hat es eigentlich immer schon, aber spätestens seit Ende des 19. Jahrhunderts, Beginn des 20. Jahrhundert die Offenbarungstheologie als Schutz gegen diese Kierkegaard'schen Verzweiflungsgefahren gegeben. So paradox es klingt: Die evangelische Theologie hat sich in Gestalt der Offenbarungstheologie sowohl gegen die Übergriffe der Vernunft über den Glauben als auch gegen die Übergriffe des Glaubens über die Vernunft gewehrt. Denn auf dieser Portion Offenbarungspositivismus oder -dezisionismus basiert nach meiner Überzeugung seither jede Form der Theologie, die darauf verzichtet, in Anknüpfung an einen allgemeinen Begriff von Vernunft ein christliches Offenbarungsverständnis zu konstruieren. Und der Theologe Karl Barth ist in seiner Kirchlichen Dogmatik der Meister dieser Richtung protestantischer Theologie, die auch am Beginn des 21. Jahrhunderts noch wichtige Einsichten formulieren kann, wenn sie denn aus den klassischen Beurteilungen der Linksbarthianer oder der vermeintlich Liberalen herausgeführt werden kann.

Das aber gilt es kurz zu entfalten, wobei ich Ihnen – und auch mir selbst – natürlich ein ausführliches Referat der Kirchlichen Dogmatik Karl Barths erspare; ich referiere nur das Ergebnis des Gedankenganges, soweit ich das noch fehlerfrei zusammen bekomme:

Offenbarungstheologie hieß in Karl Barths Kirchlicher Dogmatik, dass der Glaube eine unableitbare, eigenständige und deswegen freie Quelle all ihres Wissens zum Ausgangspunkt nimmt, eine Basis, die sie vor nichts und niemanden zu rechtfertigen vermag, weil sie schlicht gegeben, behauptet und vorausgesetzt ist. Diese Theologie ist sozusagen axiomatische Theologie, wobei das erste und letztlich auch einzige Axiom lautet: Deus dixit = Gott hat gesprochen, und zwar in diesem einen Jesus Christus, wie es in der heiligen Schrift aufgeschrieben und in der Verkündigung bis heute bezeugt wird. Im Grunde braucht man nur eine einzige unableitbare Voraussetzung zu teilen, dass im sog. dreifachen Wort Gottes, dem gepredigten, dem geschriebenen und dem geoffenbarten Wort Gottes die ganze Wahrheit der christlichen Offenbarung und die Wahrheit ganz aufscheint. Alles weitere ist dann Ableitung aus diesem Axiom. Man kann es auch anders sagen: Karl Barth hat die unerlässliche und unvermeidliche Irrationalität des Glaubens auf einen einzigen Punkt konzentriert, nämlich auf die Offenbarung Gottes in Jesus Christus. Alle weiteren Ausführungen seiner durchaus umfänglichen KD sind dagegen plausible und durchaus rational nachzuvollziehende Ableitungen und Folgerungen.

Die Konzentration des irrationalen Elements des Glaubens auf jenes eine Axiom hat zur theologischen Voraussetzung, dass in diesem einem Wort Gottes

Jesus Christus wirklich auch alles Wichtige von Gott zu lernen ist; Karl Barth entfaltet diesen Gedanken in der sog. Erwählungslehre in KD II, 2. Der Kerngedanke ist, dass Gott sich aus freien Stücken allein aus Liebe auf die Erwählung dieses einen Menschen Jesus Christus festgelegt hat. Dieses Erwählungshandeln Gottes spiegelt so eine Selbstbegrenzung Gottes auf diesen Akt wider. Selbstbegrenzung ist aber eine zentrale Voraussetzung eines gleichsam „aufgeklärten Gottes", insofern dieser nun als „erster Diener seiner Schöpfung" sich selbst darauf festgelegt hat, die Bedingungen der von ihm zwar geschaffenen, aber bleibend unterschiedenen Wirklichkeit auch für sein Gnadenhandeln zu akzeptieren. *Gottes Selbstbegrenzung auf Jesus Christus eröffnet die Autonomie des Menschen und seiner Welt(-erkenntnis).*

Da die Kirche den speziellen und einzigen Auftrag hat, von diesem Erwählungshandeln Gottes zu zeugen, unterliegt sie ebenfalls einer Selbstbegrenzung, besser einer Zuständigkeitsbegrenzung. Die Verkündigung der Kirche ist nicht für alles Mögliche und Denkbare zuständig, sie ist weder die bessere Politikerin noch die klügere Vernunft, sie ist weder eine „Bundesagentur für Werte" noch die Oberinstanz zur Beurteilung wissenschaftlicher Einsichten, sondern sie hat sich zu konzentrieren auf das Zeugnis von Gottes Erwählung. *Der Selbstbegrenzung Gottes entspricht eine Zuständigkeitsbegrenzung der kirchlichen Rede von Gott.*

Nach meinem Urteil spiegelt diese nur sehr grob gezeichnete Eigenart der Theologie Karl Barths die prinzipiell plurale Situation wider, in der sowohl die Theologie wie die anderen möglichen Wirklichkeitsauffassungen als formal gleichrangige und voneinander unabhängige Positionen stehen. Barth öffnet die evangelische Theologie damit für die `Dialektik der Aufklärung`, indem er jeden Wahrheitsmonomythismus (Odo Marqard) oder Vernunftmonomythismus in der von Gott unterschiedenen Welt verbietet und eine Vielzahl von Wirklichkeitsdeutungen zulässt und erwartet. Denn wenn mit einer Vielzahl von möglichen und legitimen Vernunftbegriffen zu rechnen ist, dann ist nicht einzusehen, warum die Theologie einer dieser einen prinzipiellen Vorzug einräumen und also in der Dogmatik auf prinzipieller Ebene den Bezugspunkt geben sollte. Eine allgemeine und prinzipiell zu leistende Bezugnahme auf ein anderes Deutungssystem ist unter pluralen Bedingungen nicht sinnvoll.

Um aber einer kompletten Isolation der eigenen Einsichten zu entgehen, muss die Theologie ihre spezifischen Einsichten und muss die Kirche ihre spezifischen Zuständigkeiten ja dennoch entfalten und in Beziehung zu anderen Einsichten und Zuständigkeiten setzen. Die Theologie aber kann ihre Einsichten nur noch je und je zu einer einzelnen anderen Wirklichkeitsdeutung in Beziehung setzen. Unter radikalpluralistischen Bedingungen können die Außenbezüge der Theologie nur noch in einem je konkreten Diskurs mit anderen Deutungssystemen aufgebaut werden. Eben dies sind – im besten Fall – die „unableitbaren Sinnüberschüsse" der Religion, die mittlerweile auch von „religiös unmusikalischen Menschen" wahrgenommen werden. Gibt es keinen allgemeinen, von allen Deutungssystemen geteilten Deutungsrahmen mehr, dann ist nur eine Art *Regionalisierung aller Diskurse* sinnvoll. Und Karl Barths späte Theologie in der Kirchlichen Dogmatik steht für diesen regionalen Diskurs, denn kaum eine Dogmatik hat solch eine Vielfalt und Weite von Themen behandelt wie die von Karl Barth.

Barths Offenbarungstheologie steht daher *nicht für einen prinzipiellen Abschied von jeder Explikationsbemühung, sondern für den Abschied von jeder prinzipiellen Explikation.* So gesehen spiegelt sich in Barths Distanz zu jeder Form von natürlicher Theologie die pluralistisch gewordene Welt, in der alle Weltdeutungen grundsätzlich gleichrangig sind und deswegen keine mehr als Paradigma einer apologetischen Arbeit der Theologie zur Verfügung steht. In diesem Kontext gesehen bezieht sich Barths Kritik an der natürlichen Theologie auf den Versuch, irgendeines dieser anderen Weltverständnisse als leitendes Bezugssystem zu `dogmatisieren`. Damit aber hat Barths Offenbarungstheologie nicht nur die neuzeitliche Krise der theistischen Metaphysik rezipiert, sondern sie reagiert auf die Pluralisierung der Sinn-, Vernunft und Deutungssysteme in der Moderne. Darin kann man einen Modernisierungsschritt der evangelischen Theologie sehen, denn radikale Offenbarungstheologie steht so geurteilt am Übergang zur Pluralität der Normen-, Rationalitäts- und Wahrheitssysteme in der modernen Welt, sie kann als erster Schritt zu einer `Theologie nach der Aufklärung` gewürdigt werden.

Den Grundgedanken Barths findet man – wie so oft bei ihm – in einer wunderbaren Anekdote zusammengefasst; in einer noch späteren Schrift (Einführung in die evangelische Theologie) heißt es: Der alte Barth hat seine Studenten und Studentinnen gewarnt vor einer „ungesunde(n) Überfütterung", bei der „die Theologie nicht nur – wie es sich gehört – das A und das Z, sondern – und das gehört sich nicht – der Ersatz aller anderen Buchstaben des Alphabetes" zu werden versucht, bei der der Theologe „nicht nur in Allem als Theologe, sondern unter Eliminierung alles Anderen überhaupt nur als Theologe" zu leben versucht und ihn „im Grunde keine Zeitung, kein Roman, keine Kunst, keine Geschichte, kein Sport, eigentlich auch keine Menschen" interessieren!

Diese Warnung ist m. E. sehr umfassend gemeint. Man mag die damit anklingende lebensweltliche Einfügung und Relativierung der Theologie bedauern, in ihr den Untergang des christlichen Glaubens oder des gleichnamigen Abendlandes sehen, aber zu bekämpfen ist diese Entwicklung wohl nur um den Preis einer Feindschaft gegen das inneren Herzstück der Neuzeit selbst: Gegen die mit dem Stichwort Pluralisierung gekennzeichnete geistige Situation. Und bei einer solchen Feindschaft muss man ehrlicherweise mitsagen, dass die Frage nicht darin besteht, ob die Theologie gegen oder für dieses neuzeitliche Herzstück ist, sondern nur, ob die Neuzeit mit oder ohne die Theologie dieses ihr Herzstück lebt. Versucht also Karl Barths Offenbarungstheologie nicht nur auf ihre Weise zu vermeiden, dass `das Christentum mit der Barbarei` geht?

III.

Versuche ich jetzt abschließend, aus diesen Überlegungen heraus einige Kriterien für die Vernunft der Religion bzw. vernünftelnde Religion abzuleiten, dann nenne ich zuerst wichtige Modernisierungsschritte, die in dieser Offenbarungstheologie schlummern und die bei einer Verhältnisbestimmung zwischen Glaube und Vernunft helfen können:

1. In der Pluralität der Sinn-, Rationalitäts- und Deutungshorizonte der Gegenwart achtet eine Offenbarungstheologie auf die Weltlichkeit der anderen Erkenntnisbehauptungen. Es gibt natürlich kein Kontrollrecht der Theologie über weltliche Einsichten, wohl aber ein Kontrollrecht gegenüber der Weltlichkeit der Einsichten. Das ist die konsequente Anwendung der theologischen Grundaufgabe, Gott und Welt zu unterscheiden und ein Beitrag zum Kampf gegen die (sündige) Versuchung der Vernunft, verzweifelt (nicht) sie selbst sein zu wollen. Sonst endet die Vernunft bei einer „entgleisenden Modernisierung" (Jürgen Habermas).

2. Eine Offenbarungstheologie oder -religion, die auf die unableitbare und unverzichtbare Dimension der Irrationalität des Glaubens, auf die geheimnisvolle Selbstoffenbarung Gottes und auf die unerzwingbare Zuwendung Gottes in Jesus Christus verzichten zu können meint, wird eine vernünftelnde Religion. Wo alles Religiöse rationalisiert, alles verstehbar, vernünftig und funktional einsichtig wird, wird die Religion kraftlos. Eine Religion ohne Irrationalität, ohne Ergriffenheit und ohne mythisches (oder mystisches) Pathos ist eine blutleere, kraftlose Religion. Die christliche Religion ist in Gestalt ihrer Offenbarungstheologie der unerlässliche Versuch, die notwendige Irrationalität einer jede Religion zu integrieren, oder sich der Gefahr der Fundamentalisierung auszuliefern. Dies ist die konsequente Anwendung der Einsicht, dass das „fides quae creduntur" nicht verschluckt werden darf vom „fide qua creduntur", obwohl letzteres leichter zu begründen ist.

3. Das axiomatische System einer Offenbarungstheologie, das die Grenzen der eigenen Zuständigkeit vor Augen hat, lässt Platz für andere Sichtweisen und Perspektiven, es ist weder totalitär noch fundamentalistisch. Dies ist die konsequente Anwendung des protestantisches Grundsatzes, nach dem der Grund der Kirche (Jesus Christus) von jeglichem Tun der Kirche zu unterscheiden ist. Offenbarungstheologie bleibt dem eigenen, unverwechselbaren Thema treu und bekämpft so die (sündige) Versuchung einer jeden Kirche, verzweifelt (nicht) sie selbst sein zu wollen.

4. Offenbarungstheologie hat die Explikation ihrer Christuserkenntnis zur Aufgabe, sie ist darin aber nur ein Teilsystem innerhalb der hochdifferenzierten modernen Erkenntnispluralität; als Leitwissenschaft kann und soll sie nicht agieren und eine Generalzuständigkeit hat sie auch nicht. Der Wahrheitsanspruch der Christuserkenntnis wird nach außen als eigenständiger, aber nicht einziger, nicht absolutistischer Wahrheitsanspruch vertreten, der sich in den je konkreten, regionalen Diskursen erweisen muss. Deswegen aber behauptet Offenbarungstheologie, dass eine Nichtbeachtung ihrer Erkenntnisse sich konkretisiert als Reduktion und nachteilige Entdifferenzierung der Wirklichkeit.

5. In jeder Offenbarungsreligion gilt es zu unterscheiden zwischen Erschließungs- und Begründungszusammenhang: aufgrund der eigenständigen Erkenntnisbewegung des Glaubens werden spezifische Einsichten, Perspektiven und Aspek-

te *erschlossen*, die aber in einem vernünftigen, den anderen achtenden Diskurs *begründet* werden müssen. Die Rationalität der Einsichten zu entfalten, ist die konsequente Auslegung eben derselben (fides quaerens intellectum), wobei die Vielfalt der Diskurshorizonte die eigentliche Herausforderung der theologischen Urteilsbildung ist. Im günstigsten Fall aber entstehen „plausible Sinnüberschüsse", die ein Entgleisen der Vernunft bzw. der Moderne begrenzen können.

6. Die Vernunft der Religion liegt aber nicht darin, dass alles an ihr vernünftig ist, sondern dass das irrationale Element des Glaubens an die rechte Stelle gerückt und vernünftig entfaltet wird. Es gilt sich daher zu wehren gegen alle Vorstellungen oder Fremderwartungen, die angesichts der zweifellos beunruhigenden Taliban- oder Dschihad-Mentalität bei einigen wenigen Religionsvertretern hüben wie drüben nun von allen Religionen erwarten, dass sie sich von allen irrationalen Elementen verabschieden. Denn Religion ist die zivilisierte Form der Integration des Irrationalen in das Leben, und wer dieses Element nicht positiv zu integrieren versteht, der stärkt die Rückseite, die lichtabgewandte Seite der Vernunft. Eine religionslose Welt ohne integrierte Form der Irrationalität ist eine ungleich gefährdetere Welt, weil sie nun ihr Bedürfnis nach Geheimnisvollem, nach Verborgenem, nach Mystischem nur noch verquer und erruptiv ausleben kann.

7. Vernünftig ist dagegen eine Religion/ein Glaube, die/der – im Kierkegaardschen Sinne – nicht verzweifelt, sondern bei seiner/ihrer Sache bleibt und seinem/ihrem Auftrag treu. Zu dieser Treue gehört unabdingbar die Dialogfähigkeit mit anderen Menschen gleichen Geistes, d. h. die innerkirchliche, die ökumenische und die weltweite Kommunikationsfähigkeit ist eine vernünftige Grunderwartung an alle Richtungen innerhalb der Religion.

Am Ende sei der Kummer benannt, vor dem uns dieser Gedankengang bewahren und schützen soll. Denn es ist ja nicht nur eine These, die im Orient und bei den Muslimen immer wieder auftaucht, sondern auch eine eigene Wahrnehmung, dass uns Christen jedenfalls im europäischen Raum eine gewisse Kraftlosigkeit, eine Art Erosion des Glaubens, eine geistliche Schwäche befallen hat, die auch mit der Tendenz zu vernünftelnder Religion zu tun hat. Mitunter kann man ja wirklich den Verdacht haben, dass auch unsere evangelische Volkskirche in Deutschland einschließlich ihrer Theologie an den Universitäten von geistlichen Voraussetzungen leben, die sie selbst nicht garantieren können. Und hat nicht das europäische Christentum tatsächlich eine solche Reflexionskultur aufgebaut, die mitunter die Kraft des Glaubens relativiert? Der Glaube an Gott, dieses in der Offenbarungstheologie reflektierte konzentrierte Staunen über Gottes Gegenwart, wirkt oftmals blass und angekränkelt, schüchtern und einsam. Die Sehnsucht nach Authentizität und Ursprünglichkeit, nach Beten ohne Hintergedanken, nach Meditieren ohne Wellness-Berechnung, nach Stille ohne Leere ist zwar groß, aber diese Sehnsüchte aufzunehmen fällt der Volkskirche schwer. Und ich glaube wohl, dass eine Offenbarungstheologie diesen Schaden heilen kann, weil sie als unableitbares Geheimnis der Welt aussprechen kann, ohne in übertriebene Irrationalitäten auszuweichen.

André Kieserling

Religion und Vernunft – in einer säkularisierten Gesellschaft

I.

Wie einige unter Ihnen möglicherweise wissen, bin ich für einen soziologischen Kollegen eingesprungen, der ursprünglich zugesagt hatte, dann aber leider absagen musste, nämlich für den Herrn Dux. Das Thema, über das er zu Ihnen sprechen wollte, hieß Säkularisierung, und an dieser Themenwahl möchte auch ich festhalten, jedenfalls in einem ersten Teil meines Vortrags. In einem zweiten Teil möchte ich dann versuchen, etwas genauer auf das Generalthema dieser Tagung einzugehen, also auf die überraschende Aktualität von Unterscheidungen wie Glauben und Wissen oder Religion und Vernunft.

Methodisch läuft das darauf hinaus, mit Gesellschaftstheorie zu beginnen. Der Grund dafür liegt darin, dass die Möglichkeiten der Vernunft wie auch die Möglichkeiten der Religion, soziologisch gesehen, von Gesellschaftsstrukturen abhängen und mit ihnen sich ändern. Das ist natürlich nur die soziologische Sicht der Dinge, und die möglicherweise anwesenden Philosophen und Theologen werden das, wie mir bekannt ist, anders sehen.

II.

Das wichtigste Merkmal einer Gesellschaft, wenn man sie soziologisch interpretiert, liegt in ihrer Differenzierungsform. Wenn man diese Auskunft in einer Sprache übersetzt, die wir als Wissenschaftler heute nicht mehr so leicht verwenden, die aber den Vorzug hat, verständlich zu sein, dann geht es bei der Frage nach der Differenzierungsform der Gesellschaft eigentlich um die Frage, aus welchen Teilen dieses Ganze namens Gesellschaft zusammengesetzt ist. Das ist die Frage, auf die soziologische Differenzierungstheorien eine Antwort suchen.

Für diejenigen Phasen der Menschheitsgeschichte, die durch das Auftreten von Hochreligionen charakterisiert sind, gibt es nun zwei Differenzierungsformen, an die man die denken kann. Das ist zum einen Schichtung. Und dann gibt es eine zweite Differenzierungsform, für die es in der ökonomischen Literatur das Wort Arbeitsteilung und in der soziologischen Literatur das Wort funktionale Differenzierungen gibt. Damit ist gemeint, dass Gesellschaften nicht in erster Linie aus sozial exklusiven Großgruppen, also aus Klassen bestehen, sondern aus sozial inklusiven Funktionssystemen für Wirtschaft, Politik, Erziehung, Krankenbehandlung, Religion. Und sozial inklusiv heißt hier, dass jeder Mann und jede Frau, also beliebige Personen, mit Beteiligungsmöglichkeiten in diesen Funktionssystemen ausgestattet sind. Jeder wird erzogen, jeder darf wählen, jeder wird auf die eine oder andere Weise mit Geld versorgt (und wäre andernfalls in einer Gesellschaft, die eine sozial inklusive Wirtschaft praktiziert, gar nicht überlebensfähig).

Das Interessante ist nun, dass man beides, Schichtung und funktionale Differenzierung, in beiden Fällen findet: vor dem Übergang zur Moderne und danach, so dass es nahe liegt, das spezifisch Moderne an der modernen Gesellschaft in einer Änderung des relativen Gewichts dieser beiden Differenzierungsformen zusehen. Und das drückt man dann auch soziologisch so aus, dass man sagt: während die älteren Gesellschaften in erster Linie durch Schichtung bestimmt waren und funktionale Differenzierung nur in den dadurch gezogenen Grenzen zu akzeptieren vermochten, ist es in der modernen Gesellschaft umgekehrt so, dass nun funktionale Differenzierung die primäre Form gesellschaftlicher Differenzierung bildet und Schichtungsstrukturen von dort aus zu sehen und von dort aus zu bewerten sind. Schichtung hört demnach auf, ein gesellschaftlich erstrangiges Differenzierungsprinzip zu sein.

Ein starkes Argument für zugunsten dieser Auffassung mag man darin sehen, dass es in keiner früheren Gesellschaft, von der wir wissen, eine derartige Unterlegitimation von Schichtung gegeben hat. Wir sind wahrscheinlich die erste Gesellschaft, die nicht mehr im Traum daran denkt, allen Ernstes zu glauben, dass alles Gute von oben kommt. Wir sind vermutlich die erste Gesellschaft, die schon die pure Unterscheidung von oben und unten, jedenfalls im säkularen Gebrauch, mit Misstrauen quittiert. Es ist schwierig geworden, etwas zum Lobe von Hierarchien zu sagen, während es ganz leicht ist, mit symmetrischen Begriffen wie Verständigung, Wechselwirkung, Team und dergleichen zu wirtschaften. Inzwischen heißen selbst die Hierarchien in Organisationen Teams. Entsprechend begreifen wir uns als eine Gesellschaft der Gleichen, und für die Ungleichheit dieser Gleichen, also für Schichtung, haben wir nur noch kritische Begriffe. Soziale Ungleichheit – das klingt nicht nur so wie soziale Ungerechtigkeit, es wird auch von den meisten Verwendern dieser Formel, eingeschlossen die Soziologen, im Sinne eines Vorwurfsbegriffes gebraucht.

Wenn es aber richtig ist, dass die moderne Gesellschaft stärker als ihre Vorgängerinnen durch Arbeitsteilung oder durch funktionale Differenzierung charakterisiert ist, während die älteren Gesellschaften in erster Linie durch Schichtung charakterisiert waren, dann fällt im Rückblick auf Religion auf, dass es in deren Einzugsbereich eigentlich relativ früh dahin gekommen ist, dass so etwas wie ein Funktionssystem sich gebildet hat. Das Merkmal der sozialen Inklusivität jedenfalls war schon sehr früh erfüllt. Das gilt jedenfalls für universalistische Religionen, also für die sogenannten Weltreligionen, die sich mit ihrer Botschaft an beliebige Personen wenden, wie immer verschieden deren politische Loyalitäten oder deren ethnische Herkünfte auch sein und bleiben mögen. Auch Schichtgrenzen waren nicht als Grenzen der Expansion dieser Religionen gedacht. So gesehen, war die Religion alles andere als ein perfekt integrierter Teil der geschichteten Gesellschaften. Sie stand vielmehr aufgrund ihrer eigenen Autonomie innerhalb der Gesellschaft den dominierenden Strukturen dieser Gesellschaft, und den Schichtungsstrukturen zumal, relativ distanziert gegenüber.

Das gilt vielleicht nicht für alle Weltreligionen in gleichem Maße. Aber für das Christentum gilt es mit Sicherheit. Ich will dafür ein paar Belege nennen. Denken Sie etwa an die Interpretation der Schichtung im Christentum: Anders als in Indien, wo es gleich im Ursprungsmythos darauf ankommt, zunächst einmal die Schichten zu trennen, waren die Schichten im Christentum kein Teil der Weltschöpfung. Sie gelten vielmehr, ebenso wie politische Herrschaft, als eine Folge des Sündenfalls. Diese Einstufung hat zur Konsequenz, dass die Schichtungsstruktur nichts Heiliges ist. Sie ist kein unmittelbarer Ausdruck göttlichen Willens, sondern nur eine weltliche Notwendigkeit, und folglich sind auch Fehler, die man in dieser Hinsicht macht, keine religiösen Fehler. Das hat der Religion ein ungewöhnliches Maß an Distanz, und zwar an formulierter Distanz, zur damals dominierenden Schichtungsstruktur ermöglicht.

Sie können das auch ablesen an jener Interpretation der Gleichheit vor Gott, die spätestens mit Augustin verbindlich wurde und in ihren Quellen paulinisch ist.

Das war ja kein kommunistisches Programm. Da ging es nicht um Nivellierung, um Abschaffung von Schichtung schlechthin, auch nicht um Theologie der Revolution oder so etwas. Sondern es ging nur darum, dass Statusunterschiede in dieser Welt für das Schicksal der Leute in jener Welt irrelevant sind oder sein sollten. Der diesseitige Status eines Menschen, wie immer imponierend, sollte ein religiös irrelevantes Datum sein, das für sein Jenseitsschicksal gar nichts besagt, und das setzte natürlich auch voraus, das die statusrelevanten Ressourcen, dass also etwa der Reichtum, über den einer verfügt, nicht einfach in privilegierte Erlösungschancen eingetauscht werden kann. Der religionshistorische Skandal, den die spätere Praxis der Ablässe auslöste, hat hier seinen Grund.

Heute ist die Religion dagegen ein Funktionssystem neben anderen. Die gesamte Gesellschaft ist inzwischen nach jenem Muster eingerichtet, das ehedem nur von der Religion realisiert worden war. Daher wird auch die Gleichheitsformel in allen Funktionsbereichen kopiert. Wir kennen die Gleichheit vor dem Gesetz: der Richter soll sich nicht von Statusunterschieden zwischen den Parteien, sondern nur von tatbestandsrelevanten Merkmalen beeindrucken lassen. Oder denken Sie an Chancengleichheit im Erziehungssystem: nicht darauf, ob die Eltern der Schüler studiert haben oder nicht, sondern nur auf die Leistungen der Schüler sollte es nachkommen. Wir kennen das gleiche Wahlrecht, der auf seine Weise von Schichtung abstrahiert, indem es jedem Erwachsenen, wie immer arm oder schlecht informiert er im übrigen sein mag, mit einer Stimme ausstattet, und keinen Erwachsenen, auch nicht die Reichen und Einflussreichen, mit mehr als einer Stimme. All dies sind sehr unwahrscheinliche Normen, und dass Verstöße zu besichtigen und zu beklagen sind, versteht sich gewissermaßen von selbst. Aber das ändert bekanntlich nichts daran, dass es eine Norm ist.

Aber weißt heißt es nun, und was heißt es vor diesem Hintergrund, wenn von Säkularisierung gesprochen wird? Ich denke, den Kern der Antwort haben wir in jener kurzen Analyse der verschiedenen Gleichheitsformeln, die ich Ihnen gerade vorgestellt habe, schon vor uns. Um das einzusehen, müssen wir nur hinzunehmen, dass die Gleichheitsformeln der anderen Funktionssysteme nicht nur von Schichtung abstrahieren, sondern auch davon, ob und in welcher Weise die Menschen sich an Religion beteiligen. Ob sie Christen sind, ob sie einer anderen Religion anhängen, oder ob sie es mit Max Weber vorziehen, sich selber als religiös unmusikalisch zu bezeichnen – auch von diesen Differenzen darf nur außerhalb des Bereichs der religiösen Kommunikation selbst nichts mehr abhängen. Soziale Inklusivität, Offenheit für die Beteiligung von jedermann, keine Diskriminierung nach Maßgabe von Merkmalen, die für die jeweils angesprochene Funktion irrelevant sind – solche Formeln laufen außerhalb von Religion darauf hinaus, dass man sich von Religion unabhängig machen, dass man ihre Urteile neutralisieren muss.

Die Beispiele dafür sind den meisten von Ihnen natürlich bekannt. Die moderne Politik versteht sich, konfrontiert mit dem religiösen Pluralismus in der Bevölkerung, als weltanschaulich neutral und legitimiert sich selbst über die entsprechenden Verfahren der Wahl und der Gesetzgebung. Die moderne Wissenschaft verzichtet darauf, das epistemologische Vokabular in irgendeinem theologisch belastbaren Kontext zu interpretieren, denn auch ihre Wahrheiten sollen für alle in gleicher Weise gelten, wie immer ungleich sie nach Art und Grad, nach Richtung und Intensität ihres religiösen Interesses auch sein mögen. Auch die Moralbegründung wird spätestens seit Kant auf ein säkulares Vokabular umgestellt, um auch unabhängig von religiöser Bindung zu überzeugen. Die Erziehung wird staatlich organisiert und nicht etwa religiös, und so weiter. Die Religion hat also aufgehört Spitze des Gesellschaftssystems oder Grundlage seiner Kultur zu sein.

Auch dies könnte man noch unter den Leitbegriff der funktionalen Differenzierung bringen. Aber was heißt, im Unterschied dazu, Säkularisierung? Hier folge ich Niklas Luhmann, indem ich sage: Säkularisierung ist dasselbe Phänomen, nun aber nicht gesehen aus der Optik der Gesamtgesellschaft, sondern gesehen aus der Optik der Religion selbst. Säkularisierung, das ist eine religiöse Beschreibung der funktional differenzierten Gesellschaft, nämlich eine Beschreibung, die einfach die Religionsferne oder Religionsindifferenz der anderen Teilsysteme in dieser Gesellschaft betont und darunter leidet, ohne zu sehen, dass sie mit dieser negativen Beschreibung an das, was positiv in diesen anderen Teilsystemen geschieht, gar nicht heranreicht.

Denken Sie etwa die berühmte Fangfrage: Soll ein Naturwissenschaftler, der ein Experiment durchführt, beten, dass es gelingt? Angenommen, man würde beten und das Experiment gelänge daraufhin, und angenommen, man wäre fromm genug, dies dem Beistand Gottes zuzurechnen, dann hätte man als Wissenschaftler nichts davon. Denn wissenschaftlich ist das Experiment natürlich nur dann erfolgreich, wenn es Bedingungen der Wiederholbarkeit und der intersubjektiven Übertragbarkeit genügt, wenn also beliebige Wissenschaftler, darunter auch solche, die nicht an Gott glauben, es wiederholen könnten. Folglich ist die Vorstellung, Gott um das Gelingen eines Experiments zu bittet, so absurd, dass kein Wissenschaftler dies ernsthaft erwägen wird. Der Verzicht auf transzendenten Beistand folgt für ihn so notwendig aus den Strukturen seines eigenen Systems, dass man ihn dem Wissenschaftler nicht als Entscheidung zurechnen kann. Er ist in keiner Weise ein Teil dessen, was er im Labor tut. Das heißt aber auch, dass die Vorstellung, die Wissenschaft sei religionsfern, so wenig mit der Sache zu tun hat, dass man sie wirklich der Religion zurechnen muss.

Eine zweite Möglichkeit sich klarzumachen, dass die Formel von der Säkularisierung nur eine projektive Beschreibung, die mehr über die Religion als über die moderne Gesellschaft besagt, sichtbar wird, sobald man sich überlegt, welchen Sinn es haben könnte, nicht nur die Teilsysteme jenseits von Religion, sondern auch die Gesellschaft im Ganzen als säkularisiert zu beschreiben. Auch dies würde man soziologisch nicht unterschreiben können, denn die Gesellschaft im ganzen schließt die Religion ja nicht aus, sondern ein. Man kann sie nicht im ganzen als religionslos, als radikal diesseitig, als gottfern oder als sündig beschreiben, denn Religion ist ein wichtiger Teil der modernen Gesellschaft. Die moderne Gesellschaft kennt Religion wie eh und je, nur ist ihr Stellenwert eben ein anderer, da es sich nun um ein Funktionssystem neben anderen handelt.

In dieser Zurechung, in dieser These, dass es eine säkularisierte Gesellschaft nur in der Optik der Religion selbst gibt, liegt für die Religion eine große Chance. An funktionaler Differenzierung kann man mit den Mitteln von Religion nichts ändern, denn das ist eine Struktur des Gesellschaftssystems selbst, die allen seinen Teilsystemen, und so auch der Religion, vorgegeben ist. Aber die spezifisch religiöse Interpretation dieser Vorgabe ist dann um so mehr Sache der Religion selbst.

Bis heute erfolgt diese Interpretation unter negativen Vorzeichen und mit der Implikation, anders wäre es besser. Entweder man versteift sich auf das Eigene, pflegt seine Phantomschmerzen und beklagt irgendwelche Verluste. Oder man ermuntert zu Anpassungen an die säkularisierte Gesellschaft. Und natürlich kann man in einem komplexen System, wie die Religion es ist, auch beides haben, Nichtanpassung und Anpassung, sofern man es auf unterschiedliche Ebenen der Systembildung verteilt. Man kombiniert dann zum Beispiel Nichtanpassung im Bereich ihrer Dogmatik mit Anpassungsbereitschaft im Bereich sozialer Dienstleistungen. Überall dort, wo es um religiös motivierte Hilfsbereitschaft in säkularen Rollen geht, ob nun in Krankenhäusern, bei der Armenpflege, an den verschiedenen Stellen wohlfahrtsstaatlicher Zuständigkeit, muss die Religion sich nach einem Gesetz richten, das nicht ihr eigenes ist. Und die Frage, was das spezifisch Christliche an einem christlichen Krankenhaus sein könnte, löst berechtigte Ratlosigkeit aus. Es ist kein Zufall, dass die erste amtliche Publikation des Papstes hier eines ihrer Themen hatte.

Aber ich denke, es gäbe auch Möglichkeiten, Säkularisierung positiv zu sehen. Und zwar unter dem Aspekt, dass es ja zum ersten Mal in der Geschichte, und zwar aufgrund von funktionaler Differenzierung, eigentlich keine anderen als rein religiöse Motive mehr geben müsste, um sich an Religionen zu beteiligen. Solange das Fernbleiben beim Ritual die Leute in anderen Rollenbereichen isoliert hätte, solange konnte man nie genau wissen, warum sie am Gottesdienst teilnehmen. Dass sie es um Gottes willen tun, musste man ebenfalls glauben. Heute dagegen können wir auf Religion verzichten, ohne religionsexterne Folgen zu spüren. Wer sich dafür entscheidet, dem passiert nichts in anderen Rollenbereichen. Das mag man schade finden, aber es bedeutet doch umgekehrt auch, dass man von denen, die dann noch kommen, auch etwas Unwahrscheinliches verlangen könnte, also mehr als nur: das sie den üblichen Werten der Gesellschaft zustimmen oder mitmachen beim Verurteilen derjenigen, die moralisch ohnehin schon gerichtet sind.

Luhmann hat zum Beispiel vorgeschlagen, die Theologen möchten einmal darüber nachdenken, ob es nicht an der Zeit sei, zu sagen, dass, wenn alle sich einig sind in der moralischen Verachtung bestimmter Personen, also zum Beispiel in der moralischen Verachtung von Terroristen, dass es dann Sache der Kirche sein könnte, zu sagen, für uns gilt etwas anderes – und zwar nicht, weil man hofft, die Sünder am Ende dann doch noch zu bekehren, sondern in dem Sinne, dass Gott, wenn schon im Singular, dann auch als moralisch indifferent gedacht werden müsste. Luhmann hat das immer mit der islamischen Anekdote vom Apfeldieb, einem Stück aus der Sufi-Mystik, erläutert: Der steigt auf den Baum des Nachbarn und verzehrt dessen Äpfel, dann kommt der Nachbar und regt sich darüber auf. Und dann sagt der Apfeldieb: wenn es Gott, unserem Herrn nicht gefallen hätte, dass ich hier auf diesem Baum sitze, dann säße ich dort nicht. Denn er ist, wie du weißt, allmächtig. Und dann geht die Geschichte weiter: Der Nachbar nahm den Stock des Herrn und hat den Apfeldieb damit verhauen. Das zeigt eine Spannung an zwischen Monotheismus und der Vorstellung, dass der eine Gott die Guten mehr als die Bösen schätzt. Diese Spannung ist auch dem Christentum keineswegs fremd: die Unterscheidung von Gerechtigkeit und Gnade besagt doch, dass auch Konformität im Verhältnis zur herrschenden Moral die Erlösung nicht garantiert, und das jüngste Gericht soll nach Matthäus als Überraschung kommen, und zwar als Überraschung auch und gerade für die Gerechten. Oder denken Sie an die Theodizeeproblematik, die ja auch nur ein Derivat dieser Grundspannung ist.

III.

Ich möchte nun etwas über die Unterscheidung von Glaube und Vernunft oder von Glaube und Wissen sagen. Ich beherzige dabei eine Methodenregel, die man bei Luhmann lernen kann, nämlich nicht nur nach den Begriffen, sondern immer auch nach den Gegenbegriffen zu fragen. Es sagt sich ganz leicht, dass Glaube und Vernunft eine Einheit oder ein Kontinuum bilden, in dem es keine Sprünge gibt, dass sie sich harmonisch und nicht etwa als schroffer Widerspruch zueinander verhalten, und wer als Theologe darunter leidet, dass die moderne Religion den modernen Intellektuellen wenig bedeutet, der mag auf solche Formeln zurückgreifen, um diese Gruppe zu umwerben oder sich selbst als Intellektueller zu präsentieren. Aber was ist mit den Gegenbegriffen? Was ist mit Unglaube und Unvernunft? Überträgt sich die positive Einheit, die man sucht, nicht auch auf diesen Bereich?

Konkreter gefragt: Wenn der Glaube vernünftig ist, muss dann nicht gefolgert werden, dass Andersgläubige oder Ungläubige unvernünftig sind? Aber müsste man ihnen dann nicht auch, und zwar mit eben dieser Begründung, den Zugang zu anspruchsvollen Positionen in der Gesellschaft verweigern, also verhindern, dass sie Firmen leiten, Kinder großziehen, sich um Ämter und Karrieren in politischen Parteien bemühen? Oder andersherum: Wenn der Unglaube vernünftig ist, müsste man dann nicht auch diejenigen, die weiterhin glauben, als intellektuell minderwertig oder als kognitiv gestört ansehen und dann eben dafür sorgen, dass diese Gruppe daran gehindert wird, gesellschaftliche Verantwortung zu übernehmen?

Ich glaube nicht, dass ich mir die Härte solcher Konsequenzen, die beide in den Bereich dessen hineinreichen, was Soziologen als Exklusion bezeichnen würden, die also beide darauf hinauslaufen, bestimmten Personengruppen die Anerkennung als ernstzunehmender Absender von Kommunikation zu verweigern, nur ausgedacht habe. Ich denke vielmehr, dass sich beides belegen lässt, wenn auch an sehr verschiedenen Gesellschaftssystemen: die gesellschaftliche Exklusion der Ungläubigen und die gesellschaftliche Exklusion der Gläubigen, und zwar in beiden Fällen mit der Begründung, dass es ihnen an kognitiven Minima für Teilnahme an Gesellschaft schlechthin fehlt.

Nehmen wir zunächst den ersten Fall. Nach einem Diktum Max Horkheimers wäre der Atheist im Mittelalter nicht einfach ungläubig, sondern verrückt gewesen. Er hätte also nicht nur in religiöser Hinsicht, sondern eben darum auch in allen Hinsichten einen schweren Dachschaden gehabt. Hier galt das Kontinuum von Glaube und Vernunft also in genau dem Sinne, den ich soeben skizziert habe. Der Unterschied zu unserer Situation liegt freilich darin, dass wir es damals mit einer sozialen Fast-Identität von Gesellschaftssystem und Religionssystem zu tun hatten. Die Kirche war Volkskirche ohne nennenswerte Konkurrenz, und wer der Gesellschaft zurechnete, der gehörte eben darum auch ihrer Religion an. Die Systemgrenzen für Gesellschaft und für Religion bezogen sich auf also dieselbe Gruppe von Menschen. Unter diesen Umständen konnte man die Begriffe, die religiöse Inklusion symbolisieren, mit den Begriffen für gesellschaftliche Inklusion, also Glaube mit Vernunft assoziieren, ohne dass die Umkehrassoziation von Unglaube mit Unvernunft auf die Exklusion großer Teile der Bevölkerung hinausgelaufen wäre. Dafür gab es einfach nicht genug Ungläubige. Das Potential an sozialer Spannung, das in dieser semantischen Konstellation von Begriffen und Gegenbegriffen, von Inklusionsformeln und Exklusionsformeln liegt, konnte latent bleiben. Und die Abgrenzung der Begriffe konnte folglich mehr in der Sachdimension erfolgen. Glaube und Vernunft galten dann als Lichtquellen unterschiedlicher Art, zu denen aber jeder den gleichen Zugang hat.

Angesichts der unangefochtenen Autorität einer Staatsreligion oder Volkskirche hatte die Behauptung einer wechselseitigen Nähe von Glauben und Wissen vor allem die Funktion, die Reflexion der Religion, also die Theologie, zu desakralisieren und einen rationalen Umgang mit Problemen der Dogmatik zu ermöglichen. Die säkularen Denkmittel der antiken Philosophie konnten dann auch innerhalb des Religionssystems verwendet werden. Die frühen, die patristischen Trennformeln für

Glauben und Wissen, Offenbarung und Vernunft konnten auf diese Weise abgehängt werden. Credo quia absurdum est – dieser Satz hat keine Schule gemacht. Das hat freilich nicht nur die Rezeption der antiken Philosophie ermöglicht, also den Verlust wichtiger Denkerrungenschaften verhindert, und zwar auch nachdem ihre sozialstrukturelle Basis entfallen war, sondern schließlich auch zu jenen Kontroversen zwischen Nominalismus und Realismus, Rationalismus und Voluntarismus geführt, die dann ihrerseits zur Kirchenspaltung geführt haben. Und seither ist die Situation eine vollkommen andere.

Man kann Glaube nicht mehr als Symbol für Mitgliedschaft in der Gesellschaft auffassen. Das Wort Glaube bezeichnet in der Moderne nur noch die Mitgliedschaft in Glaubensgemeinschaften, aber nicht mehr die Mitgliedschaft in der Gesellschaft selbst. Denn zur Gesellschaft gehören ja nun auch die Andersgläubigen und die Ungläubigen – und die Gläubigen auch dann, wenn sie außerhalb von Religion, und dann etwa: innerhalb von Wissenschaft, sich engagieren. Symbole für gesellschaftliche Inklusion müssen angesichts dieser Differenzierung, die sie zu übergreifen haben, stärker generalisiert werden. Sie müssen Gläubige wie Ungläubige einschließen können, also Merkmale treffen, in denen diese beiden Gruppen sich nicht unterscheiden. Man kann sagen: hier wie dort hat man es mit Menschen zu tun, oder hier wie dort werden Werte ernstgenommen, hier wie dort gibt es Vernunft usw. Aber all diese Begriffe setzen dann, anders wären sie den Ungläubigen nicht zumutbar, einen säkularen, einen religiös neutralen Kontext ihrer Bestimmung voraus. An der Säkularisierung der Symbole für gesellschaftliche Inklusion führt kein Weg vorbei, denn in jedem anderen Falle hätte man es mit einem Diabol, mit einer Trennformel, mit einer Spaltung zu tun. Aber die Frage ist dann eben, ob dieser Kontext nicht umgekehrt dazu tendiert, nun gerade die Gläubigen auszuschließen.

An Beispielen dafür fehlt es nicht. So wie vorher der Unglaube als unvernünftig galt, so werden spätestens seit der französischen Aufklärung immer wieder Positionen vertreten, die einen szientistisch oder materialistisch verengten Rationalitätsbegriff vertreten, an dem gemessen jede Art von religiöser Bindung, die über die Trivialitäten einer Zivilreligion hinausgeht, dem Verdacht anheimfällt, schlechthin irrational zu sein. Religion wird mit Marx als Ideologie oder mit Freud als Illusion rekonstruiert, und ihre Anhänger erscheinen als Abweichler mit kognitiven Fehlentwicklungen und ziehen als solche ein klinisches Interesse auf sich. Es versteht sich, dass auch diese Lesart der Unterscheidung von Religion und Vernunft wenig befriedigt.

Ich fasse zusammen: Die Zuwendung zum Glauben kann nicht rational sein, wenn das heißen soll, dass sie aus Vernunftgründen naheliegend oder vielleicht sogar unvermeidlich sei, denn das würde ja bedeuten, den Andersgläubigen oder Ungläubigen die Vernunft abzusprechen – auch wenn es sich um Nobelpreisträger handelt. Sie darf aber auch nicht irrational sein, denn das würde dieselbe Sanktion gegen die Gläubigen verhängen – auch wenn sie in anderen Rollenbereichen in der Lage sind, Wahlen zu gewinnen oder große Firmen zu leiten. In beiden Fällen hätte man es mit Exklusionsprogrammen zu tun, die es nicht zulassen würden, dass Gläubige und Ungläubige in säkularen Rollenbereichen miteinander kooperieren.

Man kann dem Problem ausweichen und sagen, dass beides, Glaube und Unglaube, auf ihre Weise vernünftig sind, aber dann besagt die Berufung auf Vernunft offenbar wenig. Sie hat keine eigenen Affinitäten, weder in die eine noch in die andere Richtung. Aber dann sagt man besser gleich, dass man mit Vernunftgründen weder zum Glauben noch zum Unglauben kommt. Glaube und Unglaube wären dann weder rational noch irrational, aber möglicherweise wären sie, nach einem Vorschlag von Talcott Parsons, nichtrational.

Insofern würde dann mindestens für Glauben dann etwas Ähnliches gelten wie für Liebe. Auch die Zuwendung zu einem Partner wird ja normalerweise nicht als rationale Wahl verstanden, und Adorno hat das sogar herumgedreht und vom Wahnsinn der Vernunftehe gesprochen. Aber andererseits kommt niemand auf die Idee, alle Liebenden für verrückt zu halten und ihnen mit dieser Begründung dann etwa keine anspruchsvolle Position mehr anzuvertrauen.

Podiumsdiskussion

Die Vernunft der Religion –

Protestantische Aspekte einer aktuellen Kontroverse.
Mit Beiträgen von Arnd Brummer, Georg Pfleiderer und Werner Schreer

Arnd Brummer

Ich habe gerade eine Leseausgabe der Penseés (Gedanken) von Blaise Pascal herausgegeben. Dabei habe ich mich intensiv mit der Auseinandersetzung im 17. Jahrhundert zwischen den Anhängern des cartesianischen Weltverständnisses und Pascal beschäftigt. Hier Pascal mit seiner sphärischen Weltdeutung, dort das triumphalistisch-mechanistische Weltbild als Folge des Siegeszuges der Empirie als wissenschaftliche Methode.

Der empirische Blick wirkte befreiend. Man hörte auf, etwas für wahr und gegeben zu betrachten, nur weil es Autoritäten wie Aristoteles einst verkündet hatten. Man setzte nun auf eigene Wahrnehmungen und Beobachtungen, trieb mit empirischen Mitteln Wissenschaft. In der Euphorie verfiel man darauf, die empirische Methode auch auf die Gottes- und Glaubensfragen anzuwenden. Pascal, selbst genialer Mathematiker, der den Satz vom Vakuum bewiesen hat, auf der anderen Seite leidenschaftlicher katholischer Christ, kämpfte dagegen an, rationale Erkenntnis und transzendente Option gegeneinander auszuspielen. In seinen Penseés behandelt er diese hochmoderne Thematik auf eindrucksvolle Weise. Ich kann nur raten, da mal wieder reinzugucken. Es hat sehr viel mit uns zu tun. Wir leben nicht nur in der Polarität zwischen einer mechanistisch-naturwissenschaftlichen Deutung und einer religiösen, theologischen. Wir leben in einer multikulturellen Situation. Das gilt nicht nur nach außen für uns als Individuen in einer multikulturellen Welt. Es gilt auch für unser Inneres, für unser eigenes Denken, Sein und Handeln. Ständig haben wir es mit mehreren Vernünften in uns zu tun. Wir hantieren parallel mit stark von einander abweichenden, ja gegensätzlichen Weltsichten.

163

Auf der einen Seite sind wir zum Beispiel geradezu religiöse Verehrer der Kunst, die zur Andacht fähig sind. Die Kunst, vor allem die Musik, wird zur Religion. Im nächsten Augenblick entschieden wir eine Sache nüchtern und pragmatisch, wie es Hans Magnus Enzensberger der Oberstufe ins Lesebuch schrieb: „Lies keine Oden mein Sohn, lies die Fahrpläne, sie sind genauer." Eine unsentimentale, zweckoptimierte Weltsicht. Wir leben mit einem Familienbezug, der sich in zerstörten und wieder neu aufgebauten Familienverhältnissen spiegelt, und daneben postulieren wir Selbstverwirklichung und Selbstbestimmung.

Das sind Vernünftigkeiten und unterschiedliche Deutungsmuster, die wir oft gleichzeitig auf Lebensentscheidungen beziehen, obwohl sie sich im Kern durchaus widersprechen. Was richtig und falsch ist, hängt von der Situation, von der Perspektive und vom Standpunkt ab.

Auch die Unterscheidung in gesellschaftliche und private Funktion hilft nicht weiter. Alles, was privat ist, ist kosmopolitisch und allgemein. Und alles, was allgemein ist, ist sehr persönlich. Was man zum Beispiel bei der Diskussion über das Tempolimit auf den Autobahnen beobachten kann. Oder beim Trennen des Mülls, was ja eine religiöse Bedeutung haben kann. Früher sind die Leute abends zufrieden eingeschlafen, wenn sie gebetet hatten. Heute, wenn sie den Müll getrennt haben.

Als Mensch bin ich im Sinne von Kants Schrift zum ewigen Frieden immer gleichzeitig Weltbürger und Individuum. Und das eben auch als religiöser Akteur. Ich bin gleichzeitig in mehreren Identitäten zu Hause, mit einer je eigenen Vernunft. Ich bin unterschiedlichsten Traditionen und Gemeinschaften zugehörig. In der einen Gruppe unterwerfe ich mich der Ordnung einer ökonomischen Vernunft, in der anderen propagiere ich das Pathos der individuellen Freiheit. Und in der dritten bin ich gläubiger Christ.

Nur in einer antivernünftigen Linie können Christen das gegen einander stellen. Schön zu zeigen ist dies an einer kleinen Geschichte aus einem Altersheim der Diakonie in Stuttgart. Der Altersheiminsasse sagt zur Diakonisse: Schwester, wissen Sie was ich heute in der Zeitung gelesen habe? Und sie antwortet: ich brauche keine Zeitung, ich lese in der Bibel. Fühlbar wird das auch in folgender Anekdote. Der Pietist sagt: heute habe ich wieder einmal Radionachrichten hören müssen. Und da habe ich dann doch denken müssen, oh Welt! Das wäre eine Distanzierung und eine Überhebung des Glaubens gegenüber der Alltagsvernunft, die nur noch mit dem schwäbischen Satz aus diesem Milieu zu übertreffen ist: In Demut lassen wir uns von niemand übertreffen.

Ich möchte gerne noch einmal auf das Thema Objektivität und Subjektivität kommen. Als Journalist. Ich habe in den siebziger und achtziger Jahren als junger Spund einer Bewegung angehört, die für die Subjektivität im Journalismus eingetreten ist. Oder zumindest für deren Transparenz. Und eine unserer Leitformeln, mit denen wir durch die Lande zogen, hieß: Objektivität ist nicht eingestandene Subjektivität. Uns leitete die Einsicht: Man kann sich um Wahrheit bemühen und kann dabei wahrhaftig sein. Man kann sich um einen möglichst wenig gefilterten Blick auf die Dinge bemühen. Aber man wird nie einen ungefilterten Blick erreichen.

Wenn Sie Medien machen, wissen Sie, dass sie bereits eine Wertung vornehmen, wenn Sie eine Nachrichtenseite zusammenstellen und aus dem immensen Material von Nachrichten auswählen. Die Auswahl ist ein subjektiver Akt, den sie letztlich mit Ihrem Berufsethos zu verantworten haben, durchaus im Sinne der reformatorischen Theologie. Ich habe die Freiheit, aber ich habe auch die Verantwortung dafür, dass ich hier handle. Das ist genau der Punkt, an dem ich auch ansetzen muss.

Ja, ich bin Ihrer Meinung, Herr Schreer. Wir brauchen eine metaphysische Plattform. Eine Plattform, vielleicht auch einen Fernsehturm oder auch ein Zugspitzplatt oder sonst eine Fläche, die wir vereinbaren können, möglicherweise interreligiös und interkonventionell. Und auf dieser Plattform entscheiden Menschen, was im Sinne ihrer Glaubensgemeinschaft sein kann und was nicht. Es handelt sich dabei nicht um einen Punkt, um eine zentrierte Position. Es ist ein offenes Gelände, ein Spielraum, den wir aus der Erfahrung des dicken Buchs (der Bibel) her beschreiben. Das ist Erfahrungswissen. Nicht immer unbedingt Erkenntniswissen. Nicht immer unbedingt reflektiertes. Und aus diesem Erfahrungswissen und der daraus folgenden Reflektion über Jahrhunderte hinweg bekommen dann Erkenntnisse in diesen Raum. Aus diesen Erfahrungen heraus führen wir den metaphysischen Diskurs mit den bedürftigen Menschen, zu denen wir selbst natürlich auch gehören. Ähnlich wie Herr Pfleiderer hege ich eine Skepsis, dieses zu institutionalisieren – etwa in einem absoluten Lehramt. Ich glaube, auch was von dieser Plattform gesprochen wird, muss sich bewähren – im Sinne des kritischen Rationalismus. Unsere Aussagen sind bewährte Arbeitshypothesen, funktionieren als Erfahrungswissen, sind nicht beliebig und relativ.

Ich lehne dieses kategorische Entweder-Oder ab, da absolute Orientierung, dort relative Beliebigkeit. Draußen auf dem Büchertisch liegt die Schrift von Herder, die Sammlung mit den Reaktionen auf die Regensburger Rede des Papstes. In ihr .hat sich auch Kardinal Kasper geäußert. Er traktiert darin den römischen Gedanken, traktiert. Dass er sagt, die Institution des päpstlichen Lehramtes entstamme dem gleichen Kontext wie der Kanon der heiligen Schrift im dritten, vierten Jahrhundert.

Ich bin der Meinung, die Frage der Institutionalisierung eines Lehramtes hat den Wanderrabbiner aus Galiläa nicht beschäftigt. Die Qualität des Christentums liegt nicht in einer Institution sondern in der Überzeugungskraft seines Grundgedankens. Und das ist die befreiende Botschaft der Liebe Gottes durch Jesus Christus. Diese Botschaft muss sich im Diskurs und im Leben bewähren. Das heißt: sie muss gelebt werden. Und zwar von uns Christen und immer wieder neu. Immer wieder einzeln.

Vor ein paar Wochen hat mir eine katholische Christin erklärt, das Kind habe ihr jetzt gar nicht reingepasst, das sie außerehelich bekommen habe. Sie habe lange überlegt, ob sie es bekomme oder nicht. Und sie hätte schon einen Termin gehabt, um eine Abtreibung vornehmen zu lassen. Sie habe sich jetzt aber doch entschieden, das Kind zu bekommen. Ich habe sie gefragt, was es da zu überlegen gegeben habe. Die Lehre ihrer Kirche sei doch eindeutig. Sie ist eine durchaus kirchennahe Frau. Deshalb antwortete sie: ja das wisse sie. Sie habe die kirchliche Position auch sehr dankbar vermerkt und zu Rate gezogen. Das sei aber sehr protestantisch, habe ich zurück gegeben. Römisch-katholisch wäre es gewesen, einfach gehorsam zu sein. Sie hat sich die Freiheit genommen, die Aussage ihrer Kirche weder zu negieren, noch ihr einfach zu folgen. Sie hat sich das Recht genommen, in einem Spannungsverhältnis zu leben: es ist mir wichtig, was die Kirche sagt, ich nehme diesen Stein an, an dem ich mich schärfen kann. Aber letztlich muss ich entscheiden und das Ergebnis auf mein Gewissen nehmen. Ich muss verantworten, was ich entscheide. Zumindest in unseren Breiten reagieren inzwischen viele katholische Christen so. Die Errungenschaft der Reformation, die Freiheit des Christenmenschen hat längst Einzug in die jüngere katholische Theologie gehalten. Das ist keine konfessionelle Scheidelinie mehr.

Das ist christliche Lebenspraxis mit einer Vernunft, die auf den ersten Blick nicht nach vordergründiger Rationalität sucht, sondern aus der Tiefe eines grundsätzlichen Ja zum Leben kommt. Dieses übervernünftige, übernützliche Erfahrungswissen der christlichen Botschaft kann auch ausgeschlagen werden. Deshalb muss es im Diskurs mit zweckoptimierten Haltungen bestehen. Und wenn sich Glaube im Diskurs offenbart, dann muss er das natürlich vernünftig tun. Was unter „vernünftig" zu verstehen ist, kann kein zentrales Lehramt feststellen. Es muss sich dem einzelnen Menschen in der Auseinandersetzung mit der Botschaft Christi persönlich offenbaren.

Ich bin sowieso davon überzeugt, meine private Häresie, dass die Offenbarungen Gottes nicht beendet sind, sondern dass sie weiter gehen. Und da bin ich mir als Christ mit den kritischen Rationalisten im Befund einig: wir werden es nicht merken, wenn gerade eine Offenbarung stattfindet. Wir können eine Ahnung davon haben, aber wir wissen es nicht ganz genau. Die Offenbarungen finden weiter statt. Immer wieder neu, immer wieder anders, im Bezug zu den Wahrnehmungen der jeweiligen Menschen. Und deswegen wird sich auch Kirche als Menschenwerk immer wieder neu entschlüsseln und verschlüsseln müssen. Und es wird sich neu entschlüsseln und verschlüsseln müssen im Umgang mit der Schrift und mit dem Diskurs, der dann darüber mit dem Menschen hergestellt wird.

Der Wanderrabbiner Jesus sagte ja auch völlig zu recht, als er sich mit den religiösen Institutionen in Jerusalem anlegte, der Sabbat ist für den Menschen da und nicht der Mensch für den Sabbat. Anders formuliert: Die Kirche und das Christentum sind für die Menschen da und nicht die Menschen für die Kirche. Wenn das ein Stück von demütiger kirchlicher Vernunft wäre, das so zu sehen, wäre das sehr schön.

Ich kann Ihre Frage verstehen. Es gibt ein praktisches Vernunftbedürfnis, eine Sehnsucht nach dem Absoluten, wie es im Christentum steckt. Es ist ein göttlicher Wahrheitsanspruch, der da drin steckt. Das Bedürfnis nach absoluter Wahrheit folgt der selben Logik der Gefühle wie das Bedürfnis der Menschen nach Unsterblichkeit. Wir wollen in den Besitz dieser Wahrheit kommen. Wenn Gott durch Jesus Christus diesen Wahrheitsanspruch formuliert, wie ihn heute morgen ja auch Herr Laube in der Andacht präsentiert hat, dann stehe ich in gewisser Weise ohnmächtig und ratlos davor. Und ich glaube, das geht dem Bruder Ratzinger in manchen Lebenssituationen nicht anders.

Wir Menschen haben, seit dem wir vom Baum der Erkenntnis gegessen haben und seit dem wir versuchen, unser Defizit an Paradies durch Erkenntnis wettzumachen, die Pflicht, unsere Vernunft zu gebrauchen, um dieses Defizit wettzumachen.

Aber wir tun es als Kinder unserer Zeit. Und wir tun es begrenzt in unserem Erfahrungsraum. Und wir tun es immer mit dem Wissen, dass morgen die Matthäus-Überraschung stattfinden kann. Und dass alles, was wir für richtig gehalten haben, möglicherweise nicht ganz richtig ist. Ich will nicht sagen, falsch ist. Mit diesem Vorbehalt sage ich, ich verstehe dieses Bedürfnis. Ich halte seine Erfüllung für übermenschlich und deswegen für unmenschlich.

Ich glaube, wir haben als Christenmenschen auf diesem Planeten keine andere Möglichkeit, als in Wahrhaftigkeit und Ernsthaftigkeit unsere Entwürfe zu dem, was in der Offenbarung steckt, ständig neu miteinander zu diskutieren und zur Disposition zu stellen. Und dort, wo wir bewährte Arbeitshypothesen haben, aus vielen tausend Jahren Geschichte, die wir weiter benutzen können, können wir sagen, dem können wir relativ weit vertrauen. Relativ weit vertrauen. Wir haben keine Alternative, als mit diesen bewährten Hypothesen zu arbeiten. Wir können ja nicht sagen, nichts ist gewiss, also lassen wir es. Das wäre Fatalismus. Das ist nicht unser Ding. Aber ich glaube nicht, dass Wahrheit durch ein Lehramt oder durch irgend jemanden anderes institutionalisiert werden kann. Ja, es gibt Autorität. Es gibt die Erfahrenen und Weisen, auf die wir hören. Aber da sie nur wirklich die Weisen sind, wenn sie den menschlichen Vorbehalt der Unvollkommenheit zulassen, leiten sie als Kollegium besser und glaubwürdiger, als wenn diese Rolle nur auf eine Person zugespitzt wird. Sie können einander beraten und korrigieren. Das entspricht menschlicher Erfahrung.

Die nicht gefragt werden, wollen natürlich auch immer antworten. Albert Ayer, nicht gerade als Freund des Christentums verdächtig, hat den schönen Satz formuliert, wer außerrationale Dinge nicht in rationale Systeme integriert, bekommt irrationale Systeme. Ich finde den Satz deswegen wichtig, weil es den Begriff außerrational und irrational unterschiedlich verwendet. Karl Rahner spricht davon, dass der Christ der Zukunft Mystiker sein werde. Ich würde zum Beispiel die Literatur nicht als etwas Irrationales ansehen, auch wenn sie den Rationalitäten der wissenschaftlichen Disziplinen nicht folgt. Genau so wenig würde ich mystische Berichte von Katharina von Siena oder von Heinrich Seuse als etwas Irrationales ansehen. Sondern ich sehe mystisches Erleben durchaus als Möglichkeit der Offenbarung an. Und die Sehnsucht nach Offenbarung bleibt das große Thema für viele Menschen in ihrem persönlichen Leben. Zumindest in dieser westlichen Gesellschaft, in der ich lebe. Je mehr wir zu wissen glauben, desto mehr sind wir verunsichert. Deshalb wünschen wir uns Offenbarung. Meistens klappt es nicht. Aber wir sehnen uns trotzdem danach, genau so wie man sich guten Sex wünscht, auch wenn es nicht immer klappt. Das tiefe menschliche Bedürfnis nach Offenbarung und nach Vollkommenheit darf man nicht klein reden.

Wir sind alle Häretiker, d.h. Suchende. In einer globalen Gesellschaft, in der ich mir die Erfahrungen und Erkenntnisse aller möglichen Religionen, Weltanschauungen und Kulte zugänglich machen kann, kann diese Suche auch in religiösen Eklektizismus münden. Auch unsere religiöse Identität ist Patchwork, wie der Soziologe Ronald Hitzler es nennt, zusammen gebastelt aus allem, was uns gut, richtig und vernünftig erscheint. Das ist Ausdruck unserer Suche, eines Unterwegsseins, getrieben von der Sehnsucht nach Wahrheit und Vollkommenheit. Und letztlich ist das etwas, was menschheitstypisch ist.

Die Neurobiologen behaupten, die Religionen, das Bedürfnis für Religion sitze in der linken Neokortex. Sie sagen Religion sei eine evolutionäre Erfolgsstrategie, die sich im Wettbewerb mit anderen Strategien durchgesetzt habe. Wenn einer, der nachts in der Steppe lagerte und die Wölfe heulten, zu seinen Göttern sprechen konnte, dann hatte der weniger Angst und war handlungsfähiger als derjenige, der das nicht konnte, der diese transzendente Instanz nicht hatte. Die Suche nach transzendenter Verortung ist etwas per se Menschliches und das kann man nicht mit Kathederwissenschaft totschlagen. Das sollte nicht geschehen, auch wenn diese Suche manchmal schwer auszuhalten ist.

Häresien, religiöse Eklektizismen durchziehen die Geschichte des Christentums als ständige Begleiter. So wie es in alten Zeiten möglich war, ein Wotansheiligtum weiter zu verehren und gleichzeitig in einen katholischen Dom zu gehen, so bringen heute Menschen esoterische Rituale und christliche Elemente spielend zusammen. Das darf uns nicht schrecken, solange wir die Botschaft der Liebe Gottes immer wieder zu Gehör bringen können. Und diese Botschaft bleibt für mich das Zentrum des Christentums.

Ich möchte ihnen ankündigen, dass Bischöfin Margot Käßmann und ich dabei sind, einen Heinz-Zahrnt-Preis für theologische Prosa auszuloben. Unser großes Thema muss theologisch ernsthaft popularisiert werden, neben der Hochschultheologie.

Zweiter Punkt. Ja. Das mit den Setzungen ist richtig. Die brauchen wir. Und die Setzer müssen wissen, dass ihre Setzungen alle unter Vorbehalt geschehen, weil sie Menschenwerk sind.

Ich will zum Abschluss zwei Wiener Autoren und eine englische Hochschule zitieren, um die Gefahren zu beschreiben, die man dabei erlebt. Ferdinand Raimund: Da streiten sich die Leut' herum, wohl um den Wert des Glücks; der eine heißt den ander'n dumm, am End weiß keiner nix. Das beschreibt für mich die Gefahr, in der wir in solchen Gesprächen stecken.

Der zweite Autor ist Gerhard Bronner. In seinem Chanson „Der Wilde und seine Maschin'" über einen Motorradfahrer singt Helmut Qualtinger: „Ich weiß zwar nicht, wo ich hinfahre, dafür bin ich aber schneller dort!" Dieser Gefahr dürfen wir auch nicht erliegen.

Schließlich hat ein Oxford-College neulich einen einarmigen Philosophieprofessor gesucht. Und als man dort anrief und fragte, warum um alles in der Welt einen Einarmigen, sagten die Verantwortlichen: „Wir sind es leid, dieses ewige ... ... on the one hand, on the other hand."

Georg Pfleiderer

Ein gewisser, Ultramontanismus' ist für die Religion, das Christentum, selbst –
und gerade – für das protestantische Christentum unabdingbar: Was, wenn nicht
eine kritische, eine grundsätzlich kritische Distanz zum Zeitgeist, zur „Welt" und
ihrer Vernunft, könnte ein zuverlässiges Indiz christlich-religiöser Gesinnung sein?
Man kann das auch – etwa so wie vorhin Prof. Kieserling – systemtheoretisch ausdrücken. Für das Christentum ist von Anfang konstitutiv, dass es die – religiöse –
Differenz von Transzendenz und Immanenz zu seinem kardinalen Thema macht.
Es ist der Begriff des Reiches Gottes, als Ur- und Leitbegriff des Christentums, der
diese Orientierung enthält. Schon in seinen historischen Ursprüngen wäre das
Christentum dann de facto an einem Religionsbegriff orientiert, der als solcher erst
in der Moderne voll zur Ausprägung gekommen ist.

Darin liegt aber nun natürlich, und das ist das zweite, was auch sofort immer
mit zu sagen ist, wiederum das Problem. Das haben oft gerade die Außenseiter,
wie der Basler Theologe Franz Overbeck im vorletzten Jahrhundert, besser gesehen
als die ‚orthodoxen' Theologen. Denn diese grundsätzliche Vernunft- und damit
Kulturdifferenz des Christentums wird nur dann in ihrer Grundsätzlichkeit begriffen,
wenn sie als innere Doppelheit begriffen wird. Damit meine ich: die prinzipielle
Welt- und Kulturdistanz ermöglicht zugleich Kulturkritik und Kulturaffirmation. Denn
der christlich-religiöse Urbegriff des Reiches Gottes schließt eben ein, dass dieses
Reich nicht nur als Gegen-Welt, sondern darin zugleich als der Inbegriff wahren
Lebens, als das höchste Gut, verstanden wird, also auch als den Inbegriff aller
Kultur – und aller Vernunft.

Mit der Balance von Kulturkritik und Kulturaffirmation hatte das Christentum
in seiner Geschichte freilich oft Schwierigkeiten. Die Asketen, die in der Spätantike
in die Wüste gegangen sind, repräsentieren die Übertreibung nach der einen Seite;
sie haben die prinzipielle Kulturdifferenz des Christentums einseitig als Kultur- und
Vernunftnegation ausgelegt. Das hat sich aber aus guten, inneren Gründen nicht
durchgesetzt in der Geschichte des Christentums. Denn zur Prinzipialität der
Kulturdistanz der Religion gehört auch, dass sie sich als – neue – Grundlegung der
Welt und ihrer Vernunft begreift, dass die „letzten Dinge" zum Ferment der „vorletzten" werden, dass aus der Orientierung am „Jenseits" die Kraft für das Diesseits

(Ernst Troeltsch) abgeleitet wird. Es gibt eine Phase der neueren Geschichte, die für diese Fragestellung besonders illustrativ ist; ich meine die Zeit um den Ersten Weltkrieg und die 1920er Jahre. Da hatten wir eine kulturelle Gemengelage, die – trotz grosser Differenzen – der heutigen in mancherlei Hinsicht durchaus ähnlich ist. Es ist darum auch nicht ganz zufällig, dass ein Intellektueller wie Martin Mosebach einen virulenten Teil seiner geistigen Helden in dieser Phase der modernen Kulturgeschichte findet. Gestritten wurde damals in sehr grundsätzlicher Weise etwa um die Fragen der Verhältnisbestimmung von Religion und moderner Demokratie, liberalem Rechtsstaat.

Einer dieser typischen Zwanzigerjahre-Intellektuellen war zum Beispiel der protestantische Theologe und Religionsphilosoph Paul Tillich. Tillich war einer der führenden Vertreter des religiösen Sozialismus, und damit Vertreter einer starken Vision eines kulturkritischen Protestantismus. Er hatte eine starke Gegenvision von einer Gesellschaft, die ganz anders sein soll als das, was er in seiner Zeit erlebte. Es sind jetzt gerade die frühen Vorlesungen herausgekommen, die Berliner Vorlesungen von 1919. Da kann man schön nachlesen, wie sich so ein hochintelligenter, hochgebildeter Mann wie Paul Tillich eine postkapitalistische Gesellschaft nach protestantisch-sozialistischer Muster vorgestellt hat.

Wer das heute liest mit dem Abstand von bald 90 Jahren, dürfte die meisten dieser Ideen freilich ziemlich verschroben finden. Praktisch-politische Nährwerte hatten und haben diese Ideen jedenfalls kaum. Tillich äußert hier etwa u.a. eine ziemlich pauschale Parlamentarismuskritik. Gegen den ‚Rationalismus' des bürgerlichen Parlamentarismus setzt er einen Anarchismus und „Föderalismus", wie er das nennt, den er vor allem an Gustav Landauer orientiert. Dass dieser freilich genau in den Wochen, in denen Tillich seine Vorlesung hielt, rechtsextremen Attentätern zum Opfer fiel, taucht in diesem Vorlesungsmanuskript gar nicht auf. Auch wenn man vermuten kann, dass es im mündlichen Vortrag anders gewesen ist: wir haben es hier schon mit einem bemerkenswerten Dokument protestantischer, intellektueller Weltflüchtigkeit zu tun, auch mit einer Art performativem Selbstwiderspruch. Tillichs Programm einer theologischen Gesellschaftskritik wird sich jedenfalls heute nur aktualisieren lassen, wenn man sich differenziert einlässt auf die Probleme, die eine moderne Gesellschaft mit sich bringt – und auch auf die grundsätzlichen Lösungsangebote, die sie dafür gefunden hat.

Werner Schreer

Wir machen die Erfahrung der Andersheit von Religion in unseren Vernünftigkeiten. Religion widerspricht. Sie öffnet neue Horizonte in bekannte Fragestellungen und Antworten.

Religion, die nicht anders ist, brauchen wir nicht. Wie können wir diese Andersheit bewahren? Man kann das tun, indem man sie letztendlich einfach setzt. Offenbarung – und Schluss. Oder man kann versuchen sie zu bewahren, indem man eine Form, eine Gestalt von Rationalität der Religion findet, die ihr spezifisch ist und die sich in bestimmter Weise auf alle Rationalitäten, die wir sonst anwenden, kritisch bezieht.

Um das einmal katholisch scharf zuzuspitzen: Wir brauchen eine Metaphysik. Wir brauchen eine metaphysische Vernunft, die uns erst den Rahmen gibt, unsere verschiedenen Vernünftigkeiten überhaupt noch einmal gegeneinander zu stellen und miteinander zu vergleichen. Sonst kommen wir – wie auch Papst Benedikt XVI. betont – in die Gefahr einer Beliebigkeit. Dann hat jeder und jedes seine eigene Vernunft und Vernünftigkeit ohne Bezug zueinander.

Wir erleben ja in unserem eigenen Leben, dass wir verschiedenen Rationalitäten folgen. Ein Konfirmand geht nicht unbedingt zur Konfirmation, weil er einer religiösen Rationalität folgt, sondern vielleicht auch, weil er einer ökonomischen Rationalität folgt: Er erwartet ein Geschenk. Vielleicht ein großes. Oder wenn ich nachher nach Hause fahre, kann ich das tun nach einer ökologischen Rationalität und dann fahre ich Tempo 120; ich kann das aber auch nach der Rationalität meines Terminkalenders tun und dann fahre ich Tempo 180. Wie entscheide ich denn eigentlich, welcher Rationalität ich folge?

Die Frage ist: Gibt es eigentlich einen Ausgangspunkt, von dem aus wir noch einmal unsere verschiedenen Rationalitäten in eine Beziehung setzen können. Das ist meine Frage. Und ich glaube, das ist ein wichtiges Anliegen von Papst Benedikt XVI. und ein Anliegen, das die katholische Kirche immer wieder aufgenommen hat. Wie vermeide ich, dass die Rationalität, der ich jetzt im Moment gerade folge, der letzte Maßstab wird für das, was ich glauben und tun will, kann und soll? Wenn ich also einen solchen Indifferentismus vermeiden will, dann muss ich mich auf die Suche begeben nach einer Form von Rationalität, in die sich einordnen lässt, wie ich mit meinen verschiedenen Rationalitäten umgehe, nach einem Maßstab für meine verschiedenen Rationalitäten.

Wenn ich von Metaphysik rede, meine ich natürlich nicht vormodern den Punkt, der für alle Zeiten unbeweglich ist. Und auch nicht eine Metaphysik, die zur Ontologie wird, indem sie nach dem Wesen der Dinge fragt und dann von einem gefundenen vermeintliches Wesen Gottes alles andere beurteilt. Dagegen spricht schon, dass Metaphysik nicht der letzte Rahmen für das sein kann, was wir Gott zu tun und zu sein erlauben. Insofern ist die Metaphysik, die ich meine, eine, die sich eher aus der Offenbarung ergibt als ihr vorausgeht. Die Offenbarung enthält eine Rationalität, die übervernünftig ist in dem Sinne, dass sie sich nicht schlechthin aus unserem Denken ableiten lässt, die aber als übervernünftige eben doch vernünftig und nicht einfach vernunftlos oder unvernünftig ist.

Ich frage also: Kann es heute eine Rationalität, eine Metaphysik, einen Vernunfttypus geben, der so einen Rahmen abgibt. Ich denke dabei etwa an das, was ich bei dem Postmoderneautor Wolfgang Welsch in seinem Buch „Vernunft" gelesen habe. Er spricht dort von einer „transversalen Vernunft", die Kommunikation zwischen verschiedenen Vernünftigkeiten ermöglicht und damit natürlich auch Wertung und Gewichtung möglich macht. Welsch denkt nicht in Hierarchien von Vernünftigkeiten, sondern eher nach Art eines Netzwerkes. Unsere Vernünftigkeiten sind nicht einfach Inseln, die irgendwo nebeneinander bestehen, sondern ein Netzwerk, das so etwas kennt wie eine Ordnung, eine Gestalt – vielleicht würde Welsch so weit nicht gehen.

Mir aber hilft der Gedanke des geordneten Netzwerkes, dass man auch als ganzes noch einmal vernünftig zu betrachten versuchen kann, mich in meinen Entscheidungen und in meinem Glauben nicht abhängig zu machen von nur gegenwärtigen Stimmungen und vermeintlichen Evidenzen.

Wenn ich also Metaphysik sage, meine ich nicht einfach geradlinig die Metaphysik im klassischen Sinne, sondern eine Form, eine Gestalt von Vernunft, die die verschiedenen Gestalten von Vernunft und Rationalität, mit denen ich befasst bin, irgendwie in eine Beziehung setzen, so dass ich dann damit umgehen kann und entscheiden kann, welcher ich folge.

Wenn ich von Metaphysik rede, dann meine ich damit auch nicht eine Art objektive Metaphysik, die mir erlaubt oder mich zwingt, meine Subjektivität zu überspringen. Auch das, was mir als objektiv begegnet und mich herausfordernd stellt, nehme ich nur wahr im Rahmen meiner Subjektivität. Das heißt, dass ich letztlich das, was ich denke und tue, vor meinem Gewissen zu verantworten habe.

Aber auch als Subjekt habe ich zu fragen: Was ist den eigentlich „objektiv" christlich, was ist katholisch? Worauf verlasse ich mich da und von woher bilde ich mein Urteil. Ich tue das, indem ich permanent im Diskurs bin. Einfach durch die Umwelt, in der ich lebe, durch die Menschen, mit denen ich spreche, durch meine Lebensgeschichte, durch das was ich studiert habe gibt es hier eine Vielfalt von Orientierungen. Gibt es noch weiteres?

Ich denke hier an die Tradition. Katholisch heißt das zu sagen: Es hat sich etwas bewährt, es hat sich etwas als tragfähig gezeigt. So würde ich Tradition definieren. Und es gibt einen Ort, das katholische Lehramt, das genau die Aufgabe hat, zu prüfen, was hat sich bewährt.

Ich möchte gerne für meinen persönlichen Glauben, gerade weil ich die Grenzen meiner Subjektivität kenne, möglichst entschränkt denken können. Subjektivität ist die Weise, aber nicht der letzte Maßstab meines Glaubens. Was ich also empfinde, was ich denke, was ich wahrnehme, das gilt selbstverständlich für mich. Aber wenn es nicht einmal durchgelaufen ist durch die Vielfalt der Orientierung gebenden Instanzen, und die katholische Lehre ist eine besondere, dann würde ich sagen, ist das eine leichtfertige Vorgehensweise.

Insofern kann ich sagen, es ist wirklich katholische Position, dass jeder, was er tut und glaubt, natürlich vor seinem Gewissen zu verantworten hat. Aber dass es auch andere Instanzen gibt, die Antwort geben auf meine Frage: Was soll ich jetzt richtig tun?

Letztlich geht es hier um die alte Frage des Verhältnisses zwischen „objektiver" Rationalität und Erfahrung. Das ist ja eine alte Diskussion in der katholischen Kirche: Vorrang hat das Dogma, und die Erfahrung muss da reinpassen. Ich glaube allerdings, dass wir seit längerem eine Bewegung haben, in der Menschen mehr dem trauen, was sie selbst erfahren und erleben, als dem, was ihnen als Lehre vorgelegt wird.

Dabei gibt es allerdings Menschen, die sich in dem, was sie als ihre Erfahrung beschreiben, sehr weit entfernen von Grundaussagen des christlichen Glaubens. Es gibt Menschen, die können ohne Probleme den Glauben an die Auferstehung mit der Überzeugung einer Wiedergeburt vereinbaren und am einen Wochenende christliche Meditation machen und am nächsten buddhistische. Da muss ich fragen können: Wie passt das denn eigentlich zusammen? Und ich muss, allein schon um diese Frage stellen zu können, einen Maßstab, eine Glaubenslehre haben, an dem ich das messe. Wer sich dem verweigert, der macht seine Erfahrung, seine Subjektivität allein zum Maßstab für alles.

Abschließend etwas Persönliches: Ich habe gesagt, das Katholische besteht in einer nennen wir es mal übergeordneten Vernunft. Aber es besteht eben auch darin, dass ich für mich persönlich überzeugt bin, eine Berufung zu haben und sie mit einigermaßen Sicherheit suchen und finden zu können. Das Vorgegebene, also bestimmte Gebets- und Glaubensformen aus der Tradition, auch die katholische Glaubenslehre, erlebe ich dabei nicht als Einengung, sondern als das, was erst den Raum für das Persönliche öffnet, als Resonanzraum, aber durchaus auch als Korrektiv. Das ist der Raum, in dem ich für mich immer neu glauben lerne, lerne, dass Gott mich kennt, dass er mich berührt und dass er mich ruft. Und darin wird für mich biographisch spürbar und sichtbar, wie sich beides, wenigstens in meinem Leben, miteinander verbindet: das Vorgegebene und das Persönliche. In beidem gibt es eine Vernünftigkeit von Religion, und beide Vernünftigkeiten können sich treffen. Von daher sind für mich manche Alternativen gar nicht so scharf wie sie klingen. Ich jedenfalls brauche einen größeren Rahmen, eine feste Form, eine Kirche, eine Metaphysik. Alle diese Begriffe mögen Sie jetzt einmal mal analog verstehen; darüber ist natürlich vertieft nachzudenken. Und ich glaube, Menschen zu helfen, dass sie ihr eigenes Persönliches finden können durch die Verkündigung nicht nur des „puren" Evangeliums, sondern auch der Denkhorizonte, in denen die katholische Kirche es versteht. Wir gehen ja in der Verkündigung immer mit etwas „Objektiven" auf die Leute zu. Wir sagen, in Jesus Christus ist das und das geschehen, wie immer wir das inhaltlich füllen. Wir sagen damit: Das bedeutet etwas auch für dich. Wir stimulieren das sozusagen das Persönliche durch das Objektive, und das bedeutet letztlich doch: durch das schlechthin Vorgegebene, bei dem wir davon ausgehen, dass es vernünftig ist und darum, nur darum Zugang zu den persönlichen Vernünftigkeiten eines Menschen finden kann.

Anhang

Tagungsprogramm

Montag, 29. Oktober 2007

15.30   Anreise zum Nachmittagskaffee

16.00   **Begrüßung und Einführung in die Tagung**
PD Dr. Martin **Laube**, Evangelische Akademie Loccum
Prof. Dr. Georg **Pfleiderer**, Universität Basel

16.30   **Christentum und Vernunft**
Prof. Dr. Jan **Rohls**, Universität München

17.30   **Die neuere Diskussion
um die Rationalität des christlichen Glaubens**
Prof. Dr. Markus **Buntfuß**, Kirchliche Hochschule Neuendettelsau

18.30   Abendessen

19.30   **Religion und kritische Vernunft**
Prof. Dr. Herbert **Schnädelbach**, Humboldt-Universität Berlin
Prof. Dr. Christine **Axt-Piscalar**, Universität Göttingen

21.00   Begegnung und Gespräche auf der Galerie

Dienstag, 30. Oktober 2007

08.30   Einladung zur Morgenandacht, anschließend Frühstück

09.30   **Das Verhältnis zwischen Glaube und Vernunft
nach Papst Benedikt XVI.**
Prof. Dr. Markus **Enders**, Universität Freiburg i.Br.

11.00   **Das Verhältnis zwischen Glaube und Vernunft**
           aus protestantischer Perspektive
           Prof. Dr. Oswald **Bayer**, Universität Tübingen

11.45   **Rationalität, Modernität und Wissenschaftlichkeit**
           als Plausibilitätsargumente neureligiöser Bewegungen
           Prof. Dr. Andreas **Grünschloß**, Universität Göttingen

12.30   Mittagessen

13.15   Möglichkeit zur Besichtigung des 1163 gegründeten Zisterzienser-Klosters

15.00   **Das Verhältnis zwischen Glaube und Vernunft –**
           Überlegungen aus kirchenleitender Sicht
           OKR Dr. Thies **Gundlach**, Kirchenamt der EKD, Hannover

16.00   Kaffee und Kuchen

16.45   Arbeitsgruppen

18.30   Abendessen

19.30   **Häresie der Formlosigkeit – Lesung mit Diskussion**
           Martin **Mosebach**, Frankfurt a.M.
           Antwort: Dr. Petra **Bahr**, Kulturbeauftragte der EKD, Berlin

Mittwoch, 31. Oktober 2007

08.30   Einladung zur Morgenandacht, anschließend Frühstück

09.30   **Religion – Gesellschaft – Moderne**
           Prof. Dr. André **Kieserling**, Universität Bielefeld

11.00 **Podiumsdiskussion:**
Die Vernunft der Religion. Protestantische Aspekte
einer aktuellen Kontroverse
Arnd **Brummer**, Chefredakteur Chrismon, Frankfurt a.M.
Prof. Dr. Georg **Pfleiderer**, Universität Basel
Domkapitular Dr. Werner **Schreer**,
Bischöflicher Generalvikar des Bistums Hildesheim

12.30 Ende der Tagung mit dem Mittagessen

Teilnehmerinnen und Teilnehmer

Adler, Dietmar, Pastor, Bad Münder

Anders, Henrike, Archivarin, Kloster Walsrode

Aulike, Karin, Lehrerin, Reppenstedt

Axt-Piscalar, Prof. Dr. Christine, Theologische Fakultät, Systematische Theologie,
    Georg-August-Universität Göttingen

Bahr, Dr. Petra, Kulturbeauftragte, EKD, Berlin

Bayer, Prof. Dr. Oswald, Hennef

Beckmann, Christoph Tobias, Promotionsstudent, Münster

Behnisch, Reinhard, Öffentlichkeitsarbeit, Evangelische Akademie Loccum,
    Rehburg-Loccum

Berger, Hugo, Ministerialdirigent a.D., Wiesbaden

Biallas, Joachim, Pastor em., Soltau

von Bismarck, Dr. Irmela, Hannover

Brauleke, Dr. Joachim, OStR, Gymnasiallehrer i.R., Sickte

Brummer, Arndt, Chefredakteur und Geschäftsführer,
    Hansisches Druck- und Verlagshaus GmbH chrismon –
    Das evangelische Magazin, Frankfurt am Main

Buntfuß, Prof. Dr. Markus, Neuendettelsau

Burandt, Dr. Christian Bogislav, Pastor, Hannover

Dantzer, Kurt, Pastor i.R., Nienburg

Enders, Prof. Dr. Markus, Theologische Fakultät,
    AB Christliche Religionsphilosophie, Universität Freiburg

Fabricius, Uta, Apothekerin i.R., Celle

Feige, Prof. Dr. Dr. h.c. Andreas,
    Institut für Sozialwissenschaft der TU Braunschweig

Grünschloß, Prof. Dr. Andreas, Abt. Religionswissenschaft,
    Georg-August-Universität Göttingen

Gundlach, Dr. Thies, OKR, Kirchenamt der EKD, Hannover

Hardetert, Maren, Studentin, Münster

von der Hardt, Prof. Dr. Horst, Burgwedel

Heitmann, Wolfgang, Pastor, Bendestorf

Hirschberg, H. Heinrich, Pfarrer i.R., Minden

Hirschberg, Gisela, Lehrerin i.R., Minden

Hoffmann, Dieter, Lingen, Ems

Hohage, Erich G., Baudirektor i.R., Osterode

Hohensee, Elisabeth, Schülerin, c/o Karin Aulike, Reppenstedt

Holtmann, Dr. Stefan, Vikar, Lehrer, Mettingen

Holz, Prof. Dr. Hans-Werner, Nienburg

Hotop, Bärbel, OStR'in, Hamburg

Hummel-Liljegren, Prof. Dr. Hermann, Lüneburg

Hutfleß, Hans, Kirchenvorsteher, Gnadenkirche Hannover-Mittelfeld

Janssen, Prof. Dr. Albert, Landtagsdirektor i.R., Hildesheim

Janssen, Martina, Pastorin, KGM St. Dionysius Hamelwörden, Wischhafen

Joswig, Udo, Pastor, Verbindungsweg 27, D26789 Leer

Kieserling, Prof. Dr. André, Fakultät für Soziologie,
Allgemeine Soziologie/Soziologische Theorie, Universität Bielefeld

Kirschenmann, Peter P., NL Amstelveen

Kitzig, Lara, Schülerin, c/o Karin Aulike, Reppenstedt

von Klencke, Lippold, Emmerthal

von Knobloch, Gisela, Bad Harzburg

Kruse, Uwe-Jens, Oldenburg

Lambrecht, Dr. Peter, Braunschweig

Latsch, Annegret, Dipl.-Päd., Melle

Laube, Prof. Dr. Klaus-Jürgen, Rastede

Laube, Prof. Dr. Martin, Pastor, Studienleiter, Evangelische Akademie Loccum,
Rehburg-Loccum

Lindner, Theoda, Wunstorf

Linnenbrink, Dr. Günter, Vizepräsident i.R., Theologe, Hannover

Lohmann, Hartwig, Pastor em., Hamburg

Maczewski, Dr. Christoph, Pastor i.R., Hildesheim

Martins, Georg, Hannover

Mehwald, Siegfried J., Pastoralreferent, Arbeitsstelle für pastorale Fortbildung
und Beratung, Hildesheim

Mosebach, Martin, Frankfurt a.M.

Möller, Rolf, ehemals GS Volkswagen-Stiftung, Bonn

Nerenz, Dr. Klaus, Arzt Psychoanalyse, Göttingen

Nerenz, Dr. Marie-Luise, Ärztin Psychoanalyse, Göttingen

Niemann, Hartwig, OLKR i.R., Braunschweig

Pfleiderer, Prof. Dr. Georg, Theologisches Seminar, Universität Basel

Piencka, Dietrich, Lüneburg

Pilz, Ursel, Büchereiassistentin, Minden

Plath, Astrid, Richterin, Cuxhaven

Postel, Jan, Pastor, Bremerhaven

Prendel, Ruth, Hannover

Relke, Frank, Lehrer, Bad Sooden-Allendorf

Riechers, Dr. Ursula, Hannover

Rohls, Prof. Dr. Jan, Evangelisch-Theologische Fakultät,
        Abteilung für Systematische Theologie, Ludwig-Maximilians-Universität

Schad-Smith, Simone, Dipl.-Sozialwissenschaftlerin, Studienleiterin, Tutorin,
        Evangelischen Akademie Loccum, Rehburg-Loccum

Schellberg, Gabriele, Vechelde

Schmidt-Kirchner, Manfred, Pastor, KH-Seelsorger, Sehnde

Schnädelbach, Prof. Dr. Herbert, Hamburg

Schreer, Dr. theol. Werner, Domkapitular, Generalvikar,
        Bischöfliches Generalvikariat, Bistum Hildesheim

Schröder, Adolf, Oldenburg

Schröder, Jutta, Oldenburg

Seevers, Herbert, Pastor, Walsrode

Seifert, Andreas, Pastor, Vorstand, Pestalozzi Stiftung Diakonie-Zentrum,
        Burgwedel

Steinert, Uwe, Rehburg-Loccum

Steinhauer, Claas, Schüler, c/o Karin Aulike, Reppenstedt

Stelter, Dirk, Arbeitsstelle Ökumene, Haus Kirchlicher Dienste, Hannover

Streffing, Wolfgang, Gymnasiallehrer a.D., Herford

Stubbendiek, Stefanie, Pastorin, Loxstedt

Thimm, Dr. Klaus, Diplom-Physiker, Bonn

Tiedemann, Dirk, Pastor i.R., Göttingen

Trillhaas, Elisabeth, Mitglied der EKD Synode, Hannover

Ueberschär, Dr. Ellen, Generalsekretärin, Deutscher Evangelischer Kirchentag, Fulda

Ueberschär, Hannelore, Zeven

Vandersee, Rose, Winsen

Wagner, Wiegand, Pastor, Rektor des Pastoralkollegs Loccum, Rehburg-Loccum

Warnke, Friedrich W., Hamburg

Werner, Christian, Pfarrer, Bonn

Wolters, Horst, Ritterhude

Woring, Dr. Siegbert, Richter, Finanzgericht Köln, Köln

Wurm, Dr. Gisela, Pharmaziedirektorin i.R., Hannover

Zabel, Hugo, Pastor i.R., Hannover

EVANGELISCHE AKADEMIE 卅 LOCCUM

Loccumer Protokolle

Ausgewählte Tagungsdokumentationen der Evangelischen Akademie Loccum aus der Reihe „Loccumer Protokolle". Eine vollständige Auflistung der lieferbaren Veröffentlichungen finden Sie im Internet unter *www.loccum.de* oder wird auf Anfrage verschickt. Bestellungen bitte unter Angabe der Protokollnummer entweder im Internet oder über den Buchhandel oder direkt an:

Evangelische Akademie Loccum
Protokollstelle
Postfach 2158
31545 Rehburg-Loccum
Telefon: 05766/81-119; Telefax: 05766/81-900
E-Mail: Protokoll.eal@evlka.de

26/04   Metamorphosen.
Verwandlungen der Religion und Triebkräfte der Zivilisation.
Tagung mit dem Religionsphilosophen Klaus Heinrich
Hrsg. v. Hans-Peter Burmeister, Rehburg-Loccum 2005,
ISBN 978-3-8172-2604-7, 252 Seiten, 14,00 EUR.

29/03   Sprachfähig in Sachen „Rechtfertigung"?
Theologische Zugänge zur Deutung unserer Zeit
und zur Orientierung kirchlichen Handelns
Hrsg. v. Fritz Erich Anhelm, Rehburg-Loccum 2004,
ISBN 978-3-8172-2903-1, 160 Seiten, 12,00 EUR.

57/02   Religion und Globalisierung
Hrsg. v. Wolfgang Vögele und Gerhard Wegner,
Rehburg-Loccum 2003,
ISBN 978-3-8172-5702-7, 152 Seiten, 12,00 EUR.

01/02   Maßverhältnisse des Politischen.
         Öffentlichkeit und Erfahrung an der Schwelle zum 21. Jahrhundert.
         Eine Tagung mit Alexander Kluge und Oskar Negt
         Hrsg. v. Hans-Peter Burmeister, Rehburg-Loccum 2003,
         ISBN 978-3-8172-0102-0, 228 Seiten, 12,00 EUR.

15/00   Paul Tillichs Theologie der Kultur.
         Ein Anstoß für kirchliche Neubesinnung
         Hrsg. v. Hans-Peter Burmeister, Rehburg-Loccum 2000,
         ISBN 978-3-8172-1500-3, 160 Seiten, 9,00 EUR.

54/99   Das Antlitz des „Anderen".
         Emmanuel Lévinas' Philosophie und Hermeneutik
         als Anfrage an Ethik, Theologie und interreligiösen Dialog
         Hrsg. v. Sybille Fritsch-Oppermann, Rehburg-Loccum 2000,
         ISBN 978-3-8172-5499-6, 228 Seiten, 9,00 EUR.

30/98   „Die Gegensätze schließen sich einander nicht aus,
         sondern verweisen auseinander" –
         Ernst Cassirers Symboltheorie
         Hrsg. v. Wolfgang Vögele, Rehburg-Loccum 1998,
         ISBN 978-3-8172-3098-3, 196 Seiten, 9,00 EUR.